초보 재개발 조합원의 좌충우돌 고군분투기

– 앞으로 부동산은 서울 강북 재개발이 30년간 대세 –

[성수전략정비구역을 중심으로]

성수망아지 지음

초보 재개발 조합원의
좌충우돌
고군분투기

초판 1쇄 발행 2024. 10. 24.

지은이 성수망아지
펴낸이 김병호
펴낸곳 주식회사 바른북스

등록 2019년 4월 3일 제2019-000040호
주소 서울시 성동구 연무장5길 9-16, 301호 (성수동2가, 블루스톤타워)
대표전화 070-7857-9719 | **경영지원** 02-3409-9719 | **팩스** 070-7610-9820

•바른북스는 여러분의 다양한 아이디어와 원고 투고를 설레는 마음으로 기다리고 있습니다.

이메일 barunbooks21@naver.com | **원고투고** barunbooks21@naver.com
홈페이지 www.barunbooks.com | **공식 블로그** blog.naver.com/barunbooks7
공식 포스트 post.naver.com/barunbooks7 | **페이스북** facebook.com/barunbooks7

ⓒ 성수망아지, 2024
ISBN 979-11-7263-745-3 03320

•파본이나 잘못된 책은 구입하신 곳에서 교환해드립니다.
•이 책은 저작권법에 따라 보호를 받는 저작물이므로 무단전재 및 복제를 금지하며,
이 책 내용의 전부 및 일부를 이용하려면 반드시 저작권자와 도서출판 바른북스의 서면동의를 받아야 합니다.

성수 전략정비구역을 중심으로

초보 재개발 조합원의
좌충우돌 고군분투기

성수망아지 지음

 앞으로 부동산은 서울 강북
재개발이 30년간 대세!

4차 산업혁명이 완성되면 토지, 자본, 노동과 같은
생산수단 중 노동은 사라질 것이다.

책을 내며

'성수망아지'는 성수전략정비1구역의 어느 조합원께서 지어주신 별명입니다. 2024년 재개발 사업 정기총회 이후 밴드에 글을 쓰기 시작했는데, 너무 '나댄다'는 의미로 붙여 주셨습니다.

어떤 분은 베베 꼬였다고 '스크류바'라는 별명도 붙여 주셨습니다. 저는 성수망아지라는 별명이 마음에 듭니다.

재개발 구역 내 단독주택을 2015년에 매입한 이후 필자는 조합 일에 전혀 관심이 없었습니다.

왜냐하면, 전 시장님께서 워낙 재개발 조건을 까다롭게 하셔서 서울에 있는 재개발 사업이 제대로 진행될 수 없었기 때문입니다.

그러나, 이제 10년간 재개발, 재건축 공급을 막은 결과, 점점 더 서울의 아파트 공급은 줄어들게 되었고, 서울의 아파트 가격은 천정이 없이 높아져만 가고 있습니다.

저는 재개발 사업의 한 명의 조합원으로 드디어 본격적으로 진행하려고 하는 성수전략정비1구역의 조합총회에 참석하고, 조합원 700명(2024년 9월 20일 기준)이 참여한 밴드에 50일간 55개의 글을 올렸습니다.

조합원들로부터 호응도 많이 받고, 반대 의견도 많이 들었습니다.

제가 이곳저곳 기웃거리며 찾아보고 밴드에 글을 쓰면서, 이 정도 내용은 재개발에 투자하는 누구나 알고 있으면 좋을 것 같아 책을 내게 되었습니다.

모쪼록 독자 여러분들께서 이 책을 통해 재개발의 기본을 공부하시고 투자하셔서 성공적인 투자자가 되시기를 기원합니다.

앞으로 30년간은 서울 강북 재개발이 최고의 부동산 투자처가 될 것을 확신합니다.

2024년 9월
성수동에서

차 례

책을 내며   5

🏠🌳 성수전략정비1구역을 중심으로

01 재개발, 아는 만큼 보인다
    01 재개발 절차   13
    02 성수전략정비구역 개관   15
    03 구역별 비교   19

02 조합, 똑똑해야 살아남는다
    01 2024년 2월 총회 후기   [네이버 밴드 01 글]   25
    02 시간이 필요해   [네이버 밴드 05 글]   28
    03 구정 인사   [네이버 밴드 07 글]   33
    04 조합거란전쟁   [네이버 밴드 08 글]   36
    05 재개발 사업의 본질   [네이버 밴드 14 글]   39
    06 회계법인 선정의 필요성   [네이버 밴드 21 글]   45
    07 법무법인 선정의 중요성   [네이버 밴드 22 글]   49
    08 제대로 된 논쟁 Part 1   [네이버 밴드 25 글]   54
    09 제대로 된 논쟁 Part 2   [네이버 밴드 26 글]   60
    10 최고의 상품이 필요한 이유   [네이버 밴드 29 글]   69
    11 원주민과 외지인   [네이버 밴드 30 글]   75
    12 글쓴이의 의도   [네이버 밴드 38 글]   80
    13 제안에 대한 의견   [네이버 밴드 42 글]   86
    14 가슴이 웅장해지는 이유   [네이버 밴드 50 글]   91
    15 조합에 대한 부탁   [네이버 밴드 54 글]   98
    16 소회-법률상 '고의'에 대한 확인   [네이버 밴드 55 글]   102

03 시공사, 친구인가? 적인가?

- 01 시공사 알아보기 　　　　　　　[네이버 밴드 23 글]　107
- 02 시공사 입찰방법 　　　　　　　[네이버 밴드 24 글]　111
- 03 시공사 설계변경 　　　　　　　[네이버 밴드 27 글]　116
- 04 설계변경 대응방안 　　　　　　[네이버 밴드 28 글]　123
- 05 공사비 증액사례 '삼성물산'　　[네이버 밴드 34 글]　127
- 06 공사비 증액사례 '현대건설'　　[네이버 밴드 36 글]　132
- 07 재개발 시공사 담당자 　　　　[네이버 밴드 37 글]　136

04 지자체, 만만치 않은 상대

- 01 공익과의 조우 　　　　　　　　[네이버 밴드 06 글]　143
- 02 개방형 커뮤니티 　　　　　　　[네이버 밴드 11 글]　148
- 03 개방형 커뮤니티 댓글 　　　　[네이버 밴드 12 글]　153
- 04 데이케어센터 　　　　　　　　[네이버 밴드 13 글]　157
- 05 숟가락 꽂는 자 - 성동구청 　　[네이버 밴드 45 글]　161
- 06 숟가락 꽂는 자 - 서울시청 　　[네이버 밴드 47 글]　165

05 조합원, 재개발은 욕망의 용광로

- 01 설계비 중복 지급 　　　　　　[네이버 밴드 02 글]　171
- 02 49층을 막을 수 있는 방법 　　[네이버 밴드 35 글]　174
- 03 49층이 유리한 이유 　　　　　[네이버 밴드 39 글]　180
- 04 감정평가 　　　　　　　　　　[네이버 밴드 03 글]　188
- 05 꽃놀이패 　　　　　　　　　　[네이버 밴드 04 글]　196
- 06 집합건물 원가법 평가 　　　　[네이버 밴드 44 글]　202
- 07 사업성이 좋은 이유 　　　　　[네이버 밴드 46 글]　213
- 08 감정평가 원칙과 문제점 　　　[네이버 밴드 51 글]　223

06 성수 재개발, 초대박! 사업성 분석

- 01 비례율 　　　　　　　　　　　[네이버 밴드 09 글]　233
- 02 총수입 중 일반분양 　　　　　[네이버 밴드 10 글]　237
- 03 총수입 중 상가분양 　　　　　[네이버 밴드 15 글]　242
- 04 임대주택 매각수입 　　　　　　[네이버 밴드 16 글]　248
- 05 총수입 중 조합원분양 　　　　[네이버 밴드 17 글]　252
- 06 총수입 정리 　　　　　　　　　[네이버 밴드 18 글]　256
- 07 총지출 중 공사비 　　　　　　[네이버 밴드 19 글]　260

08 총지출 중 외부특화공사비	[네이버 밴드 20 글]	264
09 국공유지 매입비	[네이버 밴드 31 글]	268
10 현금청산자 청산금	[네이버 밴드 32 글]	272
11 이주 및 손실보상비	[네이버 밴드 33 글]	276
12 관리비, 설계비, 감리비	[네이버 밴드 40 글]	279
13 수수료 등 기타사업비	[네이버 밴드 41 글]	284
14 각종 부담금 및 재산세	[네이버 밴드 43 글]	287
15 금융비용	[네이버 밴드 48 글]	290
16 예비비와 법인세	[네이버 밴드 49 글]	293
17 단독주택 평당 1억 원 산정	[네이버 밴드 52 글]	299
18 평당 1억 원 시 비례율 산정	[네이버 밴드 53 글]	307

재개발과 투자에 대한 Tip

어떻게 하면 재개발 조합원으로 참여할 수 있나요?	14
어떤 곳이 재개발 구역으로 지정될 수 있나요?	17
왜 단독주택에 투자하는가?	27
어떤 기준으로 투자할 것인가?	30
조합장이 중요한가?	35
정비사업전문관리업자가 필요한 이유는?	38
성수동 트리마제 이야기	44
부동산 로또를 권장하는 사회 - 분양가 상한제	48
물가변동 배제특약 무효 판결	53
투자의 최적기는 언제인가?	59
신탁이란?	68
정비사업 통합심의하면 정말 빨라지나요?	74
사업시행계획이란?	79
조합원 분양신청 순위는?	85
관리처분계획이란?	90
부동산 경기변동(cycle)	97
코스톨라니의 달걀 모형	101
2024년 건설업체 시공능력평가 결과 공시	110
시공사 선정 시 주의사항	114

정비사업 표준공사계약서 내 설계변경 등	119
부동산은 심리가 100%인 게임	126
청약 만점은 84점	131
8·8 대책 – 닥치고 재개발	135
혜택을 가장한 강제 vs 개인의 Privacy	147
갑질	152
신속통합기획은 왜 시작되었나?	155
매매의 본질	160
서울시 주택정비사업 인허가 속도 높인다	164
부동산 계급사회	173
부동산은 삶을 담는 그릇	179
원가법	186
거래사례비교법	194
수익환원법	200
단독주택과 집합건물의 평가 방법	211
가치평가 만능키(V = R/i)	222
비례율	235
1+1 조합원 분양	241
상가 지분 쪼개기 금지	247
정비사업 임대주택 매입가격	251
조합원 입주권 프리미엄	255
결핍이 필요한 이유	259
좋은 사람들	263
한남동 재개발	267
성수1구역 비례율	271
기여율에 대한 질문 모음	275
Inflation Hedge	278
공사비가 오르는 이유	282
투자 초보자들에게 해주고 싶은 말	286
다른 조합원분들에게 하고 싶었던 말	289
한강 변 vs 해운대	292
금투세와 종부세	298
History	306
글을 마치며	311

재개발,
아는 만큼 보인다

앞으로 부동산은 서울 강북 재개발이 30년간 대세

CHAPTER

01

01 재개발 절차

▶ '도시 및 주거환경정비법'에 따른 재개발 사업 절차도

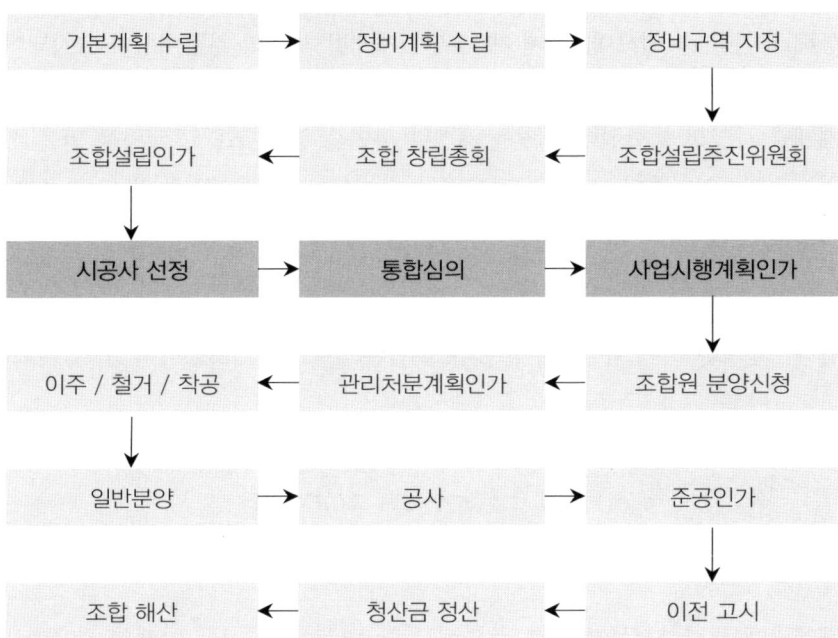

성수전략정비구역은 총 4개의 구역으로 구성되어 있으며, 4개 구역 모두 조합설립인가는 완료되었고 현재 통합심의를 진행 또는 준비하고 있고, 2025년 상반기에는 시공사를 선정할 것으로 보입니다.

향후 2025년 사업시행계획인가(건축허가 단계), 2026년 관리처분계획인가(조합원별 재산권 확정 단계), 2027년 착공, 2032 준공인가 순으로 사업이 진행될 것으로 예상합니다. 물론 향후 일정은 서울시와 성동구의 인허가 속도에 따라 변동될 수 있습니다.

> **Q 어떻게 하면 재개발 조합원으로 참여할 수 있나요?**

 재개발 사업의 조합원으로 참여하기 위해서는 우선 각 지방자치단체의 조례를 확인해야 합니다.

서울시의 경우 '서울특별시 도시 및 주거환경정비 조례(시행 2024. 7. 1.)'를 통해 확인할 수 있으며, 조례 제36조에 재개발 사업의 분양대상이 명시되어 있습니다.

재개발 사업의 조합원이란 결국 재개발 사업을 통해 조합원 분양을 받을 수 있는 자를 의미하며, 아래의 경우 서울시에서 조합원 분양을 받을 수 있는 자, 즉 조합원의 지위를 가질 수 있는 자가 됩니다.

첫째, 재개발 사업 구역 내 (토지나 건물의 면적과 관계없이) 주택을 소유한 자
둘째, 재개발 사업 구역 내 소유하고 있는 토지가 90제곱미터(약 27.2평) 이상인 자
셋째, 재개발 사업 구역 내 소유하고 있는 권리가액이 재개발을 통해 분양할 최소규모 공동주택 1가구의 추산액 이상인 자

이외에도 다른 조항들이 있으니, 자세한 사항은 조례를 꼭 확인해 보셔야 합니다.

재개발에 투자하시는 분들은 주의해야 할 내용이 있는데, 아래의 경우에는 여러 명의 분양신청자를 1명의 분양대상자로 보아, 1개의 물건에 대한 분양신청만 가능합니다.

첫째, 단독주택 또는 다가구주택을 권리산정기준일(재개발 정비구역 지정일) 후 다세대주택으로 전환한 경우
둘째, 1주택 또는 1필지의 토지를 여러 명이 소유하고 있는 경우
셋째, 1필지의 토지를 권리산정기준일 후 여러 개의 필지로 분할한 경우

즉, 서울시에서는 권리산정기준일 이후 조합원 증가를 엄격히 금지하고 있으니, 이를 충분히 고려하여 재개발 물건을 매입하셔야 합니다.

02 성수전략정비구역 개관

2023년 6월 27일 서울시 주택정책실 주거정비과에서 공개한 '서울시, 성수전략지구 '한강과 연결된 수변 문화 주거단지'로 재탄생' 자료를 통해 성수전략정비구역의 위치 및 개발 방향에 대해 알아보겠습니다.

▶ 위치도

▶ 공간 구상

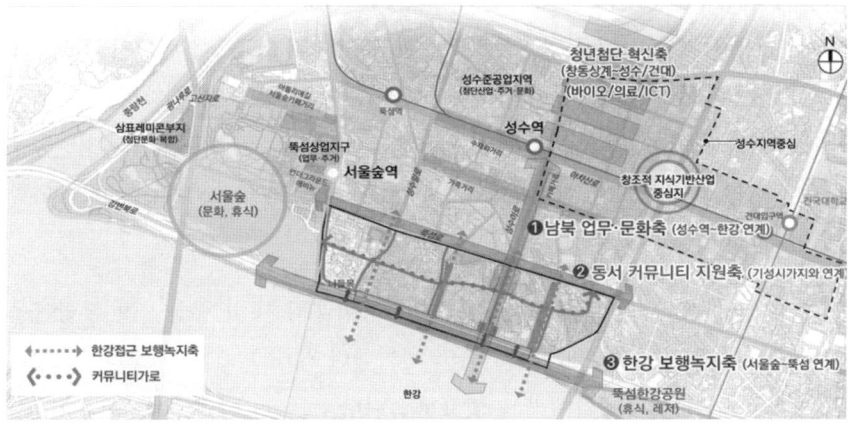

CHAPTER 01 재개발, 아는 만큼 보인다 **15**

▶ 종합 구상

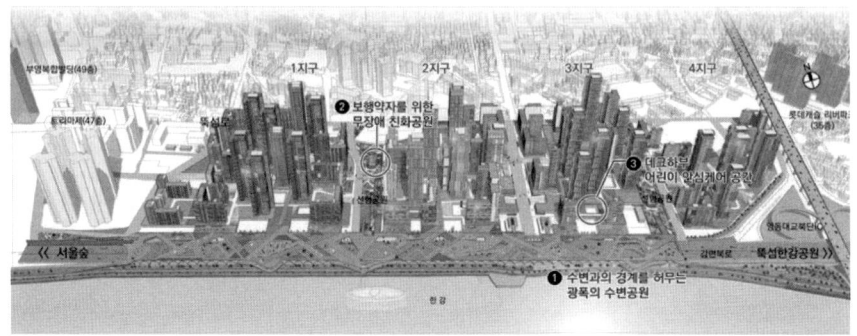

▶ 경관 계획

서울시는 2009년 전략정비구역으로 지정된 성수전략정비구역을 통해 한강과 직접 연결되는 공원을 품은 수변 친화 주거단지 조성, 정원도시 서울, 그레이트한강 프로젝트를 실현하기 위해 '성수전략정비구역 재개발 정비계획 변경(안)'을 마련하였고, 이를 통해 창의적인 도시 및 건축 디자인 적용, 층수제한 폐지, 건축위원회 심의를 통한 유연한 높이 계획 등이 가능하도록 할 계획이라고 발표했습니다.

이에 따라, 서울시는 당초 2011년 최초 정비계획 대비 공공기여 부담률을 약 10% 축소하는 한편 세대수는 기존 계획했던 세대수보다 약 9% 이상 늘려 사업성을 끌어올릴 계획이라고 발표했습니다.

> **Q 어떤 곳이 재개발 구역으로 지정될 수 있나요?**

 '서울특별시 도시 및 주거환경정비 조례' 제6조에 정비계획 입안대상 지역요건이 정의되어 있습니다.

즉, 정비계획 입안대상 지역이 되어야 재개발 구역, 즉 정비구역으로 지정될 수 있습니다. 서울시에서는 재개발 구역을 정비가 필요한 구역으로 보아 '정비구역'이라는 명칭으로 사용하고 있습니다.

정비구역으로 지정될 수 있는 요건을 살펴보면,

면적이 1만 제곱미터(약 3,025평) 이상으로서 노후·불량건축물의 수가 대상 구역 안의 건축물 총수의 60% 이상인 지역 중 아래 어느 하나에 해당하는 지역

첫째, 구역의 전체 필지 중 과소 필지가 40% 이상인 지역

둘째, 주택 접도율이 40% 이하인 지역(주택 접도율의 도로 폭은 6m 이상으로 한다)

셋째, 호수 밀도가 60 이상인 지역

정비사업은 법규에 기반하여 진행되는 사업이라 용어의 정의에 대해 명확하게 알고 있어야 하므로, 위의 정비구역 지정 요건 중 중요한 정의에 대해 알아보겠습니다.

'노후·불량건축물'이란?

공동주택(아파트, 빌라 등을 말함) 중 철근콘크리트 구조의 경우 30년 이상, 철근콘크리트 이외의 구조인 경우 20년 이상 된 경우를 말하고, 공동주택 이외의 건축물(공장, 다가구주택, 상가건물 등을 말함) 중 철근콘크리트 구조의 경우 30년 이상, 철근콘크리트 이외의 구조인 경우 20년 이상 된 경우를 말하고, 단독주택의 경우 20년 이상인 경우를 말합니다.

'과소 필지'란?
토지면적이 90제곱미터(약 27.2평) 미만인 토지를 말합니다.

'주택 접도율'이란?
폭 4미터 이상 도로에 길이 4미터 이상 접한 대지의 건축물의 총수를 정비구역 내 건축물 총수로 나눈 비율을 말합니다.

'호수 밀도'란?
건축물이 밀집된 정도를 나타내는 지표로써 정비구역 면적 1헥타르(1만 제곱미터, 약 3,025평) 당 건축되어 있는 건축물의 동수를 말합니다.

그러나, 이러한 법 규정은 정비계획을 입안하기 위해 추진위원회 등에서 정확한 조사를 통해 구청에 제안할 때 사용됩니다.

재개발에 투자하는 투자자들은 재개발 구역이 지정된 곳에 투자하는 경우도 있고, 재개발 구역으로 지정되지 않은 극 초기단계 재개발에 투자하는 경우도 있습니다.

필자의 경우 재개발 투자를 위한 임장을 즐겨합니다.

임장(현장조사) 전, 네이버에서 서울시 지도를 놓고 지적도가 반듯반듯하지 않고 꾸불꾸불하게 된 곳을 살펴보고, 가능하면 한강 변에 인접한 용산구와 성동구, 서울 600년의 역사가 언젠가 가치를 발휘할 종로구를 중심으로 혼자만의 상상으로 재개발 구역을 지정해 봅니다.

준비가 완료되면 그곳에 임장을 가서, 얼마나 건물들이 노후화되었는지, 불이 났을 경우 소방차 접근이 가능한지, 그곳에 사는 분들의 생활 수준은 어떠한지 등을 살펴봅니다.

최근 10년간 필자가 주로 임장을 다닌 곳은 성수동, 창신동, 후암동, 해방촌, 혜화동 등입니다.

03 구역별 비교

2023년 9월 NH투자증권에서 작성한 '성수동 심층분석, 성수전략정비구역 및 성수동 상권' 자료를 통해 성수전략정비구역 내 구역별 차이점에 대해 비교해 보겠습니다.

구역명	성수1구역	성수2구역	성수3구역	성수4구역
소재지	성수동1가 72-10	성수동2가 506	성수동2가 572-7	성수동2가 219-4
사업 단계	조합설립인가 (2017년 7월)	조합설립인가 (2020년 3월)	조합설립인가 (2019년 2월)	조합설립인가 (2016년 7월)
조합원 수	1,371명	1,078명	961명	753명
사업면적	194,398㎡ (58,805평)	131,980㎡ (39,924평)	114,193㎡ (34,543평)	89,828㎡ (27,173평)
총세대 수	3,019세대	2,413세대	2,000세대 내외	1,579세대 내외
조합원 분양	1,610세대	1,260세대(추정)	1,124세대(추정)	845세대(추정)
일반분양	874세대	713세대(추정)	521세대(추정)	454세대(추정)
보류지	16세대	13세대(추정)	11세대(추정)	9세대(추정)
임대주택	519세대	427세대	344세대(추정)	271세대(추정)
시공사	미정	미정	미정	미정
입지 특징	입지 가장 우수 트리마제 옆 위치	한강수변공원 수혜	한강수변공원 수혜	전 세대 한강조망 강남 접근성 좋음
구역 특징	사업성 좋음 사업속도 빠름	최근 사업속도 up	최근 조합장 선출 완료	젊은 조합장 선출 사업속도 빠름

성수1구역과 성수2구역은 정비계획 변경(안) 주민공람 절차를 거쳐 총세대 수를 확인할 수 있으나, 성수3구역과 성수4구역은 아직 정비계획 변경(안)이 공개되지 않아 성수1구역을 기준으로 총세대 수, 조합원 분양세대수, 일반분양세대수, 보류지 및 임대주택 수를 추정하였습니다.

구역별 조감도는 네이버 '부동산 스터디 카페'에서 검색한 자료들이며, 추후 인허가 과정에서 변경될 수 있습니다.

▶성수1구역 조감도

▶성수2구역 조감도

▶성수3구역 조감도

▶성수4구역 조감도

simple

복잡할 것 없다.

뭐든 기본이 문제다.

화장 빼고, 부기 빼고, 본질을 보자.

단순하게 생각하는 것이 분석의 기본이다.

조합, 똑똑해야 살아남는다

앞으로 부동산은 서울 강북 재개발이 30년간 대세

CHAPTER

02

01 2024년 2월 총회 후기 [네이버 밴드 첫 번째 글]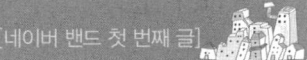

2024년 2월 4일 • 255 읽음

조합집행부가 어제 총회처럼 사업이 임한다면, 다음 총회 또는 사업시행인가부터 난 무조건 반대표!!!

1. 단독주택 평가 이슈
토지거래허가로 인해 실거주 의무가 있고 대출도 잘 나오지 않아 신규 수요가 막힌 단독에 비해, 아파트는 상대적으로 거래가 많이 일어나 거래사례비교법으로 평가 시 높은 평가액을 받은 것으로 보이니, 사업 한번 미뤄봅시다.

아파트 감가상각이 빠를지, 단독 땅값이 많이 오를지, 지나 보면 알겠죠. 사업이 안 돼도 아파트가 현 시세를 유지할지 기다려 보면 알겠죠. 재개발의 종전재산가액은 조합원 간의 상대적인 금액이 중요하니 기다려 보렵니다.

내 땅으로 아파트 주인들 돈 갖다 주는 일은 정말 싫으니, 누굴 호구로 아나?

2. 70층 이슈
압구정 사람들이 바보라서 70층 하는 것도 아닐 거고, 성수전략정비구역 2, 3, 4지구 조합들이 바보라서 70층 하는 것도 아닐 거고, 먼저 해서 호구 되느니 기다려 보렵니다.
2, 3, 4가 70층 하면 현 조합도 느끼는 바가 있겠죠.
호구 안 되려면 기다리는 게 최선

3. 땅이 어디 가나?

시간 지난다고 땅이 어디 가겠어요?

2, 3, 4지구가 치고 나가는데 1지구 땅값이 낮아지겠어요?

1지구가 먼저 안 한다고 재개발 구역 해제되겠어요?

조합에 찬성해서 호구 되느니, 난 반대하면서 기다려 보렵니다.

표정 22 • 댓글 17
싫어요 10 좋아요 7 놀라요 3 OK 2

> 이 글은 2024년 2월 3일 오후 2시에 열린 '성수전략정비구역 제1지구
> 주택재개발정비사업조합' 정기총회에 참석하고,
> 다음 날 조합 밴드에 처음으로 올린 글입니다.

> **Q** 왜 단독주택에 투자하는가?

 서울시 전체 주택 중 아파트가 51%, 아파트 외 빌라, 단독주택 등이 49%입니다. 수가 적으면 뭐든 귀해지죠.
서울에 있는 단독주택은 재개발로 인해 시간이 지날수록 수가 적어질 게 분명하니, 더더욱 귀해지겠죠(요즘 MZ세대는 신축아파트를 좋아해 제 생각도 조금씩 바뀌고 있긴 합니다만).

아파트는 지어지는 순간부터 낡기 시작하지만, 단독주택은 몇 년, 몇십 년 후 재개발될 수 있어 가장 깨끗한 신축아파트가 될 가능성이 있습니다.
물론 안 될 수도 있지만.
그런 가능성이 토지가에 녹아 있어 가격이 점점 상승하는 게 아닐까? 하고 생각합니다.

아파트는 많이 올라야 투자금 대비 100% 수익입니다.
길게 수십 년 보유하면 몇 배 더 오를 수도 있지만, 경제의 한 사이클로 보면 대개 100% 정도가 예상수익입니다.
그런데, 단독주택은 아파트가 2배 오르면 4배가 오를 가능성이 있습니다.
용적률 200%로 가정하면, 상업지역은 더 오를 수 있고,

단독주택은 관리하기가 쉽고, 맹지가 아니라면 새로 신축할 수도 있습니다.

반면, 빌라는 단독 신축이 불가능하고, 대지지분도 낮습니다.
다세대, 다가구는 임차인 구하고, 만기 되면 연장하고, 품이 많이 듭니다.
단독은 보통 1~2세대가 거주하므로 크게 신경 쓸 일이 없습니다.
그냥 사놓고 기다리면 됩니다.

필자는 구분소유권(공동주택)보다는 단독소유권(단독주택)을 훨씬 더 좋아합니다.

02 시간이 필요해

[네이버 밴드 다섯 번째 글]

2024년 2월 7일 • 249 읽음

안녕하세요!
망아지예요. 별명은 스크류바이구요.

조합원분들이 쓰신 글들을 보니, 예전 서울시장님 때문에 사업이 너무 늦어져, 마음이 급해들 보이시네요.

제가 아는 한 향후 재개발 절차는 시공사 선정 ⇨ 건축 심의 ⇨ 사업시행계획인가 ⇨ 감정평가 ⇨ 조합원 분양신청 ⇨ 관리처분계획인가 ⇨ 철거 ⇨ 일반분양 ⇨ 공사 ⇨ 준공 ⇨ 이전 고시 ⇨ 잔여재산 청산 및 조합 해산 순으로 진행하게 될 겁니다.

법이 바뀌어 시공사 선정 시기는 적합한 때로 조합집행부에서 정할 수 있습니다.

도정법은 절차법으로 절차를 무시하고 진행할 수가 없습니다.

입주를 대학 졸업으로, 조합집행부를 학생으로, 조합원을 학부모로, 조합설립인가를 초등학교 입학, 타 조합을 과외선생으로 비유하면, 학생(조합집행부)은 이제 겨우 초등학교 3학년입니다.

초등학교 3학년에게 수학 인수분해 해라, 영어 프리토킹하라고, 부모(조합원)가 아무리 선행을 시켜도 아직 모든 것을 수용할 수 있는 시기가 아닙니다.

따라서 지금은 과외선생(성수동 다른 조합)에게 배워가며, 학생이 차분히 공부할 시기입니다.
먼저 치고 나가 봐야 돈과 힘만 듭니다.

부모(조합원)가 회초리를 들 시기는 아직 충분합니다.

학생이 공부 열심히 하는지, 잿밥에 관심이 많은지만, 지켜보면 되겠지요.

부모(조합원)가 학생(조합집행부)을 낳았으니(뽑았으니), 공부 잘하는지 지켜보시죠.

댓글, 좋아요가 많이 달려야 힘이 납니다.

그럼 이만 망아지는 당근 먹으러 갑니다.

표정 20 · 댓글 3
좋아요 16 웃겨요 3 사랑해요 1

댓글 모음

다른 조합원 댓글
우리 구역은 성과를 내야 하는 프로의 세계에 있다는 의견

답변 댓글
○○○ 님, 안녕하세요!
지당하신 말씀이시고 전혀 이견이 없습니다만, 넘 오래 쉬었다가 뛰니 운동화 끈 맬 시간은 줘야죠.
누가 말하지 않아도 프로가 살아남고, 아마추어는 도태되지 않겠습니까?
아직 제대로 뛰어볼 기회도 주지 않고, 나무라기에는 이른 것 같아 글을 올린 것이니 오해하지 말아 주십시오.
저도 학생이 천재면 좋겠습니다만, 천재인지 둔재인지는 곧 밝혀지겠죠.

> **Q** 어떤 기준으로 투자할 것인가?

A 필자가 2020년 창신동 단독주택에 투자한 후 지인에게 창신동에 투자한 이유에 대해 전달한 글을 빌어 필자의 투자 기준을 말씀드립니다.

창신동에 대해 궁금해하셔서 제가 매입한 이유에 대해 설명드리면 도움이 될 것 같아 메일 드립니다.

1. 왜 창신동인가?
서울시 지도를 펼쳐 놓고 보면, 강북에서 주거지로 개발할 수 있는 곳은 서쪽부터 '충정로역 인근 아현동' → '효창공원역 인근' → '한남동' → '약수/금호동' → '왕십리' → '동대문역 인근 창신동' 등입니다.
물론 중앙에 동자동, 후암동, 용산동2가 등이 있고, 동쪽으로 성수동도 있죠.

개인적인 사견이긴 한데, 저는 강남은 비싸기도 하거니와 별로 좋아하지 않습니다. 토지는 문화적, 역사적 스토리가 있어야 하는데, 강남은 택지개발을 통해 논/밭을 일괄로 개발해 스토리가 없습니다.

이 중에서 아직 재개발이 안 된 곳은 효창공원역 인근, 한남동, 왕십리, 창신동, 동자동, 후암동, 성수동 등입니다. 아현동, 약수/금호동도 거의 재개발이 완료되어, 더 이상 매력이 없습니다.

참고로 저는 2호선 바깥쪽은 염두에 두지 않습니다. 예를 들면, 평창동, 성북동, 홍제동, 청량리 등등.
서울에 사는 서민(약 10~20억 원 내외 부동산 소유자)들은 지하철로 출퇴근 하므로, 2호선 접근 여부가 중요하다는 게 제 개인 소견입니다.

재개발이 안 된 곳 중 한남동, 성수동은 너무 올라 더 이상 접근할 수가 없습니다.

거의 평당 5천~1억 원 내외입니다. 다주택자는 대출이 불가하고, 재개발 구역은 전세가율이 낮아 목돈이 들어갑니다. 현재 한남동과 성수동을 매입하려면 최소 10억 원 이상은 필요합니다. 물론 지금 한남동과 성수동을 매입해도 최소 100% 이상의 수익은 향유할 수 있을 것 같습니다만.

그러면, 남은 곳은 효창공원역 인근, 왕십리, 창신동, 동자/후암동입니다. 이 중 현장을 다녀보면 가장 저렴한 곳이 창신동입니다. 나머지 곳들은 재개발 가능성으로 인해 벌써 평당 매매가가 3~4천만 원 정도입니다.
창신동은 아직도 1,500만 원 내외에 매입이 가능합니다(물론 3년 전에 비해 50% 이상 오르긴 했습니다만).
물론 이곳들은 창신동 다음으로 제가 염두에 두고 있는 곳들입니다.

2. 창신동 스토리

창신동은 2007년 뉴타운으로 지정되어 재개발이 진행되었으나, 2013년 여러 가지 이유들로 뉴타운에서 해제된 곳입니다. 서울시에서 뉴타운으로 지정했었다는 것은 재개발 가치가 충분하다는 것을 서울시가 입증해 준 셈이죠. 아현 뉴타운, 왕십리 뉴타운, 성수동 전략정비구역 등을 보면 확인할 수 있습니다.

창신동은 동대문의 배후 주거지 및 봉제공장들이 소재한 곳입니다. 그래서 항상 공급보다 수요가 많습니다. 제가 5년 전 성수동을 매입한 이유는 그 무렵 아파트형 공장들이 성수동에 무더기로 지어지기 시작했기 때문인 것과 동일합니다.
기본적으로 수요가 있으면 토지가격은 하방 경직성이 있습니다.

2013년 서울시에서는 창신동을 뉴타운에서 해제한 후 도시재생을 시작합니다. 200억 원을 쏟아부었는데 변한 것은 별로 없습니다. 그리고 신규로 900억 원 내외의 자금을 창신동에 더 투자한다고 합니다. 별로 기대할 건 없지만 지금보단 좋아지겠죠.

도시재생을 계속해도 별로 변하는 게 없으면 주민들은 다시 재개발을 생각할 겁니다. 조금 더 시간이 흐르면.

3. 창신동의 구성

창신동에는 상가가 많은 지역이 있습니다. 상권이 발달한 지역은 토지가가 높아 아파트 재개발은 어렵고, 주상복합 정도로 재개발이 되지 않을까 예상합니다.

창신동에는 빌라, 다세대, 다가구, 단독, 공장 등이 섞여 있는 지역이 있습니다. 이곳은 주민들 이해관계가 달라 재개발에 시간이 오래 걸릴 것으로 예상됩니다.

창신동은 과거 일제 강점기에 채석장으로 사용되어 일부 구역은 경사가 너무 심하고, 토지가 너무 작게 쪼개져 있어 재개발 시 조합원의 사업성이 낮을 것으로 예상됩니다.

제가 매입한 구역은 주위 토지가 일정 규모 이상(최소 30평 내외)이고, 대부분 단독주택으로 구성되어 있고, 낙산 공원과 가장 가깝고, 한성대와도 가까워 동대문 외 학생들의 수요도 예상됩니다. 물론 지하철역을 이용하기는 좀 어렵고, 산꼭대기에 위치하고 있어 접근성은 떨어집니다. 그러나, 남산이 보이는 등 경관이 매우 훌륭해 재개발 시 가치상승이 예상됩니다.

4. 리스크

창신동은 아직도 재개발이 요원한 상태입니다. 그리고 재개발이 되더라도 최소한 20년은 보아야 할 곳입니다. 따라서, 리스크도 크지만, 그 리스크가 가격에 반영되어 상대적으로 서울 시내 다른 지역 토지에 비해 저렴하므로 충분히 매력적이라는 게 제 소견입니다.

현재 창신동 일대는 '신통기획'으로 재개발이 진행 중입니다.

03 구정 인사

[네이버 밴드 일곱 번째 글]

2024년 2월 9일 • 188 읽음

안녕하세요!
여러분의 귀염둥이 망아지예요.
별명은 스크류바이구요.

약속드린 대로 좋은 글을 올려드려야겠네요.
7일에 올린 글에 스무 분이 '좋아요'를 주셨는데, 8일에 올린 글에 스물일곱 분이 '좋아요'를 주셨네요. 망아지는 약속을 잘 지키는 착한 망아지랍니다.

망아지는 아직 어리고 나약하지만, 누가 친구인지, 누가 적인지, 빠르게 직관적으로 파악하는 능력이 있답니다.

조합장님은 조합원들의 친구이자 동료이고, 대변인이자 망아지와 같은 조합원들이 의지할 수 있는 유일한 분입니다.
즉, 망아지 같은 조합원을 부자로 만들어 줄 분이시죠.

아마도 조합장님은 50대 나이 어느 때쯤 재개발을 진행하기 위해 봉사할 마음을 먹으시고 재개발을 시작했으나 전 서울시장으로 인해 벌써 20년 세월이 흘렀을 것입니다.

세월 무상이지요!
제가 보는 조합장님은 많은 조합원을 품을 수 있는 '덕장(덕을 갖춘 장군)'이십니다.

우리 조합장님께서 보여주신 그동안의 헌신과 봉사에 대해 덕담을 나누는 게 어떨지요.
조합원들 간의 덕담도 좋구요.

연휴가 지나도 본 감정평가까지 1년은 남았으니, 서로 싸울 시간은 충분할 겁니다.

그럼 제가 시작하지요.

조합장님, 그동안 수고 많으셨습니다.
앞으로도 조합원들의 공정한 재산권 보호를 위해 힘써주시면 감사하겠습니다.
새해 복 많이 받으세요!

그리고, 아파트, 빌라, 연립, 다세대 등 구분소유권을 가진 조합원님들 새해 복 많이 받으세요!
갑자기 나타난 망아지가 불편하시겠지만, 개인적인 감정은 전혀 없는 망아지랍니다.
새해에도 페어플레이하시죠.

마지막으로, 단독, 상가, 공장 등 전체 소유권을 가진 조합원님들 새해 복 많이 받으세요!
이제 막 각성하기 시작하신 조합원님들, 뭐에 급할 게 있겠습니까?
새해에는 더욱 단결하시죠.

망아지의 글을 기다리신 몇몇 분이 계셨는지요?
그분들은 벌써 망아지에게 스며드신 겁니다.

망아지는 새해에 더욱 깊이 있고, 철학과 해학이 있는 글들로 찾아뵙겠습니다.

이번 글은 좋아요 50개 기대해 봅니다. 망아지는 좋아요가 당근이랍니다.

새해 복 많이 받으시고 부자 되세요!

표정 15
좋아요 14 화나요 1

Q 조합장이 중요한가?

 재개발 조합에서 조합장은 주식회사의 CEO와 동일한 역할을 하게 됩니다.

회사의 흥망성쇠는 CEO의 역량에 따라 달라지듯 재개발 조합의 경우에도 조합장의 능력에 따라 재개발 사업의 성공 여부가 달라질 수 있습니다.

최근 세계적인 인플레이션에 따라 우리나라도 가파른 인플레이션이 발생하고 있고, 특히나 건설회사 공사비가 수년 전과 비교하면 배 이상 올라, 최근에는 평당 1천만 원의 공사비도 심심찮게 발생하고 있는 상황입니다.

재개발 사업의 비용 중 공사비는 가장 큰 부분을 차지합니다.
이에 따라, 조합장은 건설회사와의 공사비 결정에 우위를 점하기 위해 건설에 대한 전문성을 보유하고 있어야 합니다.

또한, 조합장은 인품을 갖추어야 합니다.
수많은 조합원이 조합장의 결정이 합리적이지 않을 경우 반대할 수 있고, 심지어 비대위가 생길 수도 있습니다.
조합장이 조합원들의 재산권을 지키기 위해 솔선수범하고 청렴함을 지킬 때 조합은 문제없이 사업을 진행할 수 있을 것입니다.

하지만, 재재발 사업은 소유자에 대한 동의서 징구 절차부터 시작되므로, 처음부터 전문성을 갖추거나 인품을 갖춘 조합장이 선출되기보다는 동의서를 가장 잘 징구할 수 있는 사람이 조합장으로 선출되기 쉽고, 이 같은 결과 동의서 징구가 끝나고 나면 조합원들끼리 조합장 및 조합 임원을 두고 이전투구하기 쉽습니다.

재개발 사업에 처음 투자하시는 분들은 가능하면 조합장과 면담을 거친 후 부동산 매수를 결정하시는 편이 실패를 줄일 수 있을 것입니다.

04 조합거란전쟁

[네이버 밴드 여덟 번째 글]

2024년 2월 11일 • 290 읽음

전하(조합장님)!

새해에는 부디 주변을 새롭게 정비하시고, 널리 인재를 등용하시옵소서! 바야흐로 북방의 사나운 거란족(시공사)이 쳐들어오려고 준비하고 있사옵니다. 일부 선발대(시공사 정비사업 수주팀)는 벌써 국경을 침범하여 국경 마을(1지구 내 중개사사무실)을 가가호호 들락거리며 민심을 동요시키고 있사옵니다. 또한, 신하 중 일부는 거란족과 내통하며 전하의 통찰력을 어지럽히고, 백성(조합원)들의 피 같은 재산을 내어 주고 자신의 떡고물을 취하기 위해 이전투구하고 있을 것으로 추정되옵니다.

거란족을 상대로 한 일전이 코앞에 다가와 있어, 그동안의 태평성대와는 매우 다를 것이 옵니다. 이에 우선 '조합집행부'를 정비하시옵소서!

- 가장 중요한 백성들과의 소통을 담당하는 부서를 두어, 만백성에게 전하와 같이 공정하고 정직한 심성이 퍼질 수 있도록 하옵소서!
  '소통부'의 장은 조합 이사로 하되, 기품이 있는 자를 뽑아 백성들과 허물없이 지내도록 하고, 밴드를 관리하도록 하옵소서!
- 아직 우리의 힘은 약하옵니다.
  거란족과 맞서 싸우기 위해서는 주변 나라(2, 3, 4지구) 및 상국(성동구청, 서울시청)과의 외교를 담당할 부서를 두어, 함께 싸울 수 있도록 하옵소서! 싸움이 격렬해질수록 상국의 도움이 절실할 것이 옵니다.
  '외교부'의 장은 조합 이사로 하되, 강약조절을 능수능란하게 하고, 전진과 후퇴의 때를 아는 현명한 자를 택하옵소서!
- 백성들의 재산을 법과 원칙에 따라 평가해 줄 수 있는 부서를 두어, 만백성들이 억울하게 재산을 뺏기는 일이 없도록 하옵소서!

'감정부'의 장은 조합 이사로 하되, 상당한 학식이 있는 자로 하여 공명정대하게 일 처리를 할 수 있도록 하옵소서! 다만, 저도 20년 전에 초시(중개사시험)에 급제하였지만, 초시 정도의 수준으로는 어림도 없나이다. 높은 학식과 공정을 필요로 하는 자리니만큼 심사숙고하여 적합한 자를 선출하시옵소서!

- 백성들의 재산을 새롭게 만들기 위한 기초 작업을 수행할 부서를 두어, 추후 거란족의 강한 공격(설계변경)이 애당초 발생하지 않도록 하시옵소서! '설계부'의 장은 새로운 감각과 트렌드를 읽을 수 있는 전문가를 선택하시옵소서! 이웃 ○○ 건축의 소장은 사람이 선해 보이고, 똑똑해 보였나이다. 그를 적극적으로 활용하시어 돈값을 하게 하시옵소서!

- 전하의 뜻에 따라 소통부, 외교부, 감정부, 설계부가 똘똘 뭉쳐 거란족을 상대하면 충분히 이길 수 있을 것이옵니다. 진정한 승리는 거란족을 우리 편으로 만드는 것이옵니다. 이를 위해 '공사부'를 두고, 공사부의 장은 조합 이사로 하되 담력 있고, 부지런한 자를 선임하여 거란족의 진정한 주인이 누구인지 알 수 있게 하시옵소서! 다만, 공사부의 장은 언뜻 봐선 거란족과 친구처럼 지내게 될 것이므로 백성들에 대한 충심이 넘치는 자를 선임하옵소서! 이 작업이 정해지면, 백성 중 널리 인재를 등용하시옵소서! 능력이 출중한 백성들이 전하의 부르심을 기다리고 있나이다.

소인은 촌부로 출사의 마음이 전혀 없사오니, 오해하지는 마시옵소서! 거란족을 상대로 한 전하의 승리가 곧 백성들의 승리 옵니다.
전하의 승리를 기원하겠나이다.

— 충심을 담아 망아지 드림 —

표정 33 · 댓글 8
좋아요 21 화나요 7 사랑해요 3 웃겨요 2

최근 드라마로 방영 중인 '고려거란전쟁'을 패러디해 보았습니다.
이 글을 밴드에 올린 후 많은 조합원이 필자를 좋아해 주기 시작했습니다.

> **Q 정비사업전문관리업자가 필요한 이유는?**

 재개발 조합은 대개 재개발 구역 내의 신망 있는 분이 조합장으로 선출되고, 조합장 입장에서도 조합장의 역할을 여러 번 해보는 것이 아닙니다. 도시 및 주거환경정비법(이하 도정법)에 따라 재개발을 진행하면 빨라도 10년, 오래 걸리면 20~30년씩 걸리는 경우가 다반사여서, 대개 평생 한두 번 재개발 조합의 조합장으로서 역할을 할 수밖에 없습니다.

이에 따라, 도정법에서는 추진위원회 또는 조합에서 정비사업전문관리업자를 선정하고 아래의 업무를 위임해 재개발 사업을 진행할 수 있도록 하고 있습니다.

위임업무	1. 조합설립의 동의 및 정비사업의 동의에 관한 업무의 대행 2. 조합설립인가의 신청에 관한 업무의 대행 3. 사업성 검토 및 정비사업의 시행계획서 작성 4. 설계자 및 시공자 선정에 관한 업무의 지원 5. 사업시행계획인가의 신청에 관한 업무의 대행 6. 관리처분계획의 수립에 관한 업무의 대행

대부분의 재개발 조합에서는 조합장 이하 조합관계자들과 정비사업전문관리업자가 원활히 협업하여 사업을 잘 진행하겠지만, 몇몇 조합의 경우 조합과 정비사업전문관리업자가 유착해 조합재산을 횡령하는 등 물의를 일으키는 내용을 심심치 않게 볼 수 있습니다.

이러한 문제의 근본적인 원인은 조합장을 비롯한 조합관계자들이 전문성이 없어 대부분의 사업 진행을 정비사업전문관리업자에게 맡겨두는 것에서 발생하며, 그 결과 수임인(정비사업전문관리업자)이 위임인(조합)의 재산을 함부로 사용하는 등 조합원들에게 막대한 피해가 돌아갈 수 있습니다.

즉, 조합관계자들이 전문성을 가지고 정비사업전문관리업자를 쥐락펴락할 수 있어야, 조합의 재산을 조합원들에게 손해 없이 돌려줄 수 있을 것입니다.

05 재개발 사업의 본질

[네이버 밴드 열네 번째 글]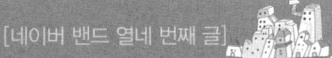

2024년 2월 18일 • 231 읽음

안녕하세요!

주말 오후 늦게 망아지가 글 올립니다. 제가 글을 올리면 가슴이 콩닥콩닥하실 분들도 계신 것 같은데, 이번 글은 걱정하지 않으셔도 될 거예요.

금요일 밤늦게 올린 글에 하도 욕을 먹어, 어제부터 밥을 안 먹어도 배가 불렀답니다.

어제오늘 이틀간, 크게 틀린 말한 것도 없는데, 왜 조합원들이 저를 욕하실까 하고 생각해 보았답니다. 솔직히 까놓고 말하는 것에 익숙하지들 않으신 건지? 돈보다는 정의, 명예, 봉사 같은 것들에 더 많은 가치를 두시는 인품이 훌륭한 분들이 많으신 건지? 진짜 부자들이 많으셔서 푼돈에 목매는 망아지의 어설픈 주장에 화를 내시는 건지? 새파랗게 어린놈이, 늙는다는 게 무언지도 모르는 놈이, 감히 노인을 비하하는 것 같은 말을 하는 게 못마땅하신 건지?

위의 여러 가지 이유들이 있겠지만, 아마도, 돈만 밝히는 망아지가 너무 천박하다고 생각하시는 분들이 많이 계신 것 같습니다.

결국, 망아지가 생각하는 재개발 사업과 저를 꾸짖으시는 조합원님들이 생각하시는 재개발 사업 간의 간극이 이유인 것 같습니다.

망아지가 생각하는 재개발 사업에 대해 말씀드려 볼게요.

재개발 사업은 말 그대로 재개발을 통한 '사업'입니다. '사업'은 말 그대로 원재료를 투입하고, 사업비용을 최소한으로 투입하여, 시장에 필요한 상품을 공급하여, 최대의 수익을 올려 주주들에게 배당하는 것을 목적으로 합니다.

이를 재개발에 빗대어 보면, 주주(조합원)들은 토지를 회사(조합)에 맡기고, 시공사 공사비 등 사업비용을 투입하여, 최고 품질의 상품(일반분양 아파트 및 상가)을 시장에 공급함으로써, 주주(조합원)들에게 최대의 수익(조합원분양분 아파트 및 상가)을 배당(이전 고시)하는 것을 목적으로 합니다.

여기서 핵심은 '최대 수익'입니다. 그저 그런 수익이 아니구요.

여기까지는 사업이 성공했을 경우이고, 사업이 실패하는 경우 어떤 일이 일어날지 생각해 볼까요?

조합원 여러분들이 조합에 제공할 토지는 debt(부채)가 아니라, equity(자본)입니다. 이 말은 우리가 조합에 제공한 토지는 조합에서 다시 돌려줘야 할 책임이 없다는 뜻입니다.

다만, 사업이 잘되면 아파트(주식의 경우 배당)로 돌려줄 가능성은 있습니다. 즉, 여기서 핵심은 조합원이 아파트를 받는 것은 조합의 의무(부채)가 아니라 '가능성'이라는 점입니다.

만일, 부동산 경기 악화, 시공사와의 불화, 조합 내부의 불화, 상품성 없는 일반분양아파트 등 여러 가지 이유로 사업에 실패할 경우 조합원들은 equity 투자자로서 이에 대한 책임을 져야 합니다.

여기서 책임은, 조합원들의 토지를 부채 상환에 모두 사용하고 나면, 조합원들의 재산을 모두 날릴 수 있다는 뜻입니다. 섬뜩하지 않으세요?

우리가 주식 투자할 때 투자한 회사가 사업에 실패하여 배당을 못 하거나, 회사가 법정관리에 들어가면 주주들이 투자한 투자원금을 돌려달라고 할 수 있나요?

마찬가지입니다.

망아지는 2008년 금융위기 이후 다양한 이유로 시행사가 망하는 것을 자주 봐왔고, 직접 시행사를 망하게도 해봤답니다.

그래서, 혹시나 1지구 조합이 망할까 봐 걱정스럽답니다.

투자도 안 한 서울시와 성동구가 사업에 딴지를 거는 게 보기 싫답니다. 판돈 안 넣고 판에 끼어드는 건 예의가 아니지요.

조합원 여러분은 여러분이 선택할 수 있는 게 많다고 생각하시나요?

아닐 겁니다.

주식 투자할 때, 주식 사면 주식 투자자가 주식 가격이 오를 때까지 할 일이 없듯이, 조합원 여러분들도 토지를 조합에 주고 나면 더는 할 일이 없을 겁니다.

사업은 배와 같아 한번 항구를 떠나면 다시 돌아올 때까지 몇 해가 걸릴지 모른답니다. 배가 출항하기 전에 준비를 많이 해야 난파하지 않고 항구에 돌아올 수 있듯이, 재개발 사업도 사전에 준비를 많이 해야 사업에 성공할 수 있을 터인데, 아직 출발도 안 했는데 서울시와 성동구가 제일 좋은 자리에 숟가락을 꽂고 자리 잡는 모습이 상당히 눈에 거슬립니다.

저만 그런 건가요?

트리마제 사업을 최초에 투자한 지역주택조합원들도 자기들의 투자금이 모두 날아갈지, 돈 넣을 때는 아무도 몰랐을 겁니다.

더 끔찍한 얘기해 볼까요?

우리 조합이 사업에 망해 조합원분양분까지 일반분양으로 나온다면, 대놓고는 그렇지 않겠지만, 속으로는 서울시와 성동구는 더 좋아할 겁니다. 일반분양분 세대가 증가해 무주택세대에게 주택이 돌아갈 경우, 크게 보면 부의 재분배가 일어났으니까요.

서울시와 성동구가 (성수전략정비구역) 조합원들을 좋아할 거로 생각하지 마세요! 공무원들의 목적은 우리의 수익을 최대한 **빼앗아** 가고, 다른 어느 지역에서도 반대하는 기피시설을 우리 지역에 인허가를 무기로 넣는 겁니다.

저는 도덕과 정의를 내세우는 놈들을 정말 싫어한답니다. 도덕과 정의라는 말을 앞세우는 사람치고 도둑놈이 아닌 놈들을 본 적이 있나요?
국민의 힘에 '국민'이 있나요?
민주당에 '민주'가 있나요?
정의당에 '정의'가 있나요?

우리를 지켜줄 수 있는 것은 결국 '돈(수익)'뿐 이랍니다.

도덕이 좋고, 정의가 좋고, 명예가 좋은 분들은 지금도 땅값이 많이 올랐으니, 팔아서 좋은 일 많이 하시고 존경받으시면 됩니다.

괜히 조합원 전체의 공유물에 도덕이니 정의니 하는 잣대를 들이대시지 말기를 부탁드립니다.

항상 눈 크게 뜨고 있어야 합니다.
한눈 팔면 코 베어 가는 곳이 '서울'이랍니다.

표정 18 · 댓글 8
좋아요 14 사랑해요 2 OK 1 놀라요 1

댓글 모음

다른 조합원 댓글
실명으로 진지한 토론을 하는 밴드에서 격식을 갖추어 달라는 의견

답변 댓글
안녕하세요!
의견 감사합니다.
시간 들여 쓴 제 글이 그냥 묻혀버리면 하나마나 한 일을 하게 된 거라, 주의를 끌기 위한 목적으로 망아지를 사용했었습니다.
이제 ○○○ 님께서도 저를 아실 정도니 제 글이 그냥 묻히지는 않겠네요.
앞으로 주의하겠습니다.
다만, 제 글의 많은 부분이 상대방을 공격하는 글일 수밖에 없습니다.
불합리한 것을 깨려면 기득권자에게 도전해야 하니까요.
장난기를 제거하고 너무 진지하게 글을 쓰면 진짜 싸움이 될 수도 있어,
적절한 비유나 장난기를 빌려 쓰고 있으니 이해 바랍니다.

답변 댓글
안녕하세요!
제가 글을 쓰는 근본적인 목적은 조합원 여러분들로부터 공감을 얻는 것보다는, 제 글로 인해 조합집행부의 행동을 변화시키는 것입니다.
이 점을 참고하시면서 글을 읽으시면 이런 방식으로 글을 쓰는 이유에 대해 이해 가시는 부분도 있으실 겁니다.

Q 성수동 트리마제 이야기

A 이 글을 쓰는 2024년 7월 현재 네이버 부동산을 검색해 보면, 성수동 트리마제 아파트는 매매가 평당 1억 원 내외에서 거래되고 있습니다. 트리마제 아파트는 총 688세대, 시공사 ○○중공업으로 2017년 5월에 준공되었습니다. 최근 성수동이 핫플이 되면서 트리마제에 더욱 관심이 쏟아지고 가격도 오르고 있는 추세입니다.

그러나, 트리마제는 수백 명의 절망 속에 준공된 아파트입니다.

2001년 ○○시행사가 재개발 구역에 대한 동의서 작업을 시작하였고, 2004년 성수1지역주택조합을 설립하고 해당 지역을 3종 주거지역으로 변경하였으며, 2005년 시공사를 ○○중공업으로 선정한 후 시공사 채무인수를 통해 PF를 조달했으나, 이후 최초 시행사와 시공사 간 계약 조건 등 다툼이 발생했습니다. 2008년 리먼브라더스 파산으로 글로벌금융위기가 발생하였고, 2009년 2월 PF채권금융기관은 대출금에 대해 '기한이익상실(디폴트)'을 선언하였고, 성수1지역주택조합은 ○○중공업 보증을 통해 조달한 낙찰대금으로 공매를 통해 사업부지를 낙찰받게 됩니다. 이후 ○○중공업은 사업 지연에 따른 이자 비용 등에 대해 조합에 추가분담금을 요구하였으나, 조합은 이에 반발해 총회를 통해 시공사를 ○○건설로 변경하게 됩니다. 2012년 총회 결정에 반발해 ○○중공업은 PF채권금융기관으로부터 대출채권을 양수받아 채무자인 조합에 대해 '기한이익상실'을 통지한 후 공매를 통해 부지 자체를 제3자에게 넘겨 버리고, 결국, 조합원들은 본인 재산과 조합원 지위를 모두 날리게 됩니다. 2014년 3월 ○○중공업은 트리마제라는 새로운 브랜드를 만들고, 평당 약 4,000만 원에 분양을 시작하여 2017년에 입주하게 됩니다.

(출처 : 나무위키 '서울숲 트리마제')

결국, 조합이 잘못된 결정을 수차례 잘못하게 되면, 조합원은 알거지가 됩니다.

06 회계법인 선정의 필요성 [네이버 밴드 스물한 번째 글]

2024년 2월 25일 • 268 읽음

안녕하세요!

제가 정리하고 있는 내용에 대해 괜찮게 생각들 하시는지요? 댓글들이 거의 없으셔서 조합원님들의 의견을 제가 알 수가 없네요. 그래도, 크게 욕하시는 분들은 없는 것 같으니, 계속해 보겠습니다.

오늘은 조금 다른 내용입니다.

저는 총회 자료를 한 페이지씩 파고 있습니다.
자료를 모두 이해하고 나면, 자료 작성자의 의도를 분석할 수 있고, 자료 작성자의 수준도 확인할 수 있기 때문입니다.

현재까지의 검토 결과를 우선 말씀드리자면, ○○ 감정평가법인은 총회 자료 중 비례율 추정 부분을 날림으로 만든 것 같습니다.

물론, 제한적인 용역비나 시간적인 한계들로 인해 상세히 다루긴 어려웠겠지만, 그런 것들을 고려하더라도 너무 대충 만들었습니다.

한가지 단정적인 예로, 예비비를 사업비의 10%로 잡았습니다. 얼마나 비용에 자신이 없으면 예비비를 그렇게 많이 잡겠습니까? 예비비는 아무리 많이 잡아도 총사업비의 1% 내외여야 합니다. 그 정도는 되어야 숫자에 대한 신뢰가 생깁니다. 감정평가법인은 감정평가를 하는 곳이지, 사업 수지분석을 전문으로 하는 곳이 아닙니다.

저는 회사 일로 업체를 선정하거나, 부동산을 매각할 때는 회계법인을 자주 이용합니다. 회계법인은 숫자에 관해서는 최고입니다.

우리 조합은 이제까지 제대로 된 사업 수지가 필요 없었을 겁니다. 그동안 특별히 진행되는 바도 없었으니, 세무기장하는 세무사 정도만 있으면 충분했을 겁니다.

그런데, 이제는 그럴 때가 아닙니다.

우리 1구역 조합은 매출액 8조 원에 각종 비용 4조 원을 다루어야 할 조합입니다. 최적의 업체들을 선정해서, 최고의 작품을 만들어야 할 조합입니다.

조합원들로부터 신뢰를 얻기 위해서는, 조합에서 제대로 된 자료를 만들어 조합원에게 제공해야 할 의무가 있습니다.

저같이 눈 크게 뜨고 있는 조합원은 언제든 조합을 상대로 소송할 수 있다는 사실을 알고 계셔야 하고, 잘못된 자료는 소송의 빌미가 될 수 있다는 사실을 인지하셔야 합니다.

저는 조합에서 PWC삼일, 삼정KPMG, DELOITTE안진 중 1곳을 자문 회계법인으로 선정해 주실 것을 요청드립니다. 여기 언급한 업체들은 대한민국 1, 2, 3위 업체들입니다.

매출액 8조 원를 다루어야 하는데, 이 정도는 되어야겠죠? 그렇지 않나요.

회계법인을 선정하면 수지분석뿐만 아니라, 캐쉬플로우 등도 분석해서 부족자금 보충방안도 마련해야 하고, 향후 조합이 납부할 법인세를 최소화하는 방안들도 미리부터 준비해야 합니다.

또한, 수십 번, 수백 번 시뮬레이션을 돌려 최적의 비례율을 찾아내는 작업도 진행해야 합니다.

거시경제 분석, 아파트 시장분석 등을 통해 충분한 근거를 가지고, 최선의 일반분양가를 산출하는 방안도 마련해야 합니다.

최소 삼일, 삼정, 안진 등이 붙어서 조합을 도와야!
서울시, 성동구, 성동세무서, 시공사 등이 우리를 함부로 대하지 못할 겁니다.

자료의 신뢰성은 자료 자체의 정확성으로부터도 나오지만, 자료 작성자가 누구인지도 중요하답니다.

또한, 이런 업체들과 같이 일해야 나중에 조합 회계 또는 세무 이슈 등이 발생할 가능성도 작아지고, 세무 관련 이의신청에서도 적극 대응이 가능할 겁니다.

부언하자면, 이번 총회 자료에서 비례율을 산정하기 위한 수지분석 자료는 정말 실망입니다. 저 같은 비전문가도 하루 이틀 앉아서 정리하면 작성할 수 있는 수준밖에 안 됩니다.

오죽하면, 저 같은 일개 조합원이 총회 자료를 믿지 못해 하나하나 검토해 보고 있겠습니까? 이게 정상은 아니잖아요?

이제는 정말 제대로 해야 합니다.

지난번 총회처럼, 오류투성이인 자료를 더는 조합원에게 제공해서는 안 됩니다.

저는 정비업체가 누구인지도 모릅니다만, 정비업체에 모든 것을 맡겨서는 안 됩니다. 정비업체는 코디네이터 역할만 맡기고, 정말 중요한 일들은 진짜 전문가들에게 맡겨주십시오.

오늘은 여기까지입니다.
감사합니다.

표정 55 · 댓글 23
좋아요 50　사랑해요 4　OK 1

이 글은 조합원들로부터 가장 많은 좋아요와 댓글을 받은 글입니다.

Q 부동산 로또를 권장하는 사회 – 분양가 상한제

 이 글을 쓰는 2024년 7월 현재 부동산 시장의 가장 큰 이슈는 '로또 청약'입니다.

GTX A 노선에 맞닿아 있는 경기 화성시 오산동 '동탄역 롯데캐슬' 무순위 청약의 경우 무려 294만대 1의 경쟁률이었는데, 이번 무순위 청약은 2017년 분양 당시 가격인 4억 8,200만 원에 나와 현재 시세 약 16억 원보다 10억 원 이상 저렴하고 청약통장 유무에 상관없이 전국 19세 이상이면 누구나 청약 가능해 신청자가 수백만 명 몰렸습니다.

서울 양천구 '호반써밋 목동'의 경우 계약취소 32평형 1가구 모집에 11만 6,155명이 청약했는데, 분양가는 7억 9,830만 원으로 최근 실거래가 13억 2,000만 원 대비 약 5억 원의 시세 차익이 가능하고, 서울 거주 무주택 세대주면 청약이 가능했습니다.

서울 서초구 '반포 래미안 원펜타스'의 경우 178가구 모집에 9만 3,864명이 신청하여 평균 527대 1일 기록했는데, 이번 청약의 분양가는 32평 기준 약 23억 원으로 주변 시세 45억 원 대비 약 20억 원 이상 저렴했습니다.

여기서 언급한 아파트들의 경우 보류지, 계약취소 세대, 재건축 일반분양 분으로, 모두 분양가 상한제가 적용되는 아파트들입니다.

여러분은 시장가로 팔 수 있는 물건을 반값 또는 반의반 값으로 팔아야 한다고 정하고 있는 현재 분양가 상한제에 대해 이해가 가나요? 동탄역 롯데캐슬에서 보듯이 아파트 1세대를 나눠 갖기 위해 대한민국 전체 국민의 5.65%에 해당하는 사람들이 청약을 신청하는 것이 정상인가요? 줄 서지 않고 살 수 있는 물건에 대해 가격을 통제해 줄을 세우는 것이 맞는 것인가요?

가격통제는 최소한의 청약 당첨자를 제외하면, 나머지 모든 사람에게 비극입니다.

07 법무법인 선정의 중요성

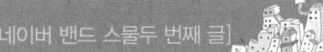

2024년 2월 26일 • 252 읽음

안녕하세요!

어제는 조합에 대한 쓴소리와 요청들을 올렸는데 어떠셨나요?

제가 예상했던 것보다 훨씬 많은 분으로부터 응원을 받아서 힘이 나네요.

그런데, 하나 꼭 말씀드릴 내용이 있습니다.

제가 글을 올리는 목적은 조합장님을 비롯한 조합집행부를 돕기 위해서입니다.

재개발은 누구나 처음이지 않겠습니까?

중책을 맡으셨으니, 일이 술술 잘되도록 미리미리 문제가 될 만한 부분들을 설명해 드리는 겁니다.

저는 그 지난한 세월 동안 조합집행부를 지켜온 현재 집행부를 존경(respect)한답니다.

그래서 제 나름의 방법으로 조합에 충언을 드리고 있으니, 조합집행부와 조합원 여러분들의 이해 부탁드립니다.

요즘 각 재개발, 재건축 사업장에서 공사비 때문에 조합과 시공사 간에 분쟁이 많죠.

그 근본적인 이유는 물가상승으로 인한 공사비 상승이겠지만, 제가 생각하는 다른 이유가 있습니다.

만일, 일반적인 아파트 사업장에서 같은 일이 발생하면, 시공사는 쉽게 공사를 중지할 수 있을까요?

그럴 수 없을 겁니다.

왜냐하면, 시행사(도급인)는 공사도급계약에 책임준공 기한을 못 박아 두었기 때문이고, 시공사(수급인)가 책임준공 기한을 지키지 못하면 상당한 금액의 지체상금을 지급해야 하기 때문입니다.

또한, 시공사는 PF 금융기관에 대개 확약서를 써 주는데, 내용은 시공사가 정해진 책임준공 기한 내에 준공을 이행하지 못하면 채무 인수를 해야 한다는 내용입니다. 그래서 일반사업장에서는 시공사가 마음대로 공사를 멈출 수가 없습니다.

그리고, 분양보증을 받게 되면, 일반 분양자와 HUG 주택도시보증공사와의 관계, HUG 주택도시보증공사와 시공사와의 관계, 시공사와 PF 금융기관과의 관계로 인해 막무가내로 공사를 세우기가 어렵습니다.
그런데 재개발, 재건축에서는 왜 유독 공사비를 올려 달라고 조합을 겁박할까요? 제 생각에는 국토교통부에서 만든 '표준계약서'를 사용하기 때문인 것 같습니다.

저도 공사도급계약을 체결해 본 경험은 있지만, 너무 오래전 일이라 기억이 가물가물합니다만, 표준계약서에는 물가변동(escalation)으로 인한 공사비 증액에 대해 명기가 되어 있고, 시공사(수급인)는 조합(도급인)에게 공사비 증액을 주장할 수 있게 되어 있습니다.
표준계약서는 공무원들이 만든 계약서라 계약상대방들을 동등하게 두고 작성했기 때문에 이렇게 만들었을 거라 생각됩니다.

그런데, 과연 조합과 시공사가 동등할까요?
조합장님을 비롯한 조합집행부들은 훌륭한 인품과 연륜, 경험을 가지고 계시겠지만, 매출액이 8조에 달하는 사업을 해보신 경험은 없으실 겁니다. 만일 있으시다면 다행이구요.

그런데, 시공사는 조합의 약점도 잘 알고 있고, 요리하는 방법도 잘 알고 있고, 하여튼 조합을 상대로 한 일에 대해서는 전문가 집단입니다.
조합에서 시공사를 요리할 수 있을까요? 요리할 수 없다면 어떻게 해야 할까요?

조합에 또 부탁드립니다.
시공사를 선정하기 전에 조합이 마음 놓고 편하게 자문받을 수 있는 법무법인을 선임하십시오.
법무법인 김앤장, 태평양, 율촌, 화우, 광장 중 한 곳과 자문 계약을 맺으시고, 어려운 일이 생길 때마다 상의해서 결정하십시오.
도급계약서도 법무법인에 맡겨, 시공사가 절대로 조합을 겁박할 수 없도록 만들어 두십시오. 그래야, 조합과 조합원들이 쪼개져 싸울 일이 없어지고, 발 뻗고 잘 수 있을 겁니다.
시공사와 일하실 때는 앞으로 소송이 일어날 수 있다는 사실을 인지하고 일하셔야 합니다.

위의 국내 5위 법무법인을 선임해야 하는 이유는 시공사가 조합과 소송을 할 경우, 시공사는 제가 언급한 5개 법무법인 중 한 곳에 일을 맡길 것으로 예상하기 때문입니다.

시공사는 김앤장 선임하는데, 조합은 동네 변호사 선임하면 상대가 되겠습니까?

오늘은 여기까지입니다.

감사합니다.

댓글 모음

다른 조합원 댓글
글을 올리는 이유가 주도권 때문이라는 의견

답변 댓글
안녕하세요!
저는 회사에 몸담은 사람으로 기본적으로 겸직이 금지된 조직에 있어, 주도권을 가질 이유가 전혀 없는 사람입니다.
조합장님과 조합집행부분들께서 잘해주시길 바라는 마음으로 글을 올리고 있을 뿐입니다.
조합집행부에서 제 의견들이 합리적이라고 생각하신다면, 적극적으로 받아들여 다음에 분쟁의 소지를 제거해 주십사하는 마음뿐이랍니다.
조합원의 한 명으로 아무것도 안 하고 있다가, 조합이 잘못된 결정을 내리면 피해는 고스란히 저를 포함한 조합원이 받게 됩니다.
최소한 그런 일은 미리 막아야겠죠.
생각해 보니, 한 가지 목적이 더 있습니다.
대부분의 조합원분이 저보다 훨씬 다양한 지식과 경험을 가지고 계시겠지만, 실무를 해보시지 않은 분들도 계실 수 있어 나름의 경험들을 공유해 드리고 있습니다.
조합원들의 정비사업에 대한 지식수준이 높아지면, 각 단계별로 조합원들이 의사 결정할 때, 최선의 결과가 도출될 것으로 생각합니다.
마지막으로, 언제든 제가 올리는 글에 대한 반론이 있으시면 편하게 글을 올려주시면 좋겠습니다.
이 밴드는 조합원 누구에게나 공개된, 열린 토론 장소이니 자유롭게 토론하여 최선의 결과를 도출할 수 있는 토론의 장으로 만들면 좋겠습니다.
감사합니다!

Q 물가변동 배제특약 무효 판결

A 최근 몇 년간 COVID-19, 러시아 우크라이나 전쟁 등 여러 가지 이유에 따른 전 세계적인 인플레이션으로 인해 공사비가 급격하게 상승 중입니다. 이에 따라, 물가상승을 반영한 공사대금의 증액을 요구하는 시공사와 계약된 공사대금의 유지를 원하는 발주자 간 법적 분쟁이 발생하여 최근 이슈가 되고 있는 상황입니다.

기존 공사도급계약에 일반적으로 삽입되었던 "물가변동에 따른 공사대금의 조정은 없다"라는 내용의 특약(이하 '물가변동 배제특약')은 효력이 없다는 대법원 판결이 있었습니다.

이번 판결(대법원 2023다313913)은 건설산업기본법 제22조 제5항 제1호에 의거하여 물가변동 배제특약의 효력을 직접적으로 부정한 판례가 확정된 것입니다.

건설산업기본법 제22조 제5항

건설공사 도급계약의 내용이 당사자 일방에게 현저하게 불공정한 경우로서 다음 각호의 어느 하나에 해당하는 경우에는 그 부분에 한정하여 무효로 한다.
1. 계약체결 이후 설계변경, 경제 상황의 변동에 따라 발생하는 계약금액의 변경을 상당한 이유 없이 인정하지 아니하거나 그 부담을 상대방에게 떠넘기는 경우
3. 도급계약의 형태, 건설공사의 내용 등 관련된 모든 사정에 비추어 계약체결 당시 예상하기 어려운 내용에 대하여 상대방에게 책임을 떠넘기는 경우

이에 따라, 발주자가 시공사와 공사도급계약을 체결할 경우에는
- 물가변동 산정 기준을 어떻게 정할 것인지,
- 어떤 시공 아이템에 대해 공사비 증액을 인정할 것인지,
- 어떤 경우 물가변동을 인정할 것인지 등

여러 가지 경우에 대한 스터디를 통해 향후 시공사와의 분쟁이 발생하지 않도록 세밀한 사전준비 작업이 필요할 것입니다.

08 제대로 된 논쟁 Part 1   [네이버 밴드 스물다섯 번째 글]

2024년 2월 28일 • 172 읽음

안녕하세요!

우선 ○○○ 조합원님께 감사드리고, 밴드가 공론의 장이 된 것 같아 기쁩니다.

○○○ 조합원님께서 오늘 아침 올려주신 댓글에 대해 답변을 드립니다.

○○○ 조합원님께서 질의 주신 내용과 제 답변은 모든 조합원님과 공유하는 게 좋을 것 같아 새 글로 올리니 이해 바랍니다.

(질문을 편집하면 질문하시는 분의 의도가 달라질 수 있으므로 편집 없이 그대로 기술하오니, 질문 주신 조합원님의 많은 이해 부탁드립니다)

[질문] 비용 절감보다는, 비용이 많이 들더라도 Major에게 자문을 받자는 것에 저도 찬성합니다. 다만, 전부 혹은 일부를 Major 세무법인에게 수임했다고 혹은 수임하지 않았다고 문제가 있다고 단정하는 것은 바람직하지 않다고 생각합니다.

[답변] 맞는 말씀입니다.
단순히 Major 회계법인(세무법인은 아닙니다)에게 수임하지 않는 것이 문제가 될 것은 없습니다.
조합 내부에서 Major 회계법인에서 하는 일들을 조합원의 눈높이에 맞춰 수준 높게 하실 자신이 있으시면 굳이 하실 필요 없습니다.
근본적으로 제가 회계법인을 선임하자고 한 이유는 지난 총회 자료가 수준 이하였기 때문입니다.
스스로 하실 수 있으시면, 조합에서 그 능력을 증명해 주시면 되겠습니다.

[질문] 자문 범위에 따라서, 모르긴 몰라도 자문료가 수천만 원에서 수억 원이 되기 쉬울 텐데요, 비용의 효용성 자체는 잘 모르겠습니다.

[답변] 당연히 자문료가 수천만 원에서 수억 원이 듭니다. 전문가들을 고용하는 거니까요. 충분히 비용이 아까울 수 있습니다.
제가 올리는 글들은 모두 제가 경험해 본 내용을 바탕으로 올리고 있다는 사실을 알아주시면 좋겠고, 지난번 조합에서 만든 총회 자료를 보고 차라리 회계법인에 맡기는 게 나을 것 같아 내용을 올린 겁니다.
비용 대비 효율을 뽑아내는 것은 조합의 역할입니다.

[질문] Price Positioning은 기술이라기보다는 예술의 범주에 가깝다고 생각합니다. 방법 및 과정과 관계없이, 결과적으로 적당한 물량의 미분양이 발생하고 적정기간에 소진될 수 있는 최적의 일반분양가가 책정되기를 기원합니다.

[답변] 당연히 분양가를 싸게 해서 분양하자마자 100% 완판하는 것은 바보짓입니다. 괜히 쓸데없이 idle money만 발생하게 되니까요.
회계법인을 통해 Cashflow를 분석해서, 사업 기간 중 money shortage를 계산하고, 이를 극복할 수 있는 분양률을 고려하여 분양가를 산정해야 우리 조합의 수익을 극대화할 수 있을 것입니다.
시공사와 조합에서 앉아 분양가를 산정하는 것보다는 훨씬 과학적이고 객관적일 것이고, 조합원들의 동의를 얻기가 쉬울 겁니다.

[질문] 외국에서 비싼 돈 주고 세무신고 회계감사 등등 해외 조세 관련을 EY Deloitte PWC 등 소위 Major들과 진행했습니다.
특정 이벤트들은 Major에게 별도의 자문을 받아서 진행했었고요, 좋은 결과가 도출되기도 했었습니다.
책임(Liability) 때문이지만(잘못 장담했다가는 소송의 빌미가 되기에), Major라고 해도 이런 이벤트는 이렇게 진행하면 이렇게 될 것이라고, 명확한 결론 혹은 예상을 자문서에 명기하진 않더군요. 국내 Major의 자문서도 큰 차이 없구요.

[답변] 당연합니다.
용역사는 고용자인 조합에게 '경우의 수'를 알려주고, 그 경우의 수에 따른 결과를 미리 검토해 주는 곳이지, 결정을 해주는 역할을 기대할 수는 없습니다. 용역사의 검토자료를 바탕으로, 최선의 결정을 내리는 것은 조합에서 할 일입니다.
현재 집행부는 외부 용역사의 도움 없이 조합원의 합의를 도출할 수 있는 '경우의 수'를 산정할 자신이 있으신지 묻고 싶습니다.

[질문] Major가 잘 알고 잘한다는 것이 기본 전제이지만, 한편으로는 Major 에게 자문을 받은 이유는 결과와 비용에 대한 책임을 감당할 수 없기 때문입니다. 그 결과가 긍정적이면, 역시 돈값을 했다는 평을 받게 됩니다. 그 결과가 부정적이라고 해도, Major를 통해 진행했기에 어느 세무법인이 진행했다 하더라도 회피할 수 없었을 것이라는 공감대가 형성되기에 탈이 없습니다.

[답변] 당연합니다. 그래서 Major와 일을 하는 겁니다.
추후에 누군가 조합 임원을 상대로 소송을 제기했을 경우 Major 회계 법인의 의견을 수렴하여 결정했다는 사실만으로도 조합 임원을 배임이나 손해배상에서 상당 부분 보호해 줄 겁니다.

[질문] 우리 1구역은 시공에 있어서 분리발주가 그 방향성은 아닌 것으로 이해하고 있습니다. 시공사로의 통합발주로 이해하고 있습니다. 통합발주의 경우, 매출 등이 커도, 그 기장 내용은 많지 않을 듯 싶습니다. 우리 1구역은 이미 회계법인을 선정했는데요, 기장(Book Keeping)을 위해서 회계법인을 Major로 변경해야 하나 생각이 듭니다.

[답변] 오해가 있으신 것 같습니다.

　　지금 말씀하시는 내용은 회계감사에 관한 내용이고, 제가 말씀드리는 내용은 '회계법인의 자문업무'에 대한 내용입니다. 당연히 손바닥만 한 조합에서 회계감사하는 데 무슨 Major 회계법인이 필요하겠습니까?

[질문] Major들은 자기네 단가가 높으니, Book Keeping은 그냥 House로 하시거나, Local을 쓰라고 하는데요. 또한, 우리 1구역이 회계법인 입찰을 다시 띄운다고 해도, Major가 입찰에 참여할까 싶은 생각도 듭니다.

[답변] 제 생각은 다릅니다.

　　우리 1구역 조합은 회계법인을 통해 시공사 입찰, 분양가 산정, 사업수지분석, 사업 Cashflow 분석, 청산금 산정, 비례율 산정 등 여러 가지 용역을 시작해야 할 상황으로 회계법인에서는 당연히 관심을 가질 겁니다. 단순히 조합에서 입찰 공고해서 Major 회계법인 오라고 하면 아무도 안 오겠지요.

　　조합에서 사전에 Major 회계법인 영업담당자들을 불러서 설명회를 하고 입찰을 진행한다면 입찰에 참석하지 않을 이유가 있을까요?

　　회계법인에서 돈 되는 일을 마다할 이유가 없습니다.

[질문] 부동산 관련 자문을 받아본 적은 없어 Major가 구체적인 숫자로 일반분양가를 제안할지는 모르겠습니다만, 비용 대비 효용성의 문제일 뿐이지 Major에게 자문을 받아서 나쁠 건 없다고 생각합니다.

　　오히려, 시공사에 끌려다닌다는 비판을 받는 것보다는 Major에게 일반분양가에 대한 자문을 받는 것이 더 바람직할 수도 있다고 생각합니다. 다만, 자문서를 근거로 일반분양가를 책정한다고 해도 그 결과에 대해서는 세무법인이 책임지지 않을 것이기에, 비용의 효용성은 잘 모르겠습니다.

[답변] 회계법인의 자료를 모든 조합원에게 공개하고, 조합원들의 뜻을 모아

결정하기를 기대하는 겁니다. 지금처럼 정확하지도 않은 총회 자료를 발송하고, 이를 근거로 총회를 개최하는 것은 좀 아닌 것 같습니다. 자료의 정확성이 담보되지 않은 상태에서 좋은 결정을 내리는 게 의미가 있을까요? 당연히 용역사는 책임을 지지 않습니다.

용역사는 용역 목적에 따라 '안'을 제시하는 곳이고, 모든 결정은 조합과 조합원이 하는 것이고, 책임도 조합과 조합원이 지는 겁니다.

[질문] 시공사도 일반분양가를 조합으로 제안할 때, Major의 자문서가 되었건 자체 분석이 되었건 어떠한 근거를 바탕으로 일반분양가를 제시할 겁니다. 아마도, 시공사는 안전한(?) 일반분양을 원할 듯싶구요.

그런데요, Major와 시공사의 견해 차이가 크다면, 어떻게 해야 할까요? Major의 의견이니 그냥 Major를 따라가야 할까요? 또, Major의 제안서와 시공사의 일반분양가와 차이는 별로 없지만, 그 가격이 높은 경쟁률과 조기 완판을 유도하는 소위 착한 일반분양가라면 어떻게 해야 할까요? 최악의 경우 추후 할인분양을 하더라도, 여건과 제도가 허락하는 한도에서 최대의 일반분양가를 채택해야 한다고 생각합니다. 조합이 어떠한 판단과 결정을 강행하려면, 조합원분들의 전폭적인 지지가 있어야겠지요!

[답변] 제 생각과 완벽히 일치합니다. 시공사는 전문가들이고, 조합 임원들을 시행사업의 전문가라고 할 수는 없을 것 같으니, 전문가인 회계법인을 불러다 우리 논리를 만들자는 겁니다.

[질문자의 마지막 글]
여하튼 결과론적으로 최적의 일반분양가가 책정되기를 기원합니다.

Q 투자의 최적기는 언제인가?

A '아무도 투자 대상에 관심을 가지지 않을 때'

부동산이든, 주식이든, 어떤 투자 대상이든, 필자는 남들이 아무도 관심을 가지지 않을 때가 최적의 투자 시기라고 생각합니다.

부동산의 경우를 예로 들면, 시장은 Seller's Market과 Buyer's Market으로 나누어 볼 수 있습니다.

Seller's Market이란 '시장의 수요와 공급의 관계에서 수요 측이 공급보다 많아 판매자들에게 유리한 경우'를 말하는데, 이 시기는 부동산 보유자들이 물건을 팔아야 할 시기를 말합니다.

Buyer's Market이란 '시장의 상품이 과잉상태이든지 값이 하락하는 추세에 있어, 수요가 상대적으로 적을 때, 구매자가 자기 뜻대로 상품을 선택하고 가격에 구매자의 의지를 반영할 여지가 커지는 경우'를 말하는데, 이 시기는 무주택자들이 부동산을 매입할 시기를 말합니다.

그런데 문제는 Seller's Market이 다가오면 가격이 계속 오를 것 같아 부동산 보유자들이 팔기를 주저하게 되고, Buyer's Market이 다가오면 가격이 계속 내릴 것 같아 무주택자들이 매입을 주저하게 됩니다.

결국, 투자의 최적기는 매도자든 매수자든 자신이 실행할 수 있는 자금과 의지가 결정된 시점이라고 할 것입니다.

돈보다는 물건을 가지고 있는 것이 한국에서는 승자가 될 가능성이 높습니다.

09 제대로 된 논쟁 Part 2   [네이버 밴드 스물여섯 번째 글]

2024년 2월 28일 · 208 읽음

안녕하세요!

○○○ 조합원님의 댓글에 대한 답변입니다.

(질문을 편집하면 질문하시는 분의 의도가 달라질 수 있으므로 편집 없이 그대로 기술하오니, 질문 주신 조합원님의 많은 이해 부탁드립니다)

[질문] Major 법무법인의 자문을 받자는 것에도 저는 찬성합니다.
　　　하지만, 전부 혹은 일부를 Major 법무법인에게 수임했다고 혹은 수임하지 않았다고 문제가 있다고 단정하는 것은 바람직하지 않다고 생각합니다. 시공사와 소송도 불사하자는 것에는 절대 반대합니다. 1구역의 재산을 다 날려도 되고 마이너스도 기꺼이 분담하겠다는 조합원분은 단 한 분도 없을 겁니다. 소송은 피해야 합니다.

[답변] 당연합니다.
　　　법무법인을 통해 시공사와의 계약서를 잘 작성해 두면 소송할 일이 없을 겁니다. 좋은 게 좋은 거라고 시공사의 선의를 믿고 계약서를 tight 하게 작성해 두지 않으면, 시공사는 언제든 조합을 겁박할 수 있습니다. 재개발, 재건축 사업에서 시공사가 설계변경 요청하지 않는 곳 보신 적 있으신지요? 목적은 소송해서 이기자는 게 아니라, 소송이 일어나지 않도록 준비하자는 겁니다.

[질문] 시공사가 LH 사업장과 시행도 같이 하는 본인들 사업장에서는 건축비를 올려달라고 하지 않겠죠. 별도의 시행사가 있는 사업장과 정비사업장에서나 시공사들이 건축비를 올려달라고 할 겁니다.

몇 년 전까지는 건축 기간 동안 건축비 및 자재비가 과도하게 상승하지 않았었기에 큰 문제가 없었던 것으로 알고 있습니다. 그러나, 코로나 주 52시간 등등으로 건축비 및 자재비가 급격하게 상승하여 문제가 되고 있습니다. 어찌 진행될지는 모르겠지만, 건축비 및 자재비가 안정된다면 건축비 인상으로 인한 다툼이 사그라들 것이고, 급격한 인상이 지속한다면 다툼은 더욱 격렬해지겠죠.

[답변] Inflation에 따른 Escalation은 조합에서 어찌할 수가 없는 것입니다. 인플레이션이 잠잠해지도록 정화수 떠놓고 기도한다고 될까요?

[질문] 아파트 도급계약서를 깊이 있게 본 적이 없어서 잘 모르겠지만, 책임한도(Limit of Liability)가 있을 거구요, 간접손실(Consequential Damage)은 배상하지 않을 겁니다. 단가에 관해서도 Escalating 조항 혹은 가격 재협상 문구가 있을 겁니다.

우리 조합원들에게만 유리하게 계약서를 쓰자면, 책임한도는 삭제하거나 1,000% 정도로 책정하고, 간접손실도 배상해야 하고, 단가는 고정하되 인하 사유가 있을 때는 인하를 요구할 권리를 명시하면 됩니다.

[답변] 공사도급계약서를 체결해 본 적이 없으신 것 같습니다.

○○○ 조합원님은 착한 세상에서만 살아오신 것 같네요. 계약서 조항이 명확하지 않으면 언제든 시공사의 공격이 들어올 수 있습니다. 문제의 본질은 시공사는 조합에 대항할 무기가 있는데, 조합은 없다는 겁니다. 시공사가 공사비 올려 달라고 조합에 주장하고 공사 중단하면 조합에서 돈 주는 거 말고 무슨 해결책이 있습니까?

조합에서 시공사에게 물가가 내렸으니 공사비 내리자고 하면 시공사에서 뭐라고 할까요? 시공사는 그렇게 생각하지 않으니 소송하라고 할 겁니다. 그때 조합에서 소송하는 방법 말고 다른 방법이 있나요? 그래서 조합도 해결책을 미리 만들어 두기 위해 좋은 법무법인을 고용하자는 겁니다.

[질문] 과연, 이러한 요구를 수용할 시공사가 있을까요?
Major 법무법인이 협상하면, 이러한 요구를 관철시킬 수 있을까요? 저는 아니라고 생각합니다. 무한에 가까운 손해가 발생할 개연성이 있는 계약은 CEO를 넘어 이사회를 넘어 주주총회 의결을 받아야 할 겁니다. 시스템적으로 불가할 테지만, 만약 어떤 시공사 경영진이 이러한 요구를 몰래 수용하고 문제가 발생한다면, 모르긴 몰라도 그 경영진은 배임으로 고소당할 겁니다.

[답변] 제가 올린 글들을 잘 보시면, 제가 공사비 산정할 때 공사비 평당 1,500만 원으로 산정해서 총공사비 2조 2,500억 원으로 되어 있고, 특화공사비도 1,450억 원 잡아두었습니다.
약 2조 4천억 원이나 되는 엄청난 돈입니다.
왜 제가 지금 시장에서 형성된 공사비보다 많은 공사비를 잡아두었을까요? 시공사는 우리 조합 공사를 하지 못해 안달일 겁니다.
기본적으로 부동산 개발사업은 Risk와 Return을 합리적으로 배분하여 수익을 취하는 사업입니다. Return이 크다면 시공사는 Risk도 기쁜 마음으로 안을 겁니다.

[질문] 시행사나 정비사업조합이 시공사와 법적 다툼을 하는 사례는 별로 없는 것으로 알고 있습니다. 시공사와 법적 다툼을 하지 않는 사업장들은 계약서를 잘못 썼기 때문일까요?
저는 법적 다툼에서 승소해도 망할 수 있기 때문이라고 생각합니다.

[답변] 전혀 아닙니다. 저만해도 Major 시공사와 다수 소송한 경험이 있고, 모르셔서 그렇게 말씀하시는 겁니다. 그렇게 생각하시는 근본은 계약서를 잘못 써서 시공사와 소송해도 승소하기 어렵기 때문입니다.
우리가 도급계약 체결할 시공사는 이름 없는 동네 업체가 아니라 우리나라 최고의 1군 시공사들입니다. 이런 1군 시공사가 계약서에 명확히 정해진 것에 대해 딴소리를 할 수 있을까요?

오늘 올린 글을 보시면, RFP(Request For Proposal)를 시공사에 보낼 때 도급계약서를 포함하게 되어 있습니다.
그렇게 한 이유는, 시공사에게 미리 도급계약서 검토하고 입찰에 참여하라는 뜻입니다.

[질문] 시공사와 소송 직전까지 간다면, 공사는 중단될 것이고, 금융비용은 지속 발생할 것이며, 시공사는 조합에 대한 연대보증 만기를 연장하지 않을 것이고, 조합은 자체적으로 금융을 조달해야만 하겠죠. 둔촌주공이 그러한 상황까지 갔었죠.

[답변] 그런 일이 발생한 근본 이유가 부실한 도급계약서 때문이라는 생각은 안 드시는지요. 시공사가 달라는 대로 다 주면 싸울 일이 없겠지요. 시공사가 달라는 대로 다 주자고 하면, 조합집행부가 무사할까요? 저부터 조합원분들 선동해서 반대할 거 같은데요.
'손해배상예상액'이나 '위약벌' 조항을 도급계약서에 넣어두면 시공사가 고삐 풀린 망아지(어디서 많이 들어본 듯한)같이 행동하진 못할 겁니다.

[질문] 둔촌주공이 시공사들과 소송까지 갔다면, 조합원들의 피해는 더욱 커졌을 겁니다. 대법원 판결까지 수년이 걸렸을 것이고요. 둔촌주공이 승소한다고 해도, 책임한도가 있을 것이고 간접손실은 배상하지 않을 것인데, 조합원들에게 어떤 이득이 돌아갔을까요? 아마도 마이너스를 분담하기 쉬웠을 겁니다.

[답변] 그래서 조합원들이 십시일반 돈 모아 시공사에게 달라는 대로 다 주는 게 잘한 건가요? 그럴 거면 입찰은 왜 하고, 계약은 왜 합니까?
시공사에서 배수의 진을 치면, 조합원들도 합심해서 배수의 진을 치고 싸워야죠.

[질문] 트리마제 전신과 같은 지역주택조합의 경우, 지역주택조합은 토지 등을 매입하기에 지역주택조합이 파산하면, 지역주택조합원들은 납입했던 비용만 날리는 것으로 끝납니다. 하지만, 정비사업조합은 토지 등을 매입하지 않기에, 정비사업조합원들은 마이너스가 된다면 그 마이너스도 분담해야 합니다. ○○○ 님도 같은 말씀을 하셨던 것으로 기억합니다.

[답변] 제 말이 그 말입니다.
○○ 1구역에서 시공사가 공사를 멈춘 이유가 뭘까요?
관리처분계획인가가 끝나고 이주하기 시작하면 조합원들의 토지 및 건물은 조합에 신탁해야 합니다.
신탁되고 나면 사업이 완료될 때까지 대외적으로 모든 토지와 건물은 조합의 신탁재산이 됩니다. 시공사와의 도급계약 상대방은 조합입니다. 조합이 시공사 말을 안 들어주면, 시공사는 유치권을 행사할 수 있고, 유치권에 기한 경매를 진행할 수 있습니다.
조합의 신탁재산, 즉 조합원들의 토지와 건물은 모두 경매에 들어가게 되는 겁니다. 쉽게 말해, 조합원들의 토지와 건물은 시공사 공사비에 대한 담보로서 역할을 하는 겁니다. 시공사가 그걸 알고 있으니, 일반분양으로 법률관계가 복잡해지기 전에 몽니를 부리는 겁니다. 트리마제의 전신인 지역주택조합과 재개발 조합이 다를 바 없습니다.

[질문] 계약을 결혼으로 비유하기도 합니다. 서로 사이좋을 때는 서로를 위하고 서로에게 조금이라도 더 잘하려 하기에 계약서가 없더라도 전혀 문제없습니다. 하지만, 사이가 나빠져 다툼이 생기면 계약서에 따라 합의하고, 그래도 사이가 벌어지면 계약서에 따라 원만히 이혼하고자 계약서를 씁니다. 서로에게 생채기를 남기는 법적 소송을 피하고자 계약서를 씁니다. 또 계약서에 서명하면, 통상 갑과 을의 위치가 서로 바뀝니다.
《협상의 기술》을 저술한 협상 전문가인 허브 코헨은 본인의 아이들

이 걸린 안건은 협상이 안 된다고 기술했습니다. 어떤 협상에서 실패하더라도 개인 일상에는 큰 영향이 없고 다음번 협상을 잘하면 되지만, 아이들이 걸린 안건은 실패해서는 안 되기 때문이랍니다.

허브 코헨의 아이들 이야기에 열렬히 공감합니다. 저도 크고 작은 협상을 진행해 왔고 계속 협상을 진행하고 있습니다만, 제 아이들과 같이 1구역 재산은 실패하면 절대 안 되기에, 저는 1구역 재산을 걸고 협상하진 않을 겁니다. 1구역의 재산을 다 날려도 되고 마이너스가 나더라도 기꺼이 분담할 테니, 소송까지 해서라도 시공사에게 본때를 보여주라는 조합원분이 단 한 분이라도 계실까요? 저는 1구역 재산을 리스크에 노출시켜서 벼랑 끝으로 몰고 가는 것에 결사반대합니다.

시공사와 소송도 불사하자는 의견에 절대 반대합니다!!!

[답변] 적극 동의합니다.

말씀하신 것처럼, 아이들에게 물려줄 재산을 시공사에게 뺏기지 않기 위해 철저히 준비해야 한다는 말씀을 드리고 있는 겁니다.

[질문] 계약서만 완벽하면, 문제가 발생하지 않을까요?

정비사업에서 전철연(전국철거민연합회)이 개입된 퇴거 거부는 임대차계약서가 문제일까요?

[답변] 시공사가 아무리 몽니를 부리더라도, 전철연 같지는 않습니다.

전철연 그냥 막무가내로 뻗대는 단체이고, 우리가 선정할 시공사는 기본적인 계약관계에 따른 권리관계를 알고 있는 곳입니다.

그래서 조합원들을 두려워하는, 누가 돈 주는지 잘 아는 시공사를 잘 선정해야 합니다.

[질문] 정비사업이 시행되면, 임대차계약을 해지할 수 있습니다. 퇴거 거부는 엄연한 불법입니다. 정비사업 임차권 계약 해지 조항은 도정법 제70조에, 부동산 계약 시 고지의무는 제122조에 명기되어 있습니다.

시공사와의 계약서에 있어서 리스크는 Major 법무법인의 할아버지라고 해도 100% 헤징할 수도 없고요, 최대한으로 리스크를 헤징하더라도 시공사와의 문제는 충분히 발생할 소지가 있습니다. 도급순위 상위 시공사라면, 최소한 퇴거 거부와 같은 불법에 이은 양아치 짓은 안 할 겁니다.

[답변] 기본적인 내용이 도급계약서에 정의되어 있어야 협상도 되는 겁니다. 계약서가 우리에게 불리하게 명기되어 있으면 도리어 우리가 시공사를 상대로 몽니를 부리게 되는 겁니다. 우리의 명분이 없어진다는 뜻이죠. 100% 완벽하진 않더라도 하는 데까진 해야죠.
문 열어두고 쳐들어오라고 할 순 없지 않습니까?

[질문] 여하튼, 건축비 및 자재비 등이 안정되어, 우리 1구역은 시공사와의 갈등이 없기를 희망합니다.

[답변] 물가상승이 조만간에 사그라지는 건 쉽지 않을 겁니다. 또 우리 1구역은 50층으로 하더라도 공사 기간이 최소 5년은 봐야 할 겁니다. 그동안 물가상승이 일어나지 않는다는 보장을 누가 해줄 수 있을까요?

여기까지입니다.
감사합니다.

표정 32 · 댓글 8
좋아요 30 사랑해요 2

📝 댓글 모음

저자 댓글 ─────────────────────────────

안녕하세요!

공사도급계약서가 '처분문서'라는 사실에 대해 아직 모르시는 분들이 많이 계신 것 같습니다. 잘 체결된 '처분문서'가 향후에 우리 조합을 어떻게 보호해 줄지에 대해 빨리 인식들 하시면 좋겠습니다.

감사합니다.

저자 댓글 ─────────────────────────────

안녕하세요!

처분문서란 권리, 의무 관계를 미리 확정시켜 둔 계약서 등을 말하는데, 네이버에는 "증명하고자 하는 법률적 행위가 그 문서 자체에 의하여 이루어진 문서" 정도로 나와 있네요.

댓글 감사합니다.

즐거운 하루 보내세요!

Q 신탁이란?

A 신탁이란 신탁을 설정하는 자(위탁자)와 신탁을 인수하는 자(수탁자) 간의 신임관계에 기하여 위탁자가 수탁자에게 특정한 재산을 이전하거나 담보권의 설정 또는 그 밖의 처분을 하고 수탁자로 하여금 일정한 자(수익자)의 이익 또는 특정한 목적을 위하여 그 재산의 관리, 처분, 운용, 개발 그 밖에 신탁 목적의 달성을 위하여 필요한 행위를 하게 하는 법률관계를 말한다(신탁법 제2조 신탁의 정의).

재개발 사업에서 조합원(위탁자 겸 수익자)과 조합(수탁자)의 신탁계약은 시공사를 선정하고 공사도급계약을 체결하는 시기에 진행됩니다.

그 이유는 공사도급계약이 체결되면 시공사의 보증 등 신용공여를 통해 재개발 사업을 진행하기 위한 사업비를 조달해야 하는데, 이때 조합원이 조합에 신탁하는 토지와 건물이 담보로서 역할을 하게 됩니다.

▶ **재개발 사업의 자금조달 구조**

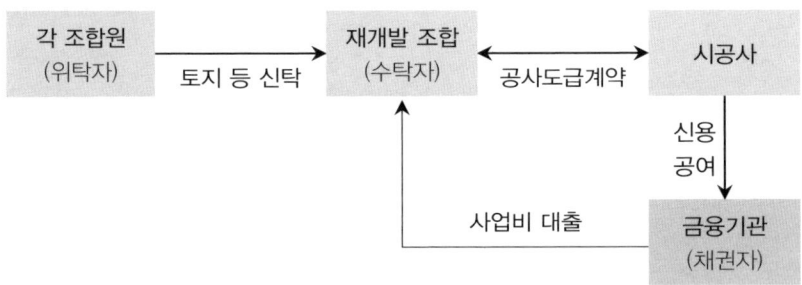

10 최고의 상품이 필요한 이유 [네이버 밴드 스물아홉 번째 글]

2024년 3월 2일 • 257 읽음

안녕하세요!

오늘은 좀 더 근본적이고 본질적인 부분에 대한 제 의견을 말씀드리겠습니다.

저는 왜 50층보다 70층이 더 낫다고 생각할까요?

저는 왜 치매 노인요양시설을 죽어라 반대하는 걸까요?

저는 왜 일반적인 시공사보다는 대한민국 최고의 시공사가 선정되길 원할까요?

저는 왜 특화공사비를 들여서라도 외부 조경을 최대한 멋있게 해야 한다고 생각할까요?

저는 왜 우리 1구역 조합이 좀 더 스마트한 조합이 되기를 원하는 걸까요?

저는 '가치(value)'에 집중하기 때문입니다.

제가 생각하는 아파트의 가치는 '물리적인 가치'가 일정 수준 이상이 되어야, '커뮤니티의 가치'가 쉽게 창출된다고 보기 때문입니다.

우리가 최고의 시공사를 선정해 최고의 아파트를 짓는다면, 조합원들이 광고하지 않더라도 우리 아파트의 물리적인 가치는 높아질 것입니다.

물리적인 가치가 높아진다는 것은, 곧 '가격(price)'이 높아진다는 의미입니다. 이것은 1차 상승으로 표현할 수 있습니다.

하지만 더 중요한 것은 그다음부터입니다.

물리적인 가치가 높아져 35평 국평 아파트 가격이 40억 원 정도 가게 되면,

그다음부터는 우리가 크게 노력하지 않아도 됩니다.

왜냐하면, 40억 원이란 가격이 우리 주변의 입주자들을 수준 높은 사람들로 바꾸어 줄 것이기 때문입니다.

40억 원 정도 되는 아파트를 구매할 수 있는 사람들은 최소 100억 원 이상 자산을 보유한 사람들일 가능성이 크고, 그 사람들은 사회의 상류층에 속한 사람들일 가능성이 큽니다.

우리 1구역 아파트 입주민들이 대한민국 사회의 상류층들로 구성된다면, 아파트에는 긍정적인(positive) 커뮤니티가 자연스럽게 형성될 겁니다.

이러한 커뮤니티가 형성되면, 자연스럽게 우리 아파트는 2차 상승을 하게 될 겁니다.

이때 중요한 것은 2차 상승은 한계가 없다는 겁니다.

우리 아파트 입주민들이 어떤 사람들로 구성되고, 입주민들 간에 어떤 좋은 상호작용이 발생하느냐에 따라 커뮤니티의 가치는 끝없이 올라가게 됩니다.

우리 1구역 조합원들이 커뮤니티 가치를 누리기 위해서는 무엇을 해야 할까요?

조합원이 아닌 일반 분양자나 준공 후 물건을 매수하는 사람들은 분양대금이나 매수대금을 벌기 위해 노력해야겠지만, 우리 조합원들은 그냥 물건을 꼭 잡고 놓치지만 않는다면, 시간의 흐름에 따라 자연히 커뮤니티의 가치를 누리게 될 겁니다.

오늘은 여기까지입니다.

감사합니다.

표정 30 · 댓글 17
좋아요 25 화나요 2 OK 2 사랑해요 1

💬 댓글 모음

다른 조합원 댓글
결국, 49층보다는 70층으로 진행하자는 결론에 도달한다는 의견

답변 댓글
안녕하세요!
저는 여러분께 봉사할 목적으로 글을 쓰는 착한 사람이 아니랍니다.
그렇다고, 조합 임원을 할 목적이 있는 것도 전혀 아니랍니다.
천지 모르는 망아지처럼 글을 쓰니, 마치 아무것도 모르는 놈이 나타나서 헛소리하는 것으로 매도되어, 나름 제가 알고 있는 것들을 풀어 쓰며 여러분들에게 저를 각인시키고 있는 겁니다.
제가 글을 쓰는 목적은 조합원 여러분들의 재개발에 대한 인식을 바꿔, 제가 주장하는 내용이 크게 잘못되지 않았다는 것을 주장하기 위해서입니다.
제 글을 자세히 보시면 한 번도 제 생각이 바뀌지 않았다는 것을 이해하시게 될 겁니다.
그도 그럴 것이, 아무도 저를 논리적으로 설득해 준 사람이 없었으니까요?
조합장님께서 주변 상황을 보아 가며 50층 또는 70층을 결정하겠다고 하셨으니, 저는 제 주장을 펴고 있는 겁니다.
나중에 조합에서 조합원들에게 충분한 정보를 제공하고, 다시 조합원들에게 이 문제의 결정을 물어 다수결로 결정된다면 그때는 깨끗이 포기해야겠지요.
하지만, 아직 끝난 게 아니잖아요!
50층을 주장하시는 분들은 조합의 주먹구구 주장을 가지고 저를 설득하실 게 아니라, 저를 포함한 70층을 주장하시는 분들이 정말 50층이 최선이겠구나! 하는 정도의 정보를 주시면 좋겠습니다. 그리고, 오늘 글의 핵심은 50층이나 70층이 아닙니다.
내일 글을 위해 사전에 조합원 여러분들을 환기시키기 위한 목적으로 작성한 글입니다.
내일 글도 보시고 마음에 안 드시면 한 번 더 글을 올려주세요!
제가 또 답변을 드리겠습니다.
그래도, 용기를 내 의견을 올려주셔서 감사합니다!

다른 조합원 댓글

비록 근소한 차이더라도 투표를 통해 결과가 나왔는데, 우선은 결과를 수용하고 앞으로 나가는데 옳은 것 아니냐는 의견

답변 댓글

혹시 또 댓글을 다는 게 실례는 아닐지 모르겠습니다만, 제 생각을 말씀드려 보겠습니다.
저는 70층으로 결정되지 않은 결과에 대해 이의를 제기하는 게 아닙니다.
얼마 전 어느 분께서 올려주신 4구역 자료처럼 50층과 70층의 장단점을 객관적으로 표현하여 제공했다면 투표 결과에 수긍했을 겁니다.
혹시 투표 결과가 바뀌면 50층 지지자들은 재투표를 요청할 수도 있는 걸까요? 에 대해서 말씀드리면, 제가 그런 일이 생기는 것을 방지하기 위해 회계법인을 선정해서 좀 더 객관적인 자료를 만들어 조합원들을 설득해 달라고 요청한 겁니다.
여기서부터는 저의 상상입니다.
○○○ 시장이 층수 제한을 풀어주는 이유가 뭘까요?
저는 두 가지 이유가 있다고 생각합니다.
첫째, '나는 전 서울시장과는 다르다'라는 점을 부각하기 위해서입니다.
둘째, 예전 MB 하면 청계천이듯이, ○○○ 시장하면 한강 변 초고층이라는 업적을 서울시민들에게 각인시키기 위해서라고 생각합니다.
그런데, 조합에서 50층으로 정해버리면 서울시에서도 명분이 없어지니 막무가내로 70층으로 하라고 하기는 어렵지 않을까요?
전 시장이 무조건 35층으로 하라고 해서 그렇게 욕을 먹었는데요,
서울시장님은 공무원이 아니라, '정치가'이니까요.

다른 조합원 댓글

소형 지분 소유자는 추가분담금을 낼 형편이 안 될 수도 있는데, 이런 문제도 생각해 봤는지에 대한 의견

답변 댓글

안녕하세요!
저는 조합 임원이 아니니, 물건별 조합원 숫자나 %를 모르고 있습니다.
이렇게 생각해 보시는 건 어떨까요?

삼성 휴대폰에도 고급폰과 저가폰이 있습니다.

삼성에서 휴대폰 만들 때 고급폰을 만드는 비용이 저가폰을 만드는 비용보다 훨씬 많이 들 겁니다. 그래도 삼성은 고가폰의 성능향상을 위해 노력하고, 고가폰을 제값 받고 팔기 위해 노력합니다.

고가폰 한 대 팔면 저가폰 10대 판 것만큼 이익이 날 수 있으니까요.

성수동이 일반적인 강북에 있는 그저 그런 땅이라면, 고급화하자고, 70층으로 하자는 말을 할 필요가 없을 겁니다. 그런데, 제가 생각하는 성수동은 그런 곳이 아닙니다. 제대로 지어 놓으면 제대로 이익 내며 팔 수 있습니다.

조합원분들께서 지분율이 낮으시면, 더욱 고급화를 통해 일반분양금액을 높여 조합원 분양가를 낮춰달라고 하는 게 맞지 않을까요?

다른 조합원 댓글 ─────────────────

각 조합원 개인에 따라 형편이 다르니 빠른 진행을 바란다는 의견

답변 댓글 ──────────────────────

안녕하세요!

답글을 작성하고 올릴까 말까를 몇 번 망설이다 결국 내렸습니다.

말씀하신 내용 충분히 이해했습니다.

제가 올린 글들에 마음이 불편하셨다면 사과드립니다.

추후에 제가 올릴 글들을 보시고, 그때도 동일하게 생각하신다면 언제든 질문 주세요. 저도 ○○○ 님 못지않게 분담금이 부담되고, 빨리 진행해서 입주하고 싶은 1인의 조합원이랍니다.

감사합니다.

> **Q 정비사업 통합심의하면 정말 빨라지나요?**

A 2024년 1월 22일 서울시 주택정책실 주거정비과에서 "서울시, '모든 정비사업 통합심의' 본격 시행. 재개발, 재건축 사업속도 가속화"라는 제목의 보도자료를 발표했습니다.

보도자료에 따르면, 서울시는 정비사업 사업시행계획 인가에 필요한 각종 심의를 한 번에 처리하기 위해 통합심의 운영체계를 구축하고 재개발, 재건축 사업속도를 가속화하겠다고 밝혔고, 정비사업 통합심의위원회 운영을 통한 '원스톱' 결정 체계로 불필요한 사업계획 변경 방지 등 개별심의로 인한 사업지연과 사업비용을 줄여 시민 편의를 제공할 방침이라고 하며, 그동안 조합설립 후 사업시행계획인가 단계에 각종 영향평가 등 심의에만 통상 2년 이상 소요되어 온 심의절차를 건축심의, 경관심의, 교통영향평가, 환경영향평가, 교육환경평가, 도시관리계획(정비계획), 도시공원조성계획심의까지 통합 확대함으로써 2년 이상 소요되던 심의단계를 약 6개월로 대폭 단축될 것으로 기대한다고 밝혔습니다.

통합시의 대상은 도정법 제2조 제2호에 따른 모든 정비사업(주택 및 도시정비형 재개발, 재건축)이며, 단독주택재건축 및 재정비촉진지구 내 정비사업도 포함된다고 합니다.

그런데, 과연 이것이 지켜질 수 있을까요?

성수전략정비1구역의 경우 2017년 7월 18일에 조합설립인가를 받았는데, 7년이 지난 현재까지 심의가 완료되지 않았습니다.

서울시는 통합심의 운운하지 말고, 2년 안에라도 심의를 완료해 주어야 하지 않을까요?
서울시민들의 재산권은 누가 지켜주는지? 두고 볼 일입니다.

11 원주민과 외지인

[네이버 밴드 서른 번째 글]

2024년 3월 3일 • 210 읽음

안녕하세요!

어제 올린 글에 대해 여러분들께서 많은 댓글을 달아 주셔서 감사했습니다. 그래도 예전보다는 많이 포용적인 댓글들을 써주셔서 다행입니다.

저도 조합원들이 이 정도 이슈로 쪼개지는 걸 원하지는 않거든요.

제가 진행하고 있는 총회 자료 정리가 어느 정도 완성되면, 그때 가서 또 논의하시죠!

오늘은 원주민이 생각하는 외지인, 외지인이 생각하는 원주민에 관한 내용입니다.

어제 올린 글은 오늘 글을 위한 사전 정지 차원의 글이었는데, 너무들 열심이셔서 사실 당황했답니다.

그동안 댓글들을 읽으면서 느낀 점인데, 제가 생각하기에 원주민들과 외지인들 사이에 오해가 많이 있는 것 같습니다.

우선, 성수동에 오랫동안 살아오신 원주민의 관점에서 살펴볼까요.

원주민들은 2000년대 초반 성수동이 재개발 구역으로 지정되기 이전부터 살아오신 분들이 많으실 겁니다.

원주민들은 초기 추진위원회를 만드시고, 조합을 결성하시는 등 어려운 환경에서도 1구역 재개발을 위해 한 걸음씩 앞으로 나가기 위해 노력하고 헌신하신 분들입니다.

전 서울시장이 말도 안 되는 이유로 재개발 사업을 방해해도 묵묵히 자리를 지켜주신 분들이십니다.

그런 원주민들의 측면에서 보면, 외지인들은 불나방으로 보일 겁니다.

외지인들은 원주민의 노력에 편승한 무임승차자(free rider)로 보이실 겁니다.

솔직히, 원주민분들의 측면에서 보면 외지인들이 한 게 뭐가 있겠습니까?

단순히 돈 주고 지분 매입한 게 다죠.

이번에는, 외지인 관점에서 원주민을 살펴볼까요.

외지인들은 각자 재개발 지분에 대해 상당한 금액을 지급하고 조합원이 되었습니다.

어떤 외지인도 자신의 토지를 팔고 나가는 원주민분들께 땅을 팔아달라고 부탁한 적도 없었는데, 원주민 스스로 자신의 결정에 따라 부동산을 외지인에게 넘기고 조합에서 탈퇴하셨습니다.

외지인들은 그동안 사업이 잘 진행될지, 어떻게 진행되는지, 내용도 잘 모르고 나름의 리스크(risk)를 안고 토지를 매입했습니다.

물론 저보다 훌륭한 분들은 그렇지 않으셨겠지만, 저는 그랬다는 얘기입니다.

여기서 하나 생각해 볼 시사점이 있습니다.

외지인들이 없었으면 원주민들의 땅값이 올라가지 않았을 것이니, 어떤 면에서 보면 원주민들을 부자로 만들어 준 것은 외지인입니다.

원주민들 사이에만 거래가 일어났다면, 현재의 땅값이 유지될 수 있었을까요?

원주민분 중에 외지인들은 폭탄 돌리기를 하다 나가면 그만 아니냐? 고 하신 분이 계셨던 걸로 기억합니다.

엄밀하게 말하면, 어차피 외지인들끼리 폭탄 돌리다 땅값이 떨어져도 원주민이 올린 건 아니니, 손해도 없는 것 아닌지요?

땅값이 올라 기분 좋은 건 사실 원주민이나 외지인이나 마찬가지일 겁니다.

그런데, 원주민들은 외지인들을 투기꾼으로만 보며 무시하니 기분이 좋지 않은 겁니다.

각자의 관점에서 상대방에 대한 선입견에 대해 살펴보았습니다.

그런데, 이제부터는 사업이 제대로 진행되기 시작했으니 이런 견해들은 아무 의미가 없습니다.

원주민들과 외지인들은 한배를 탄 조합원입니다.

조합이 제대로 운영되지 않고, 사업이 제대로 굴러가지 않으면 모두 다 피해를 보게 됩니다. 이제 각자 서로에 대한 선입견을 내려놓는 게 어떨까요?

저는 이 밴드에 감사하게 생각합니다.

제가 속해 있는 어떤 모임, 어떤 조직에서도 재산 규모 30억 원 이상을 가진 사람들로만 구성된 곳은 없습니다. 이 밴드를 제외하면요.

(물론 30억 원이 안 되시는 분들도 계시겠지만, 우리 1구역을 선택하신 정도의 선구안이 있으시니, 곧 30억 원을 넘어 300억 원이 되실 겁니다)

고등학교 동문도 모두 30억 원 이상은 아니고, 대학교 동문도 모두 30억 원 이상은 아니고, 회사 직원들도 모두 30억 원 이상 재산을 가지고 있지는 않습니다.

원주민이든, 외지인이든 최소 재산 규모 30억 원은 될 것이고, 재산이 많으신 분들은 100억 원, 1,000억 원이신 분들도 계실 겁니다.

어디에서 이런 분들만 따로 만날 수 있겠습니까?

어디에서 이런 얘기를 할 수 있겠습니까?

저는 우리 밴드에 들어와 계신 조합원분들은 어떤 이유로든 성공하신 분들이고, 혜안을 가지고 계신 분들이라고 생각합니다.

우리는 같은 목적으로 한배를 탄 동료들이니, 좋은 '커뮤니티'를 만들기 위해 밴드를 이용했으면 하는 게 저의 바람입니다.

아니, 어제 말씀들 하시는 내용을 보니 예전과 비교하면 벌써 좋은 커뮤니티가 되기 시작했다는 생각이 드네요!

저도 일조한 것 같아 뿌듯합니다.
그렇게 생각해도 되겠죠?

오늘로 저의 30번째 글을 올립니다.
한 달 내내 글만 쓰다 보낸 것 같네요.
이제 70번 남았습니다.

오늘은 여기까지입니다.

감사합니다.

표정 34 · 댓글 4
좋아요 33 사랑해요 1

Q 사업시행계획이란?

 재개발 사업에서 '사업시행계획인가'란 건축법에 따른 '건축허가', 주택법에 따른 '사업계획승인'과 동일한 절차입니다.

도정법 제52조에 따르면 사업시행자가 사업시행계획서를 작성할 경우 다음 내용을 포함하도록 정의되어 있습니다.

1. 토지이용계획(건축물배치계획)
2. 정비기반시설 및 공동이용시설의 배치계획
3. 임시거주시설을 포함한 주민이주대책
4. 세입자의 주거 및 이주 대책
5. 정비구역 내 가로등 설치, 폐쇄회로 텔레비전 설치 등 범죄예방대책
6. 임대주택의 건설계획
7. 국민주택규모 주택의 건설계획
8. 공공지원민간임대주택 또는 임대관리 위탁주택의 건설계획
9. 건축물의 높이 및 용적률 등에 관한 건축계획
10. 정비사업의 시행과정에서 발생하는 폐기물의 처리계획
11. 교육시설의 교육환경 보호에 관한 계획
12. 정비사업비
13. 시·도조례로 정하는 사항

서울시 도시 및 주거환경정비 조례 제26조

① 기존주택의 철거계획서에는 주택 및 상가 등 빈집 관리에 관한 사항, 비산먼지·소음·진동 등 방지대책 및 공사장 주변 안전관리 대책(통학로에 대한 사항을 포함한다)에 관한 사항을 포함하여 작성하여야 한다.

재개발 조합에서 사업시행계획인가(건축법에 따른 건축허가에 해당)를 득하고 나면, 철거 및 공사를 하기 위한 모든 준비가 완료되었다고 보시면 되겠습니다.

12 글쓴이의 의도

[네이버 밴드 서른여덟 번째 글]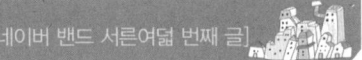

2024년 3월 10일 • 188 읽음

안녕하세요!

여러분 이제 저의 연재가 절반을 훌쩍 넘어서고 있습니다.

총회 이후 글 쓰는 초반에는 너무 열도 받고, 이번 기회에 알고 있는 것들 좀 정리해 보자는 생각으로, 넉넉잡아 100회를 계획했었는데, 쓰다 보니 글감이 줄어 한 50~60회 정도에서 이번 시즌(season)은 끝내야 할 것 같습니다.

이제 한 15회 정도 남았네요.

글을 정리하다 보니, 저도 그동안 자신만만하게 생각했던 것보다 별로 아는 게 없어 반성했습니다.

금년 총회 이후 이제까지 어떠셨나요?

재개발 관련해서 지식이 좀 풍성해지시고, 주변 조합원들의 생각을 공유할 수 있는 좋은 자리였다고 생각하시는지요?

그래도 댓글에서 많은 분이 제 글을 읽고 도움이 되셨다고 말씀들 해주시니, 글 쓰는 동안 헛일을 한 건 아니라는 생각이 들었고, 나름 뿌듯했습니다.

저도 글 쓰는 동안 화가 많이 풀리고, 상대방을 이해하는 좋은 계기가 되었는데, 여러분들도 비슷한 경험을 하셨으면 좋겠습니다.

우리 1구역에는 조합장님을 비롯한 '진짜 어른' 분들이 많이 계신 것 같아 고맙게 생각합니다.

그리고 그분들 덕분에 우리 조합은 외부의 이유로 사업이 늦어질 순 있더라도, 옳은 방향으로 나가고 있다고 생각합니다.

이제 제가 글을 쓰는 의도를 말씀드려 보겠습니다.

첫째, 70층에 대한 오해를 풀어드리기 위해서입니다.

제가 보기에 우리 1구역은 비례율이 높아, 즉, 사업수익이 많이 남아 50층 대비 추가분담금 없이도 충분히 70층을 지을 수 있을 것 같습니다.

눈치 빠른 분은 느끼셨겠지만, 일반분양분 35평 분양가를 35억 원으로 잡은 것과 공사비를 평당 1,500만 원으로 잡은 것은 당연히 70층을 염두에 둔 겁니다.

저 혼자만의 생각입니다만, 50층으로 짓는다고 가정하면, 일반분양 평당 1억 원도 아직까진 무리고, 공사비 평당 1,500만 원도 현재 시점에선 과한 숫자입니다.

제가 자세하게 풀어드리고 있는 총회 자료의 수지분석(비례율 산정 논리)을 끝까지 따라오시면 오해가 풀리실 겁니다.

저는 제 글을 통해 여러분께 묻고 있습니다.

만일 조합원에 대한 비용부담이 동일하다면, 인허가 기간과 공사 기간만 2년 늘어난다면, 과연 지난번 총회와 같은 투표를 하실 건가요?

저는 아직도 왜 70층으로 하면, 50층 대비 5억 원의 추가 부담금이 발생하는지 이해하지 못하고 있습니다.

하지만, 조합원들이 충분한 정보를 받은 후 민주적인 절차를 거쳐 최종 50층으로 결정된다면, 저도 기분 좋게 50층을 받아들이겠습니다.

둘째, 치매 노인요양시설의 설치를 막기 위해서입니다.

이 부분은 서로 말씀하시기 꺼려지실 수 있습니다.

누구나 늙고, 저도 늙고, 조합원들도 늙기 때문에, 서로 말은 안 해도 이심전심으로 알고 있는 내용입니다.

그런데 또 한 번 말씀드리자면, 우리는 1 : 1 재건축을 하는 게 아닙니다.

우리가 우리 돈으로 아파트를 짓는 게 아닙니다.

일반 분양자들에게 아파트를 팔아서 그 돈으로 우리 조합원 아파트까지 짓는 겁니다.

우리 물건을 살 사람들이 좋아하는 시설을 넣어야 제값 받고 팔 수 있고, 우리 조합원 분담금을 줄일 수 있는 겁니다.

이 부분은 투표로 결정되는 내용이 아니기에, 조합에 부탁드리는 겁니다.

사업에 성공하는 이유에는 모두 관심이 많지만, 사업에 실패하는 이유에 대해서는 아무도 생각하지 않습니다.

저는 최대한 사전에 실패 원인을 줄여야 조합원들의 리스크(risk)가 줄어든다고 믿고 있습니다.

차라리, 아파트 입주민들만 대상으로 한 치매 시설이라면 저도 찬성하겠습니다.

우리 사업에 전혀 도움을 준 바도 없는 사람들을 위해 우리 사업의 리스크를 높이는 것이 맞는 것인지? 의문을 제기하는 겁니다.

셋째, 집합건물과 집합건물이 아닌 조합원 재산 간 감정평가의 불공정을 말씀드리기 위함입니다.

아직 제 글에서는 이 부분이 본격적으로 정확하게 표현되지 않았습니다.

지금 열심히 쓰는 중입니다.

아마 집합건물을 가지고 계신 분들은 제 글이 불편하실 수 있을 겁니다.

그래도 어쩌겠습니까?

조합원들 간에 활발한 논의를 통해 문제점을 사전에 확인해 보는 것이, 추후 발생할 조합원들 간의 내홍을 막을 유일한 방법이라고 생각하니 불편해도 진행해 보고자 합니다.

불편하다고 숨겨두었다, 나중에 소송이라도 시작되면 4~5년 훌쩍 갑니다.

오늘은 여기까지입니다.

감사합니다.

표정 32 · 댓글 6
좋아요 29 화나요 1 사랑해요 1 놀라요 1

📃 댓글 모음

다른 조합원 댓글

70층 결정에 따라 조합원 추가분담금 발생과 기간 연장에 대한 질의

답변 댓글

안녕하세요!
좋은 말씀이십니다.
저는 50층과 70층으로 논쟁하는 건 충분히 가치가 있다고 생각하지만, 이로 인해 조합이 분열되는 건 서로에게 손해가 될 거라고 확신합니다.
한두 가지만 말씀드리면, 첫째, 층수는 용적률과는 관계가 없습니다. 용적률 상향은 조건에 부합하면 서울시에서 해 주는 것이지, 50층으로 하면 용적률 상향을 해주고, 70층으로 하면 안 해주는 대상은 아닌 것 같습니다.
둘째, 추가비용이 더 들지 않는다는 내용을 제가 증명해 드리고 있습니다. 제가 현재 정리하고 있는 총회 자료에 따른 수지분석을 쭉 따라오시면 아시게 될 겁니다.
아마 다음 주 금요일 정도면 해답을 아시게 될 겁니다.
이제는 도리어, 50층을 주장하시는 분들이 70층을 주장하시는 분들에게 충분한 자료를 제공하시어 자신의 주장이 옳다는 것을 증명해야 할 단계로 보입니다.
저 좀 설득시켜 주세요.
부동산 업무를 24년 동안 한 저로서는 도저히 이해가 안 갑니다.
저는 밴드의 활발한 토론을 통해 지식을 공유하고, 다른 조합원들의 생각을 알아보고, 조합이 더 단단히 뭉치는 계기가 되면 좋겠습니다.
당연히 조합장님과 조합 임원님들께서도 조합원들의 이러한 기대를 읽으시고, 많은 조합원의 기대를 충족할 수 있는 합리적인 혜안을 고민하고 계실 거로 생각합니다.
즐거운 주말 보내세요.

Q 조합원 분양신청 순위는?

 조합원 분양신청 시 순위는 주택에 관한 공급 순위와 상가 등 부대복리시설에 대한 공급 순위로 나누어 볼 수 있습니다. 서울시 도시 및 주거환경정비조례 제38조에 주택 및 부대복리시설 공급 기준이 정의되어 있습니다.

재개발 사업의 주택 공급에 관한 기준

1. 권리가액에 해당하는 분양주택가액의 주택을 분양한다. 이 경우 권리가액이 2개의 분양주택가액의 사이에 해당하는 경우에는 분양대상자의 신청에 따른다.
2. 제1호에도 불구하고 정관 등으로 정하는 경우 권리가액이 많은 순서로 분양할 수 있다.
3. 법 제76조 제1항 제7호 라목에 따라 2주택을 공급하는 경우에는 권리가액에서 1주택 분양신청에 따른 분양주택가액을 제외하고 나머지 권리가액이 많은 순서로 60제곱미터 이하의 주택을 공급할 수 있다.
4. 동일규모의 주택분양에 경합이 있는 경우에는 권리가액이 많은 순서로 분양하고, 권리가액이 동일한 경우에는 공개추첨에 따르며, 주택의 동·층 및 호의 결정은 주택규모별 공개추첨에 따른다.

재개발 사업의 상가 등 부대복리시설 공급에 관한 기준

1. 제1순위 : 종전 건축물의 용도가 분양건축물 용도와 동일하거나 비슷한 시설이며 사업자등록(인가·허가 또는 신고 등을 포함)을 하고 영업을 하는 건축물의 소유자로서 권리가액(공동주택을 분양받은 경우에는 그 분양가격을 제외한 가액)이 분양건축물의 최소분양단위규모 추산액 이상인 자
2. 제2순위 : 종전 건축물의 용도가 분양건축물 용도와 동일하거나 비슷한 시설인 건축물의 소유자로서 권리가액이 분양건축물의 최소분양단위규모 추산액 이상인 자
3. 제3순위 : 종전 건축물의 용도가 분양건축물 용도와 동일하거나 비슷한 시설이며 사업자등록을 필한 건축물의 소유자로서 권리가액이 분양건축물의 최소분양단위규모 추산액에 미달되나 공동주택을 분양받지 않은 자
4. 제4순위 : 종전 건축물의 용도가 분양건축물 용도와 동일하거나 비슷한 시설인 건축물의 소유자로서 권리가액이 분양건축물의 최소분양단위규모 추산액에 미달되나 공동주택을 분양받지 않은 자
5. 제5순위 : 공동주택을 분양받지 않은 자로서 권리가액이 분양건축물의 최소분양단위규모 추산액 이상인 자
6. 제6순위 : 공동주택을 분양받은 자로서 권리가액이 분양건축물의 최소분양단위규모 추산액 이상인 자

13 제안에 대한 의견   [네이버 밴드 마흔두 번째 글]

2024년 3월 12일 • 229 읽음

안녕하세요!

조합 일과는 관계없는 일이니, 관심 없는 분들은 읽으실 필요가 없는 글입니다!

그럼 시작합니다.

○○○ 조합원님께서 공개적으로 제안을 주셨으니, 저도 공개적으로 답변을 드리는 게 도리인 것 같아 밴드에 글을 올립니다.

우선, 좋은 제안을 해주셔서 감사하게 생각하고 있습니다.

그래도 제 글에 호감을 느끼시고, 잘 봐 주셨으니 제안도 해주셨겠지요.

감사합니다!

이틀 동안 곰곰이 심사숙고해 봤는데 결론부터 말씀드리면, 제가 조합 일에 적극적으로 나서서 일하는 건 어려울 것 같습니다.

지난번 ○○○ 조합원님께서도 여러 번 참여해 보는 게 어떻겠냐는 말씀을 주셨는데, 저는 회사에 몸담고 있어 어렵다고 말씀드린 적이 있었습니다.

사실 기억이 흐릿하긴 하지만, 작년이었나? 재작년이었나? 알고 지낸 공인중개사 실장님께서 1구역 대의원에 나가 보는 게 어떻겠냐고 해서 원서를 냈었던 적이 있었습니다.

그런데, 그땐 안 되더라구요.

그때나 지금이나 제 학력과 경험과 지식은 같은데, 그땐 안된 일이 지금 와서

되는 것도 이상하구여, 혹시나, 저 같은 사람이 나쁜 마음 먹고 덤벼들면 좋지 않은 선례가 될 수도 있으니까요.

모든 일에는 항상 일관성이 중요하니까요.

그리고, 제가 주장하는 논지와 반대의 견해를 가지신 조합원들로부터 "그러려고 글 썼냐"는 의심을 받기도 싫습니다.

요즘 제 관심은 제가 두어 달에 걸쳐 쓴 글들로 책을 한번 내볼까 고민하고 있습니다.

그래서, 2월 4일부터 제가 쓴 글들을 하나하나 다시 읽어보고 있는데, 역시 안 되겠습니다.

저는 기본적으로 자기중심적인 사고를 하는 데 익숙하므로, 여러 조합원의 이익을 위해 일하는 것에는 적합하지 않은 것 같습니다.

예전에 어느 분께서 저의 직업에 대해서 궁금해하셨는데, 저는 학부에서 건축공학을 전공하고 대학원에서 부동산을 전공한 후, 건설사, 부동산 신탁사, 증권사에서 여러 일을 해온 24년 차 직장인입니다.

특히, 저는 국내외 부동산 개발사업에서 횡령, 배임, 사기, 뇌물수수 등을 행한 사람들을 상대로 형사소송을 진행하고, 회사에 손실을 입힌 금원을 회수하는 업무를 수행하고 있습니다.

직업이 직업이다 보니, 저는 모든 일을 의심하고, 추적하고, 잘못된 일을 바로잡는 것에 최적화된 사람입니다.

그래서, 상대방의 관점에서 '나라면 어떻게 했을까?'를 고민하는데, 제 글에 이런 것들이 많이 묻어났을 겁니다.

또, 4월 국회의원 선거 끝나면 회사 일도 바빠질 것 같습니다.
요즘 건설사들이 간당간당하잖아요.

현재 저의 계획은 3월 24일에 마지막 글을 올리고, 밴드에 글 올리는 것을 끝내려고 합니다.

총회 이후 거의 두 달 동안 열심히 글을 썼고, 많은 내용을 조합원 여러분들과 공유했습니다.

이 정도면 우리 성수1구역 조합원으로 할 도리는 다한 것 아닐까요?

나머지는 여러분께 부탁드리겠습니다.

감사합니다.

표정 25 · 댓글 15
좋아요 25

> 이번 글은 조합원 중 한 분께서 'Risk Management Team'을 만들어 조합에 의견을 제시해 보자는 의견을 주셨고, 필자도 참석해 주면 좋겠다는 제안을 주셨습니다.
> 이에 대해 제 견해를 밝힌 글입니다.

🗨 **댓글 모음**

다른 조합원 댓글 ─────────────
전문가들끼리 모여 조합을 돕겠다는 좋은 뜻이라는 의견
참여하지 않더라도 힘내라는 응원

답변 댓글 ─────────────
안녕하세요!
요 며칠 차분하게 글을 올리니, 힘이 없어 보였나 봅니다.
저는 처음부터 뭘 하고 싶어서 시작한 게 아니었고, 하도 일들을 못 하시길래 답답해서 올린 것뿐입니다.
다시 생각해 봐도, 늑대가 사냥을 해야지 농사짓고 있으면 되겠습니까?
위원회 만들어서 하고 싶은 말도 제대로 못 하는 것보다, 지금처럼 하고 싶은 말 하는 게 저는 훨씬 좋습니다.
아마 내일부터는 다시 재미있어질 겁니다.
말씀 감사합니다!

Q. 관리처분계획이란?

A. 재개발 사업 시행 이전에 기존 토지나 건축물의 위치, 면적, 용도, 지형 등 주변 여건을 종합적으로 고려해 재개발 시행 후에 분양되는 대지, 건축시설 등을 합리적으로 배분하기 위해 수립되는 계획으로 재건축된 건물이나 조성된 토지에 대한 조합원별 지분 비율과 부담금, 정산받을 금액 등을 정하는 중요한 절차로 도정법 제74조에 정의되어 있습니다.

관리처분계획 수립 시 포함내용

1. 분양설계(관리처분계획 대상물건 조서 및 도면)
2. 분양대상자의 주소 및 성명
3. 분양대상자별 분양예정인 대지 또는 건축물의 추산액
4. 다음 각 목에 해당하는 보류지 등의 명세와 추산액 및 처분방법
   가. 일반분양분
   나. 공공지원민간임대주택
   다. 임대주택
   라. 그 밖에 부대시설 · 복리시설 등
5. 분양대상자별 종전의 토지 또는 건축물 명세 및 사업시행계획인가 고시가 있은 날을 기준으로 한 가격
6. 정비사업비의 추산액 및 그에 따른 조합원 분담규모 및 분담시기
7. 분양대상자의 종전 토지 또는 건축물에 관한 소유권 외의 권리명세
8. 세입자별 손실보상을 위한 권리명세 및 그 평가액
9. 그 밖에 정비사업과 관련한 권리 등에 관하여 대통령령으로 정하는 사항
   - 현금으로 청산하여야 하는 토지 등 소유자별 기존의 토지 · 건축물 또는 그 밖의 권리의 명세와 이에 대한 청산방법
   - 보류지 등의 명세와 추산가액 및 처분방법 등

14 가슴이 웅장해지는 이유 [네이버 밴드 쉰 번째 글]

2024년 3월 20일 • 161 읽음

안녕하세요!

제가 수지분석을 통해 긴 시간 동안 설명을 자세히 드려도 여러분께서 가슴으로 이해하지 못하시는 것 같습니다.

아무래도 여러분의 불안감에 대해 한번 말씀을 드려야 할 것 같습니다.

예전처럼 위트를 섞어 말씀드려 볼게요.

우리 조합을 중학교 2학년 학생으로 가정해 볼까요!

중학생은 아직 수능시험까지 4년 남았습니다.

부모 중 아빠(70층 주장 조합원)는 중학생 아들에게 공부 열심히 하라고 합니다.

공부 열심히 해야 높은 수능점수(일반분양 성공) 나올 수 있고, 좋은 대학(정상 입주)에 갈 수 있고, 나중에 좋은 직장(국평 매매가 50억 원)을 갈 수 있다고 주장합니다.

아빠는 아들이 머리가 매우 좋다는 것(성수동의 좋은 입지)을 알고 있으니, 엄하게 공부하라고 합니다.

반면, 부모 중 엄마(49층 주장 조합원)는 중학생 아들이 머리가 좋은지에 대해 아직 확신이 없습니다.

그동안 직접 가르쳐 본 결과에 따르면 아들은 좀 게으른 편이고 공부에 그다지 관심도 없습니다.

그래서 엄마는 공부 열심히 해서 좋은 대학에 들어가는 것보다는 적당히 공부해서 적당한 대학 가서 적당한 직장 잡으라고 합니다.

엄마가 아빠보다 아들과의 생활시간이 많아, 훨씬 현명하게 아들을 파악하고 있을 가능성도 있습니다.

그런데 문제는 수능 문제가 쉬워야 엄마가 주장하는 대로 이루어질 수 있다는 겁니다.

만일, 수능 문제(현재의 인플레이션 상황 등 갖가지 조건)가 어려우면 엄마 말대로 쉽게 공부한 중학생은 수능시험에 실패해 그저 그런 대학도 가기 힘들 수 있습니다.

우리는 현재 상태에서 4년 후 수능시험의 난이도를 알 수 없으니, 아들(조합)이 최선을 다해 공부하도록 시킬 수밖에 없습니다.

최선을 다해 공부했으나, 4년 후의 수능시험이 너무 어려워(인플레이션의 지속) 손도 댈 수 없다면 그때는 어쩔 수 없는 겁니다.

그래도 다행인 점은, 머리 좋은 중학생이 4년간 최선을 다해 공부해도 풀 수 없는 수능 문제라면 다른 아이들(서울시 다른 재개발, 재건축)도 풀지 못할 겁니다.

4년 후의 수능 문제 난이도에 대해 아무도 알 수 없고, 현재 상태에선 모두 개인적인 판단이나 확률의 영역입니다.

여러분이 부모라면 어느 쪽의 손을 들어주시겠습니까?

선택은 자유지만, 아들은 평생 그 수능성적에 좌우되는 인생을 살 가능성이 높습니다.

두 번째 주제, 확률의 영역에 대한 제 의견입니다.

여러분은 지금이 부동산 싸이클(cycle)상 어느 지점을 통과하고 있다고 생각하시나요?

저는 2022년 10월경 하락기가 시작된 후 한참 저점을 향해 내려가고 있는 시기라고 생각하고 있습니다.

아직 저점에 도달하지 않았다고 판단합니다.

지금 부동산 시장에선, 일반인들은 아무도 부동산에 관심을 가지지 않고, 중개사사무실도 파리만 날리고 있을 겁니다.

우리나라 사람들이 눈치는 진짜 빠르거든요.

이런 시기에, 벌써 40일 이상 갑론을박하고 있는 우리 조합원들은 정말 끈기 있고, 열정적인 대단하신 분들입니다.

보통 이런 시기에 나타나는 현상이, 시공사는 워크아웃이나 법정관리 들어가기 시작하고, 중개사는 사상 최대로 폐업한다는 소식이 들리고, 신문에는 온통 나쁜 소식들로 가득 차게 됩니다.

그중 하나가 재개발, 재건축이 좌초되었다. 이런 얘기도 있겠죠.

그런데, 이때가 재개발에서 인허가를 진행하기에는 최고의 시기입니다.

부동산 경기가 나쁘니, 국민들은 어느 재개발 구역 인허가가 진행되든 말든, 재개발 사업장이 서버렸다는 소식에 기뻐하며, 얼마 전까지 사지 못해 안달하던 물건 가격이 내려갔다고 하면서 안도의 한숨을 쉬고 있을 겁니다.

일반 국민이 이러니, 서울시에서도 재개발 인허가 내주는 데 전혀 부담이 없을 것이고, 등 떠밀면서 빨리빨리 하라고 할 겁니다.

서울시는 부동산 불경기에 따른 공급 급감이 향후 부동산 시장의 불쏘시개가 될 것을 뻔히 알고 있으니까요.

저는 서울 부동산 최저 바닥을 내년 하반기 또는 내후년 중 어느 시점으로 생각하고 있습니다.

내년 둔촌주공 12,000세대가 입주를 시작하면, 서울시 동쪽은 거의 초토화 될 겁니다.

매매와 전·월세 물량 소화하고 다시 정상화되는데, 빠르면 6개월, 길면 1년 정도 걸릴 수도 있습니다.

2007~2008년경 잠실 재건축 아파트 단지 입주할 때 하고 비슷하겠죠.

이렇게 가정하면, 조합에서 말씀하신 일정에 따라 건축 심의는 끝나 있을 것이고, 사업시행계획인가 전후로 부동산 경기 최저점을 지나게 됩니다.

정말 부담 없는 시기죠.

그러고 나서, 2026년 어느 시점에 부동산은 조금씩 턴어라운드를 시작할 겁니다.
그때쯤 되면 금리 인하의 효과가 본격적으로 시장에 영향을 미치게 되겠죠.

아마, 처음에는 속도가 미미할 거니 2027년 정도 될 때까지는 일반 사람들은 부동산 상승을 거의 느끼지 못할 겁니다.

우리 조합은 부동산이 턴어라운드하는 시기에, 관리처분계획인가 완료하고 철거를 한참 진행하고 있겠죠.

이제 2028년이 되었습니다.

이때쯤이면 아마 일반분양 준비를 위해 일반분양분 분양가를 산정하고 있을 겁니다.

그런데 시장은 이미 2026년부터 턴어라운드를 시작했으니 시장은 서서히 달궈지고 있을 겁니다.

이주 및 철거에 얼마나 걸릴지 모르겠지만, 부동산 경기 최정상은 아니더라도, 상승 중반기 정도에 일반분양을 할 것 같습니다.

오히려 이때가 분양하기에는 훨씬 좋습니다.

만일 부동산 경기 최고 꼭대기에서 분양하려고 덤벼들면, 눈치 빠른 사람들은 벌써 철수 준비하고 있고, 분양가는 분양가대로 높아 팔기도 어려울 겁니다.
그러다 만일 미분양이라도 생기면 팔아먹기도 어렵습니다.

부동산 상승기에 분양해야 일반 분양자도 먹을 게 있으니 분양에 쉽게 참여할 것이고, 분양가가 조금 높아 미분양이 생기더라도 향후 다른 곳의 분양가 상승에 기대어 팔기가 쉬울 겁니다.

그 이후에는 시공사 공사 진행 상황이나 보면서, 팔짱 끼고 기다리면 됩니다.

또 하나, 우리가 확인해야 할 것이 있습니다.

인플레이션은 어느 시점을 통과하고 있을까요?

저는 인플레이션이 내년 어느 시점까지는 진행될 것으로 생각하고 있습니다.

저는 미·중 경제전쟁으로 인해 미국이 일부러 인플레이션을 촉발했다는 음모론(?)을 좋아하는데, 중국의 패색이 짙어지고는 있지만, 중국이라는 큰 코끼리를 잡기 위해서는 시간이 좀 더 필요한 것 같습니다.

미국이 금리를 올리니 중국에서 외환이 빠져나가 중국이 서서히 망해가고 있는 것은 다 보셔서 아실 겁니다.

또한, 코로나 때 전 세계에 풀린 달러를 회수하고, 달러의 위상을 지키기 위해서는 한동안 높은 금리를 유지하는 게 중요합니다.

벌써 미국 채권의 가격은 예전 저금리 시기보다 반 토막이 났습니다.

미국의 채권자들을 거지로 만들었죠.
미국은 전 세계 최고의 '타짜'입니다.
채권자 중에는 중국도 있고, 일본도 있고, 한국도 있습니다.

저는 미국의 대통령 선거가 끝나고 일정 시점이 지나면 금리에 대한 스탠스도 변경될 것으로 보고 있고, 그 시점은 내년 하반기 정도로 생각하고 있습니다.

따라서, 시공사 선정 시점을 최대한 늦추면 조합에서 지금보다 훨씬 좋은 조건으로 공사도급계약을 체결할 수 있을 것으로 생각하고 있습니다.

지금은 누가 봐도 꼭지나 꼭지 인근에 가깝죠!

그런데, 누가 알겠어요.

저는 한국의 조그마한 회사에 다니는 일개 직장인에 불과하고, 모든 게 다 예측의 부분이니, 한발 한발 성실히 우리 사업을 진행해야겠죠.

여하튼, 우리 성수1구역은 좀 오래 고생하긴 했지만, 사업이 빨리 진행되어 지금 분양을 앞둔 다른 재개발, 재건축 사업장과 비교하면 상대적으로 좋은 시기를 맞이하고 있는 것 같아 즐겁습니다.

오늘은 여기까지입니다.

감사합니다.

표정 31 • 댓글 7
좋아요 26 사랑해요 2 싫어요 1 OK 1 웃겨요 1

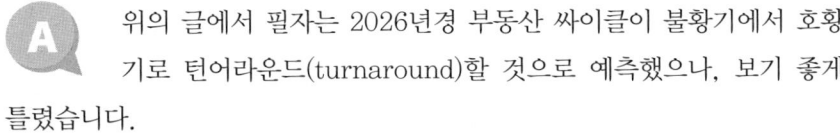

Q 부동산 경기변동(cycle)

A 위의 글에서 필자는 2026년경 부동산 싸이클이 불황기에서 호황기로 턴어라운드(turnaround)할 것으로 예측했으나, 보기 좋게 틀렸습니다.

이 글을 쓰고 있는 2024년 7월 현재 서울 및 수도권 주택 시장은 달아오르고 있고, 성수1구역 카페에 글을 쓴 2024년 3월경에도 이미 징조가 있었을 것인데 필자는 전혀 눈치채지 못했습니다.

곰곰이 생각해 보면, 부동산 경기변동의 주기가 예전과는 완전히 달라진 것 같습니다.

최근에는 유튜브의 부동산 채널, 네이버의 부동산 카페, 호갱노노 등 프롭테크 앱 등 부동산 시장의 변화를 느낄 수 있는 다양한 채널이 있어, 수십만 명이 동시에 동일한 정보를 실시간으로 접근할 수 있습니다.

이에 따라, 단기간 내에 부동산 시장이 불황에서 호황으로 변하기도 하고, 특정 지역 부동산에 수요가 몰리기도 합니다.

이제는 부동산 경기변동을 예측하기보다는, 다양한 채널을 통해 부동산의 분위기를 느끼며 대응할 수밖에 없어 보입니다.

부동산 시장이 주식 시장과 동일하게 어느 정도 '완전경쟁시장'으로 변화하고 있는 것으로 느껴집니다.

결국, 사람들의 부동산에 대한 생각의 전파 속도와 부동산 경기변동은 동일한 빠르기로 시시각각 변하는 것 같습니다.

갈수록 부동산 투자가 어려워지는군요.

15 조합에 대한 부탁

[네이버 밴드 쉰네 번째 글]

2024년 3월 23일 • 311 읽음

안녕하세요!

오늘은 조합에 대한 요청들입니다.

조합장님! 조합 임원님들! 대의원님들! 께서는 기분 나쁘게 듣지 마시고, 아! 조합원으로서는 그렇게 생각할 수도 있겠구나.
정도의 느낌으로 읽어주시면 되겠습니다.

우선, 밴드 아이디에 조합장님처럼 표기해 주시면 좋겠습니다.
조합 이사님이시면, '이사 ○○○(소유 물건)' 이렇게 표현해 주시면 좋을 것 같고, 조합 대의원님이시면, '대의원 ○○○(소유 물건)' 이렇게 표현해 주시면 좋겠습니다.

물론 그동안 조합에 관심 없던 제 잘못이긴 하지만, 어느 분께서 조합 임원이 신지, 대의원이신지를 모르니 답변 달 때 조심스럽습니다.

조합 임원이나 대의원이란 사실이 부끄러운 것이 아니라, 조합원들에게 봉사하기 위해 임원이나 대의원이 되신 것이니 자랑스러울 것이고, 위와 같이 표현해 주시는 게 문제는 없을 것 같습니다.
만일 안 되면, 왜 안되는지? 또 조합원들은 궁금해들 할 겁니다.

둘째, 조합원들과의 접점을 넓혀주시면 좋겠습니다.

시공사 선정은 도정법에 나와 있으니 당연히 그렇게 하시겠지만, 감정평가법인 선정, 70층 결정 등 조합원들에게 중요한 문제에 대해서는 조합원들로부터 다양한 의견을 들을 수 있는 자리를 자주 마련해 주시면 좋겠습니다.

그래야, 조합원들이 충분히 수긍하고 조합집행부를 믿고 따를 수 있지 않겠습니까?

그리고, 조합에서 각종 이슈에 대해 미리 충분한 설명 자료들을 공개해서 각 결정에 대한 타당한 이유를 설명해 주시면 좋겠습니다.

우리 조합원들은 각자의 생업으로 인해 조합에 직접 참여하긴 힘들지만, 사회 각 분야에서 다양한 직업에 종사하는 분들이 계실 것으로 생각됩니다.

저부터도 조합에서 객관적인 자료를 통해 다양한 의견을 물으신다면, 앞장서 의견을 드리겠습니다.

셋째, 조합에 일할 사람이 너무 없는 것 같습니다.

조합에서 조합원들에게 총회 자료를 공개하기 전에 자료가 사실관계에 맞는지, 이 정도 자료가 공개되면 조합원들을 어떻게 설득해야 할지 등 업무도 해야 하고, 회계법인을 선정하면, 어떤 스킴으로 일을 진행해야 할지 등도 사전에 검토해야 하고, 법무법인을 선정하면, 조합의 요구사항 등을 정리해서 오더를 줘야 하는데, 이런 일을 수행할 인력이 있는지 걱정입니다.

정비업체가 있으니 협업하면 되겠지만, 정비업체에 그런 전문인력이 있을지 의심되네요(그런 인력이 있었다면, 지난번 총회 자료와 같은 실수는 일어나지 않았을 것 같아서요).

조합장님께서는 손발처럼 부릴 수 있는 인력을 빨리 충원하셔야 조합사업을 부드럽게 진행하실 수 있을 것 같습니다.

사무장님께서 열심히 하고 계신 것 같은데, 향후 업무가 쏟아지면 모두 차고 나가실 수 있을지 걱정입니다.

넷째, 서울시와 성동구에서 진행하고 있는 개방형 커뮤니티에 대해 어떻게 대응하실지에 대해 아직 의견이 없었습니다.

서울시의 주장을 받아들여야 하는 건지? 조합에서 한번 싸워보실 건지? 의견을 주셔야 조합원들도 서울시나 성동구에 민원을 제기하든 각자 할 방안을 모색해 볼 수 있지 않겠습니까?

정 하다 안되면 다음 지자체 선거에서 표라도 주지 말아야죠.

오늘은 여기까지입니다.

감사합니다.

표정 32 · 댓글 9
좋아요 29 사랑해요 2 놀라요 1

Q 코스톨라니의 달걀 모형

A 아래 모형은 유럽의 워런 버핏으로 불리는 '앙드레 코스톨라니'의 달걀 모형입니다(출처 : 네이버 블로그 큐시스 qsys2).
독자 여러분들은 지금 어느 국면을 통과하고 있다고 생각하시나요?

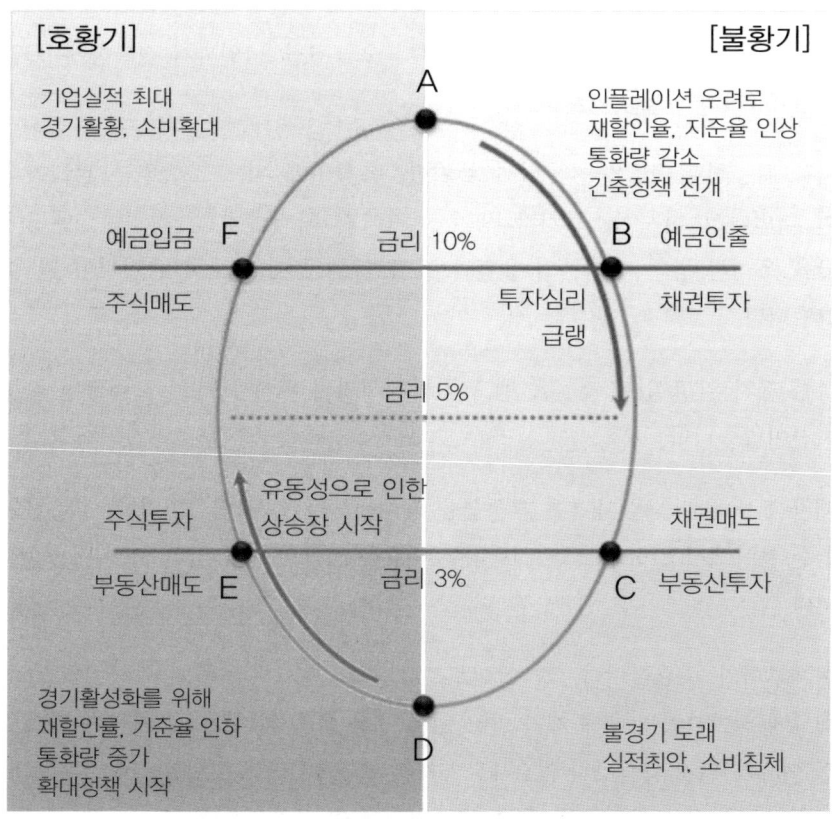

16 소회-법률상 '고의'에 대한 확인   [네이버 밴드 쉰다섯 번째]

2024년 3월 24일 • 299 읽음

안녕하세요!

드디어 마지막 글입니다.

2024년 2월 3일 총회 이후 2월 4일부터 오늘 3월 24일까지 정확하게 50일 동안 55개의 글을 올렸습니다.

처음에는 한두 번 올리다 말까 했지만, 초창기에 어느 조합원분께서 기분이 더럽다고 하셔서, 오기가 생겨 여기까지 와버렸네요. 하지만, 밴드에 글을 올리는 동안 여러분의 응원과 관심 덕분에 제가 오히려 힐링이 된 것 같습니다.

나름 제가 알고 있는 것들을 밴드에 박제시키기 위해 최대한 노력했던 좋은 시간이었습니다.

제가 밴드에 써놓은 내용은 부동산을 제대로 공부한 사람들이거나, 부동산과 건설 분야에서 일하고 있는 사람들은 기본(basic)으로 다 알고 있는 내용들입니다.

이제부터가 중요합니다. 잘 들어보세요!
밴드에 개발사업에 대해 제가 알고 있는 내용 들을 하나하나 자세하게 말씀드린 이유가 뭔지 궁금하지 않으세요? 저는 왜 굳이 다른 조합원들에게 욕 들어가면서, 멘탈 털려가면서 꾸역꾸역 지금까지 정리했을까요?

여러분들!
법률 용어 중 '선의', '악의', '고의'라는 말을 들어보신 적 있으신지요?

간단히 말씀드리면, '선의'는 모르고 행한 것을 말하고, '악의'는 알고도 행한 것을 말하고, '고의'는 의도를 가지고 행한 것을 말합니다.

밴드에서 제 글을 보신 조합장님, 조합 임원님, 대의원님들은 이제 기본적으로 '악의'에 해당하시게 되었습니다. 그 말은 우리 사업에서 어떤 일을 결정하실 때, 제가 기본이라고 말씀드린 내용과 다른 내용으로 결정한 후 결과가 나빴을 때 "몰라서 그랬다"라는 말은 더 이상 통하지 않는다는 말입니다.

꼭! 어떤 결정을 하시기 전에 제가 써놓은 내용을 참고하셔서, 한 번 더 심사숙고해서 결정해 주세요!

'악의'를 가지고 한 행동의 결과가 잘못되면, 민사소송이 여러분을 괴롭힐 수 있습니다.
'고의'를 가지고 한 행동의 결과가 잘못되면, 형사소송이 여러분을 괴롭힐 수 있습니다.

그러나, 조합장님, 조합 임원님, 대의원님들께서 결정하시는 일들에 대해 전체 조합원들과 밴드에서 치열하게 논의하고 토론하고 결정하신다면, 이러한 소송 리스크들은 싹 다 사라질 겁니다.

제가 50일 동안 겪은 우리 1구역 조합원님들께서는 합리적이시고, 열정적이시고, 진짜 어른분들도 많이 계셔서 감사하게 생각하고 있습니다.

제 할 일은 다 끝났으니, 오늘 이후 저는 밴드에서 사라지겠습니다.

한 사람의 조합원으로서, 성수1구역 조합이 합법적이고 공정하고 능력 있는 조합이 되기를 기대합니다.

그동안 감사했습니다.

표정 57 • 댓글 5
좋아요 50 사랑해요 4 OK 2 웃겨요 1

마늘

마늘 작황이 좋지 않으리라고 예상하면
눈치 빠른 꾼들은 사재기한다.

예상대로 김장철에 마늘 가격이 오르면
꾼들은 사재기로 떼 돈을 번다.

어떤 정부는 중국산 마늘이라도 떼로 들여와
시장에 투하해 마늘 가격을 잡을 것이다.
그러면 꾼들은 망한다.

또 다른 어떤 정부는 중국산 마늘은 안정성이 담보되지 않았으니,
국민 건강에 나쁠 수 있다며 김치를 담그지 말라고 한다.
그리고 사재기 꾼들을 마녀사냥으로 몰아 세금 폭탄을 때린다.

없는 사람들은 그래도 김치밖에 먹을 게 없으니
비싼 마늘을 사서 김치를 담을 수밖에 없다.

결국, 꾼들은 세금 내고도 비싼 마늘 팔아 이득을 챙기고,
정부는 세금으로 잔치를 한다.

피해자는 누구인가?

시공사,
친구인가? 적인가?

앞으로 부동산은 서울 강북 재개발이 30년간 대세

CHAPTER

03

01 시공사 알아보기

[네이버 밴드 스물세 번째 글]

2024년 2월 27일 • 223 읽음

안녕하세요!

오늘은 아주 중요하지만, 아직 시간이 좀 남아 있는 편안한 주제입니다. 이틀 연속 조합에 부탁을 드렸으니 하루 정도 쉬어가는 여유도 필요하겠죠.

우리 1구역 사업의 공사비는 2조 2천 5백억 원 정도 됩니다.
물론 제가 산출한 금액이긴 하지만요.

그러면, 1구역 공사를 수행할 수 있는 시공사로는 어디가 있을지 알아볼까요.

▶ 2023년 말 기준 도급순위

1위	삼성물산	6위	DL이앤씨(구 대림산업)
2위	현대건설	7위	포스코이앤씨(구 포스코건설)
3위	대우건설	8위	롯데건설
4위	현대엔지니어링	9위	에스케이에코플랜트(구 SK건설)
5위	GS건설	10위	호반건설

우리 1구역에 10위 이하는 언급할 필요도 없겠죠.

1위 삼성물산
- 뭐 특별한 말이 필요 없습니다.
- 최근에 잠실 진주아파트에서 공사비 증액을 요구

2위 현대건설
- 삼성물산만큼 좋은 회사
- 재개발/재건축 사업장이 착공에 들어가기 전에 공사를 중단하고 공사비 증액을 강하게 요구하는 일이 자주 발생

- 둔촌주공, 반포주공1단지, 은평구 대조1구역

3위 대우건설
- 대주주가 중흥건설이라 예전의 명성과는 거리가 있다는 개인적인 판단(?)
- 최근 여의도 공작아파트를 평당 1,070만 원에 수주

4위 현대엔지니어링
- 현대건설과 동일한 계열이니 이왕이면 현대건설과 직접 하는 것이 나음

5위 GS건설
- 예전엔 삼성물산, 현대건설과 동급이었는데, 요즘은 순살 자이로 소문나서 어떨지

6위 DL이앤씨
- 그냥 무난해 보임
- 보수적으로 회사를 운영해 신용도 좋음

7위 포스코이앤씨
- 대주주가 포스코로 공기업이니, 공사 현장 세우고 유치권 주장하면서, 공사비 증액 요구하는 양아치 짓은 안 하지 않을까요?

8위 롯데건설
- PF 물린 곳이 많아 요즘 어렵다는 증권가 소문
- 최근에 은행에서 약 2조 원을 대출해 줌
- 신용도가 좋지 않아 차입금에 대한 높은 금리 예상

9위 에스케이에코플랜트
- SK뷰 브랜드로 성수에서 1억 원 받을 수 있을지 의문

10위 호반건설
- 호반하고 하느니 대우건설이 나음

위의 내용은 온전히 제 사견과 주변에서 얻어들은 내용을 정리한 것이니 참고로만 봐주세요.

그럼 다시 정리하면, 삼성물산, 현대건설, 대우건설, GS건설, DL이앤씨, 포스코이앤씨 등 6개 업체 정도가 우리가 공사를 맡길 대상이 될 수 있을 것 같네요.

요즘 위의 6개 업체가 다른 재개발, 재건축 조합에 어떻게 공사비 인상을 요구하는지 눈여겨보세요!

현장 세우고 조합 겁박하며 유치권 행사하는 등 양아치 짓을 하는 업체를 하나하나 탈락시키면 우리가 공사를 맡길 시공사가 남을 겁니다.

올해 안에 시공사를 선정할 것으로 보이는데, 우리 조합원님들은 누구보다도 현명하시니 최고의 선택을 하실 것으로 기대합니다.

표정 31
좋아요 28 사랑해요 3

2024년 건설업체 시공능력평가 결과 공시

'시공능력평가'는 발주자가 적정한 건설업체를 선정할 수 있도록 건설공사실적·경영상태·기술능력 및 신인도를 종합평가하는 제도입니다.

종합건설업종별로 공사실적의 주요 순위는 토목건축 부문 1위 삼성물산(13.6조 원), 2위 현대건설(10.5조 원), 3위 대우건설(8.8조 원), 아파트 부문 1위 지에스건설(6.4조 원), 2위 현대건설(6조 원), 3위 대우건설(5.5조 원) 순입니다.

▶ 2024년 시공능력평가 상위 10개사 현황(2024. 7. 31. 국토교통부 보도자료)

1위	삼성물산
2위	현대건설
3위	대우건설
4위	현대엔지니어링
5위	DL이앤씨(구 대림산업) ↑ 1 상승
6위	GS건설 ↓ 1 하락
7위	포스코이앤씨(구 포스코건설)
8위	롯데건설
9위	에스케이에코플랜트(구 SK건설)
10위	HDC현대산업개발 ↑ 1 상승

▶ 2024년 아파트 부문 상위 5개사 현황

1위	GS건설 (기성액 : 6조 4,400억 원)
2위	현대건설 (기성액 : 5조 9,960억 원)
3위	대우건설 (기성액 : 5조 5,197억 원)
4위	포스코이앤씨 (기성액 : 3조 2,869억 원)
5위	롯데건설 (기성액 : 2조 7,485억 원)

02 시공사 입찰방법

[네이버 밴드 스물네 번째 글]

2024년 2월 28일 • 195 읽음

안녕하세요!

오늘은 시공사 입찰방법에 대해서입니다.

조합에 부탁드린 회계법인과 법무법인을 조합에서 선임하시는 거로 가정하고, 제가 생각하는 시공사 입찰방법에 관해 얘기해 보겠습니다.

우선, 시공사 입찰 진행을 위해서는 조합에서 세 가지 정도 준비를 해두셔야 합니다.

첫째, ○○ 건축의 건축설계도서 완성입니다.
건축설계도서가 완성되어야 시공사가 견적할 수 있습니다.
견적이란 시공사가 공사비를 산출하는 것을 뜻하고, 시공사가 견적을 통해 '공사비+마진'을 산정할 수 있어야 입찰에 참여할 수 있습니다.
설계도서의 완결성이 높아질수록 설계변경 가능성이 줄어듭니다.

둘째, 회계법인에서 조합사업의 '사업 수지분석'과 '현금흐름(Cashflow) 분석'을 통해
1. 현금청산대상자의 현금청산금 산정
2. 조합원 이주비 등 대여금 산정
3. 나머지 사업비 부족분 등을 산정해야 합니다.

이 금액을 입찰에 참여할 시공사들에 제시해야, 시공사는 차입금 규모에 따른 시공사 부담에 대해 공사비에 녹일 수 있습니다. 이 부분을 주먹구구로 시공사에 제시하고, 추후 대여금 규모를 늘리려고 하면 시공사는 바로 공사비 증액을 얘기할 겁니다. 따라서, 입찰 준비 서류의 정확성이 요구됩니다.

셋째, 법무법인과 논의하여 입찰 후에 낙찰자(시공사)와 체결할 '공사도급계약서'를 미리 준비해 두어야 합니다.

공사도급계약서에는
1. 책임준공 기한을 못 박아 두고,
2. 책임준공 기한 미이행 시 지체상금을 지급해야 하는 강제규정을 두고,
3. 어떠한 이유로든 시공사가 책임준공 기한을 이행하지 못할 경우
조합과 조합원들의 모든 피해를 배상하도록 하는 조항이 포함되어야 할 것입니다.

이렇게 세 가지 서류(입찰 Package)가 모두 준비 완료되면, 입찰은 회계법인에서 주관하여 진행하면 됩니다.
갖가지 입찰은 회계법인의 주된 업무 중 하나랍니다.

제가 생각하는 입찰절차는
1. 시공사들에 입찰 Package 서류 발송
2. 시공사 1차 가격 및 조건 등 제안
3. 조합원 대상 1차 시공사 설명회 개최 후 시공사 3~4곳 선정
4. 시공사 2차 가격 및 조건 등 제안
5. 조합원 대상 2차 시공사 설명회 개최 후 우선협상대상자(1위)와 차순위협상대상자(2위) 시공사를 선정

등의 순서입니다.

여기서 핵심은 1위와 2위를 동시에 뽑아두어야 한다는 것입니다.

시공사 선정 시기가 사업시행계획인가 시점 이전에 진행된다면, 사업시행계획인가 시 인가조건들에 따라 시공사 공사비가 변경될 수 있습니다.

만일, 1위 우선협상대상자가 여러 가지 이유로 공사도 시작하기 전에 공사비 증액을 요구한다면, 1위를 버리고 2위와 도급계약을 체결하는 것도 생각해야 합니다.

추후 다양한 경우의 수가 발생할 수 있으므로, 가능하면 차순위협상대상자인 2위 시공사도 관리처분계획인가 이후까지 관계를 유지하는 것이 좋을 것입니다.

1위 시공사와 2위 시공사의 계속된 경쟁은, 최고의 결과를 조합에 가져다줄 가능성을 높여줄 겁니다.

오늘은 여기까지입니다.

감사합니다.

표정 32 · 댓글 5
좋아요 25 사랑해요 5 OK 1 놀라요 1

댓글 모음

다른 조합원 댓글
공사도급계약서에 이유와 관계없이 모든 피해를 하라는 것이 옳은 계약인지에 대한 의견

답변 댓글
안녕하세요!
오늘 올려주신 좋은 내용의 댓글 감사합니다.
저도 내용을 좀 정리해서 답변드리겠습니다.
시공사와 계약서를 꼼꼼하게 잘 체결하는 것은 '보험'이라고 생각해 보시면 어떨까요?
시공사의 '선의'에 기대어 공사 기간 가슴 졸이며 살 순 없으니까요.
계약서를 잘 체결해 놓으면 시공사는 감히 조합에 덤벼들 생각도 못 할 겁니다.
저의 경험상 대부분의 분쟁과 소송은 계약서를 잘못 체결한 것이 원인이었습니다.
참고로, 저는 부동산 실무를 오랫동안 해와서 시공사와 소송도 여러 번 해본 경험이 있습니다. 이유와 관계없는 것이 아니라, '손해배상예정액'이나 '위약벌' 정도로 표현할 수 있겠죠. 좀 더 자세한 내용은 정리해서 말씀드리겠습니다.
저는 하루하루 출근해야 하는 직장인이랍니다.
즐거운 하루 보내세요.

Q 시공사 선정 시 주의사항

A 국토교통부에서는 재개발 사업 시공사 선정 시 주의사항에 대해 국토교통부고시 제2023-302호 '정비사업 계약업무 처리기준'을 시행하고 있습니다.
고시 내용 중 시행자인 조합과 시공사인 건설업자의 준수 사항에 대해 알아보겠습니다.

시행자의 의무

제4조(공정성 유지 의무 등) ① 사업시행자등 및 입찰에 관계된 자는 입찰에 관한 업무가 자신의 재산상 이해와 관련되어 공정성을 잃지 않도록 이해 충돌의 방지에 노력하여야 한다.
② 임원 및 대의원 등 입찰에 관한 업무를 수행하는 자는 직무의 적정성을 확보하여 조합원 또는 토지등소유자의 이익을 우선으로 성실히 직무를 수행하여야 한다.
③ 누구든지 계약 체결과 관련하여 다음 각 호의 행위를 하여서는 아니 된다.
1. 금품, 향응 또는 그 밖의 재산상 이익을 제공하거나 제공의사를 표시하거나 제공을 약속하는 행위
2. 금품, 향응 또는 그 밖의 재산상 이익을 제공받거나 제공의사 표시를 승낙하는 행위
3. 제3자를 통하여 제1호 또는 제2호에 해당하는 행위를 하는 행위
④ 사업시행자등은 업무추진의 효율성을 제고하기 위해 분리발주를 최소화하여야 한다.

입찰 제한

제12조(부정당업자의 입찰 참가자격 제한) 사업시행자등은 입찰시 대의원회의 의결을 거쳐 다음 각 호의 어느 하나에 해당하는 자에 대하여 입찰참가자격을 제한할 수 있다.
1. 금품, 향응 또는 그 밖의 재산상 이익을 제공하거나 제공의사를 표시하거나 제공을 약속하여 처벌을 받았거나, 입찰 또는 선정이 무효 또는 취소된 자(소속 임직원을 포함한다)
2. 입찰신청서류가 거짓 또는 부정한 방법으로 작성되어 선정 또는 계약이 취소된 자

시공사의 준수사항

제30조(건설업자등의 금품 등 제공 금지 등) ① 건설업자등은 법 제29조에 따른 계약의 체결과 관련하여 시공과 관련 없는 사항으로서 다음 각 호의 어느 하나에 해당하는 사항을 제안하여서는 아니 된다.
1. 이사비, 이주비, 이주촉진비 및 그 밖에 시공과 관련 없는 금전이나 재산상 이익을 무상으로 제공하는 것
2. 이사비, 이주비, 이주촉진비 및 그 밖에 시공과 관련 없는 금전이나 재산상 이익을 무이자나 제안 시점에 「은행법」에 따라 설립된 은행 중 전국을 영업구역으로 하는 은행이 적용하는 대출금리 중 가장 낮은 금리보다 더 낮은 금리로 대여하는 것
3. 「재건축초과이익 환수에 관한 법률」 제2조 제3호에 따른 재건축부담금을 대납하는 것
② 제1항에도 불구하고 건설업자등은 금융기관의 이주비 대출에 대한 이자를 사업시행자 등에 대여하는 것을 제안할 수 있다.
③ 제1항에도 불구하고 건설업자등은 금융기관으로부터 조달하는 금리 수준으로 추가 이주비(종전 토지 또는 건축물을 담보로 한 금융기관의 이주비 대출 이외의 이주비를 말한다)를 사업시행자등에 대여하는 것을 제안할 수 있다.

제34조(건설업자등의 홍보)
③ 건설업자등의 임직원, 시공자 선정과 관련하여 홍보 등을 위해 계약한 용역업체의 임직원 등은 토지등소유자 등을 상대로 개별적인 홍보를 할 수 없으며, 홍보를 목적으로 토지등소유자 또는 정비사업전문관리업자 등에게 사은품 등 물품ㆍ금품ㆍ재산상의 이익을 제공하거나 제공을 약속하여서는 아니 된다.
④ 사업시행자등은 제1항에 따른 합동홍보설명회(최초 합동홍보설명회를 말한다) 개최 이후 건설업자등의 신청을 받아 정비구역 내 또는 인근에 개방된 형태의 홍보공간을 1개소 제공하거나, 건설업자등이 공동으로 마련하여 한시적으로 제공하고자 하는 공간 1개소를 홍보공간으로 지정할 수 있다. 이 경우 건설업자등은 제3항에도 불구하고 사업시행자등이 제공하거나 지정하는 홍보공간에서는 토지등소유자 등에게 홍보할 수 있다.

03 시공사 설계변경

[네이버 밴드 스물일곱 번째 글]

2024년 2월 29일 • 224 읽음

안녕하세요!

요즘 제가 올리는 글들에 조합원 여러분들께서 적극적으로 호응해 주셔서 감사합니다! 특히, 조합장님께서 묵직한 호응의 글을 올려주셔서 너무 영광이었습니다.

오늘은 시공사들이 재개발 사업장에서 설계변경에 목숨 거는 이유를 알아볼까요.

시공사, 즉 건설회사에는 정비사업팀과 공사팀이 있습니다. 정비사업팀은 재개발, 재건축 등 정비사업을 수주하는 팀을 말하고, 공사팀은 실제 공사업무를 수행하는 팀을 말합니다.

처음에 정비사업팀에서 공사를 수주하면, 수주에 따라 발생하는 회사(시공사) 이익은 인센티브 형태로 정비사업팀으로 돌아가게 됩니다.

정비사업팀에서 수주하는 시점은 대개 사업시행계획인가 전후이고, 공사팀이 공사를 시작하는 시기는 관리처분계획인가 이후 이주가 어느 정도 완료되어 철거가 시작되는 시점입니다.

따라서, 정비사업팀의 수주 시점과 공사팀의 공사 시작 시점은 대개 2~3년의 시차가 있을 수밖에 없습니다. 그런데, 대개 물가는 상승하게 마련이고 공사비는 증가하게 마련입니다.

공사팀이 막상 공사를 시작하려고 현장에 투입되면, 공사팀은 실행공사비를 산정하게 됩니다. 실행공사비란 착공 시에 전체 공사 물량에 대해 최근 공정 종류별 견적금액을 넣어 산출한 실제 공사비입니다.

최초 수주 시점에 조합과 계약한 공사금액이 실행공사비를 초과하면 그나마 다행이지만, 요즘과 같이 여러 가지 이유로 실행공사비가 조합과 계약한 공사금액보다 높다면, 그때부터 현장소장은 골치가 아파지는 겁니다.

시공사 본사에서는 어떻게든 조합으로부터 공사비를 증액해 오라고 현장소장을 달달 볶을 겁니다. 자칫하면 현장에서 적자가 날 수도 있으니까요.

현장소장의 임무는 공사를 원활하게 수행하는 것도 있지만, 공사비를 제대로 받아 회사에 수익을 주어야 하는 것은 더욱 중요한 임무입니다.

대개, 이 부근에서 시공사와 조합 임원들 간에 유착하여 배임, 금품수수 등 사고가 발생할 가능성이 커질 겁니다.
그런데, 과연 조합 임원들이 시공사 현장소장을 상대로 공사비 협상에 임하면 조목조목 반박하며 이겨낼 수 있을까요?

우리 1구역 현장소장 정도면 아마 시공사에서 30년 정도 평생 공사만 수행한 베테랑 기술자가 배치될 겁니다.
현장소장이 조합을 설득하여 공사비 증액에 성공하면, 진급하고, 인센티브를 받고, 꽃길을 걸을 겁니다.

조합 임원님들!
여러분들의 상대가 얼마나 치열할지에 대해, 여러분들의 상대가 얼마나 버거울지에 대해, 한번 생각해 보시면 좋을 것 같아 오늘 글을 올립니다.

그래도, 조합원들의 재산을 시공사로부터 지켜주실 분들은 조합장님을 비롯한 조합 임원님들, 여러분밖에 없습니다!

오늘은 여기까지입니다.
감사합니다.

댓글 모음

안녕하세요!

말씀해 주신 부분은 고마운 말씀이나, 저는 제 재산을 지키기 위해 여러분들의 동의를 얻고자 하는 것이지, 조합 임원과 같은 자리에는 조금도 관심이 없습니다.

저는 제가 올리는 글들이 다른 목적으로 의심받는 것 자체가 싫답니다.

저는 조합 임원님들이 조합원만을 위해, 조합원만을 보고 일하실 수 있도록 말씀드리는 것으로 충분합니다.

제가 언제까지 글을 쓸지는 모르겠으나 제 글들은 밴드에 박제되어 있으므로, 조합 임원님들께서도 무시하고 지나치긴 어려우리라 생각하고 있습니다.

Q 정비사업 표준공사계약서 내 설계변경 등

 2024년 1월 24일 국토교통부는 '정비사업 표준공사계약서(이하 '계약서')'를 공개했습니다. 계약서 '제4장 설계변경 등 계약금액의 조정'에 관계된 조항들을 살펴보겠습니다.

제22조(설계변경 등)

① 설계변경은 다음 각 호의 어느 하나에 해당하는 경우에 한다.
1. 설계서의 내용이 불분명하거나 누락·오류 또는 상호 모순되는 점이 있을 경우
2. 새로운 기술·공법사용으로 공사비의 절감 및 시공기간의 단축 등의 효과가 현저할 경우
3. 기타 "도급인"이 설계서를 변경할 필요가 있다고 인정할 경우 등

② 제1항에 의한 설계변경은 "도급인"의 서면 승인(관련 법령 및 "도급인"의 정관상 총회결의가 요구되는 경우에는 서면 승인 및 총회결의)이 없으면 변경내용을 설계도서 및 공사에 반영할 수 없다.

③ 제1항에 의한 설계변경은 그 설계변경이 필요한 부분의 시공 전에 완료하여야 한다. 다만, "도급인"은 공정이행의 지연으로 품질저하가 우려되는 등 긴급하게 공사를 수행할 필요가 있는 때에는 "수급인"와 협의하여 설계변경의 시기 등을 명확히 정하고, 설계변경을 완료하기 전에 우선시공을 하게 할 수 있다.

제22조의4("도급인"의 필요에 의한 설계변경)

① "도급인"은 다음 각 호의 어느 하나의 사유로 인하여 설계서를 변경할 필요가 있다고 인정할 경우에는 "수급인"에게 이를 서면으로 통보할 수 있다.
1. 해당공사의 일부변경이 수반되는 추가공사의 발생
2. 특정공종의 삭제
3. 공정계획의 변경
4. 시공방법의 변경
5. 기타 공사의 적정한 이행을 위한 변경

② "도급인"은 제1항에 의한 설계변경을 통보할 경우에는 다음 각 호의 서류를 첨부하여야 한다. 다만, "도급인"이 설계서를 변경 작성할 수 없을 때에는 설계변경 개요서만을 첨부하여 설계변경을 통보할 수 있다.
1. 설계변경개요서
2. 수정설계도면 및 공사시방서
3. 기타 필요한 서류

③ "수급인"은 제1항에 의한 통보를 받은 즉시 공사이행상황 및 자재수급 상황 등을 검토하여 설계변경 통보내용의 이행가능 여부(이행이 불가능하다고 판단될 경우에는 그 사유와 근거자료를 첨부)를 "도급인"과 감리에게 동시에 이를 서면으로 통지하여야 한다.

제23조(설계변경으로 인한 계약금액의 조정)

① "도급인"은 설계변경으로 시공방법의 변경, 투입자재의 변경 등 공사량의 증감이 발생하는 경우에는 다음 각 호의 어느 하나의 기준에 의하여 계약금액을 조정하여야 한다.
1. 증감된 공사량의 단가는 계약단가로 한다.
2. 산출내역서에 있는 품목으로 규격이 상이하거나 시공 부위 · 방법 · 형태 · 조건 등이 상이한 경우 산출내역서상의 품목 단가를 기준으로 하여 계약금액을 조정한다. 이 경우 재료비 단가는 "도급인"과 "수급인"이 협의하여 면적이나 중량의 비율을 적용하여 산정하고, 인건비와 장비비 등은 시공의 난이도를 고려하여 적정 할증율을 협의하여 결정한다.
3. 산출내역서에 없는 품목 또는 비목의 단가(이하 "신규비목"이라 한다)는 설계변경 당시(설계도면의 변경을 요하는 경우에는 변경도면을 "도급인"이 확정한 때, 설계도면의 변경을 요하지 않는 경우에는 계약당사자간에 설계변경을 문서에 의하여 합의한 때, 제22조 제3항에 의하여 우선시공을 한 경우에는 그 우선시공을 하게 한 때를 말한다. 이하 같다)를 기준으로 국내에서 발행되는 가격정보지(조달청 발행 가격정보를 포함한다. 이하 같다) 3개 이상을 조사한 단가 중 가장 낮은 자재단가에 ○○%를 곱하여 정하고, 노무비 및 경비는 산출내역서의 해당 품목 혹은 유사 품목의 노무비, 경비를 기준으로 한다. 다만, 특수자재 또는 독과점으로 납품업체가 3개 이하인 경우 "도급인"과 "수급인"이 합의한 1개 업체의 자재단가를 기준으로 ○○%를 곱하여 단가를 정할 수 있다.
4. 제3호에도 불구하고 국내에서 발행되는 가격정보지에 신규품목 단가가 없는 경우에는 "도급인"과 "수급인"의 합의하여 선정한 해당 공종 납품업체 3개 이상의 견적단가 중 가장 저렴한 단가를 기준으로 산정한다.

② "도급인"이 설계변경을 요구한 경우("수급인"의 책임 없는 사유로 인한 경우를 포함한다. 이하 같다)에는 제1항에도 불구하고 증가된 물량 또는 신규비목의 단가는 설계변경 당시를 기준으로 국내에서 발행되는 가격정보지 3개 이상을 조사한 단가 중 가장 낮은 자재단가의 범위 안에서 "도급인"과 "수급인"이 서로 주장하는 각각의 단가기준에 대한 근거자료 제시 등을 통하여 성실히 협의하여 결정한다.

③ 제22조의3에 따른 설계변경의 경우에는 해당 절감액의 100분의 30에 해당하는 금액을 감액한다.

④ 제1항 및 제2항에 의한 계약금액의 증감분에 대한 간접노무비, 산재보험료 및 산업안전보건관리비 등의 승율비용과 일반관리비 및 이윤은 산출내역서상의 간접노무비율, 산재보험료율 및 산업안전보건관리비율 등의 승율비용과 일반관리비율 및 이윤율에 의한다.

⑤ 일부 공종의 단가가 세부공종별로 분류되어 작성되지 아니하고 총계방식으로 작성(이하 "1식단가"라 한다)되어 있는 경우에도 설계도면 또는 공사시방서가 변경되어 1식단가의 구성내용이 변경되는 때에는 제1항 내지 제4항에 의하여 계약금액을 조정하여야 한다.

⑥ "도급인"은 제1항 내지 제5항에 의하여 계약금액을 조정하는 경우에는 "수급인"의 계약금액조정 청구를 받은 날부터 ○○일 이내에 계약금액을 조정하여야 한다. 이 경우에 총회의결 지연 등 불가피한 경우에는 "수급인"과 협의하여 그 조정 기한을 연장할 수 있다.

⑦ "도급인"은 제6항에 의한 "수급인"의 계약금액조정 청구 내용이 부당함을 발견한 때에는 지체 없이 필요한 보완요구 등의 조치를 하여야 한다. 이 경우 "수급인"이 보완요구 등의 조치를 통보받은 날부터 "도급인"이 그 보완을 완료한 사실을 통지받은 날까지의 기간은 제6항에 의한 기간에 산입하지 아니한다.

⑧ 제6항 전단에 의한 "수급인"의 계약금액조정 청구는 준공대가 수령 전까지 하여야 조정금액을 지급받을 수 있다.

제24조(물가변동으로 인한 계약금액의 조정)

① 제6조 제1항의 공사비는 ○○○○년 ○○월 ○○일(이하 '공사비 산정 기준일'이라 한다)을 기준으로 한 금액이며, 공사비 산정 기준일로부터 제7조 제1항의 실착공일까지 물가변동이 있을 경우「국가를 당사자로 하는 계약에 관한 법률」시행규칙 제74조에 따른 지수조정률을 활용하여 지연된 기간에 상당하는 물가상승률을 산정하고, 이를 통해 계약금액을 조정한다. 다만, 실착공 이후에는 물가변동으로 인한 계약금액의 조정은 없는 것으로 한다.
② 제1항에 따라 계약금액을 증액하는 경우에는 "수급인"의 청구에 따르고, "수급인"은 제49조 제1항에 따른 준공대가 수령 전까지 조정신청을 하여야 조정금액을 지급받을 수 있으며, 조정된 계약금액은 직전의 물가변동으로 인하여 계약금액조정 기준일로부터 90일 이내에 이를 다시 조정할 수 없다. 이 경우 "수급인"이 계약금액의 증액을 청구하는 경우에는 계약금액 조정 내역서를 첨부하여야 한다.
③ 제1항의 단서 규정에도 불구하고 해당 공사비를 구성하는 재료비, 노무비, 경비 합계액의 1천분의 ○를 초과하는 특정규격의 자재 가격이 실착공일로부터 100분의 ○○ 이상 증감된 경우에는 "도급인"과 "수급인"이 합의하여 계약금액을 조정할 수 있다.
④ 제3항의 규정에 의한 계약금액의 조정에 있어서 그 조정금액은 계약금액 중 조정기준일 이후에 이행되는 부분의 대가에 지수조정률을 곱하여 산출하되, 조정기준일 이전에 이미 계약이행이 완료되어야 할 부분에 대하여는 적용하지 아니한다. 다만, "수급인"의 책임이 아닌 사유로 공사수행이 지연된 경우에는 그러하지 아니하다.
⑤ "도급인"은 제1항 및 제3항에 따라 계약금액을 증액하는 경우에는 "수급인"의 청구를 받은 날로부터 30일 이내에 계약금액을 조정하여야 한다. 이 경우 조합총회 의결 지연 등 불가피한 경우에는 "수급인"과 협의하여 그 조정기한을 연기할 수 있다.
⑥ "도급인"은 제1항 및 제3항에 따른 "수급인"의 계약금액조정 청구내용이 일부 미비하거나 분명하지 아니한 경우에는 지체 없이 필요한 보완요구를 하여야 하며, 이 경우 "수급인"이 보완요구를 통보받은 날부터 "도급인"이 그 보완을 완료한 사실을 통지받은 날까지의 기간은 제5항에 따른 기간에 산입하지 아니한다. 다만, "수급인"의 계약금액조정 청구내용이 계약금액 조정 요건을 충족하지 않았거나 관련 증빙서류가 첨부되지 아니한 경우에는 "도급인"은 그 사유를 명시하여 "수급인"에게 해당 청구서를 반송하여야 하며, 이 경우 "수급인"은 그 반송사유를 검토하여 계약금액 조정을 다시 청구하여야 한다.
⑦ "도급인" 및 "도급인"의 조합원이 제15조에서 정한 이주기간 내에 이주를 완료한 경우 "수급인"은 실착공 지연을 이유로 제1항에 따른 계약금액 조정을 요청할 수 없다. 다만, "도급인"의 귀책사유로 실착공이 지연된 경우에는 그러하지 아니하다.

제25조(지질상태에 따른 계약금액의 조정)

① "수급인"은 굴토공사 시 현장 지질상태가 "도급인"이 제공한 지질조사서와 상이하여 공법이 변경되거나 공사가 지연되는 경우 또는 폐기물이 매립된 경우에는 계약금액의 조정을 요구할 수 있다. 이 경우 "도급인"과 "수급인"이 협의하여 계약금액을 조정한다.
② "수급인"은 제1항에 의한 계약금액 변경을 요청하는 경우 증빙서류를 첨부하여 "도급인" 및 감리에게 제출하고, 계약금액 변경의 타당성에 대한 검증을 받아야 한다.

제26조(그 밖에 계약내용의 변경으로 인한 계약금액의 조정)

① 제23조부터 제25조에 의한 경우 이외에 다음 각 호에 의해 계약금액을 조정하여야 할 필요가 있는 경우에는 그 변경된 내용에 따라 계약금액을 조정하며, 이 경우 증감된 공사에 대한 일반관리비 및 이율 등은 산출내역서상의 율을 적용한다.
1. 계약 내용의 변경
2. 태풍 · 홍수 · 폭염 · 한파 · 악천후 · 미세먼지 발현 · 전쟁 · 사변 · 지진 · 전염병 · 폭동 등 불가항력의 사태(이하 "불가항력"이라고 한다.)에 따른 공사기간의 연장
3. 근로시간 단축, 근로자 사회보험료 적용범위 확대 등 공사비, 공사기간에 영향을 미치는 법령의 제 · 개정

② 제1항과 관련하여 "수급인"은 제23조부터 제25조에 규정된 계약금액 조정사유 이외에 계약체결 후 계약조건의 미숙지 등을 이유로 계약금액의 변경을 요구하거나 시공을 거부할 수 없다.

04 설계변경 대응방안

[네이버 밴드 스물여덟 번째 글]

2024년 3월 1일 • 224 읽음

안녕하세요!

오늘부터 3일간 연휴가 시작이네요.

조합원 여러분들 편안한 연휴 보내시면서, 제 글도 한 번씩 읽어보시면 좋지 않을지요.

어제는 왜 시공사들이 설계변경에 목을 맬까? 하는 이유에 대해 알아보았습니다.

시공사가 설계변경이라는 창으로 찌르면, 우리 조합은 무슨 방패로 막아내야 할까요?

제가 생각하는 해답은 CM 사와의 협업입니다.

신문기사 등을 통해 한 번씩 보신 기억들이 있으실 겁니다.

CM이란 Construction Management의 약자로, 한국말로 번역하면 공사관리 전문업체 정도로 번역할 수 있을 겁니다.

CM이 주로 하는 일은 발주자인 조합 편에서,
1. 설계도서 검토를 통해 공사비 절감 요소를 발견하여 공사비 절감
2. 공사 기간 중 적절한 공사 기성금 사정. 즉, 공사 진척도에 따른 공사비 산정 업무
3. 시공사 설계변경에 따른 적정 공사비 산출
4. 사업시행계획인가 인가조건을 이행하기 위한 적정 공사비 산출
5. 사업시행계획인가 인가조건에 대한 이행 주체 분리

즉, 인가조건을 조합의 돈으로 할 것인지, 아니면, 시공사가 도급계약금액 내에서 진행할 것인지에 대한 조율

6. 공사도급계약서상 기술적이고 물리적인 부분에 대한 검토

등을 생각해 볼 수 있을 것 같습니다.

이 중에서 조합에서 필요한 부분만 골라 대응하시면 좋을 것 같습니다.

지난번 설명해 드린 바를 조합에서 받아들여 유능한 법무법인을 선임한다고 하더라도, 변호사들이 공사 기술적인 부분을 커버할 수는 없습니다.

공사비 증액 문제로 조합과 시공사가 대치하는 경우가 발생할 경우, CM에서 변호사들에게 조력하여 시공사의 주장에 대한 기술적인 보강을 해준다면, 시공사도 쉽게 조합을 상대로 소송을 제기하기 어려울 것이고, 소송이 진행되더라도 판사가 쉽게 시공사 편을 들어주기는 어려울 겁니다.

잘 모르면 돈 주고 업체를 고용할 수밖에 없습니다.

조합원들이 어느 세월에 건축을 공부해서 시공사 담당자들만큼 전문가가 되겠습니까?

오늘은 여기까지입니다.

감사합니다.

표정 35 · 댓글 4
좋아요 33   사랑해요 1   웃겨요 1

댓글 모음

다른 조합원 댓글
성수전략정비2구역 조합원분양가가 1구역보다 저렴한 이유를 질문

답변 댓글
안녕하세요!
무슨 말씀이신지는 알겠는데, 그렇게 단편적인 정보만으로 판단할 수는 없을 것 같습니다. 2지구의 전체적인 수지분석 자료와 일반분양분 평당 분양가 등을 확인해 봐야 어디서 차이가 나는지 알 수 있을 것 같습니다.
예를 들어, 우리 1구역 일반분양분 매각예정가보다 2구역이 높다면, 조합원분양가를 낮출 수 있겠지요.
그리고, 세대 안 고급화에 치중해서 그렇다는 내용이 이해가 잘 가질 않네요?
어떤 말씀이신지 좀 더 설명해 주실 수 있으신지요?
감사합니다.

Q 부동산은 심리가 100%인 게임

 2024년 상반기에 서울 부동산 시장은 무서울 정도로 빠른 속도로 오르고 있고, 이런 추세는 한동안 계속될 것으로 보입니다. 작년까지만 해도 아무도 부동산에 관심이 없었는데, 왜 갑자기 이런 현상이 발생한 걸까요? 무엇이 부동산 매수자들로 하여금 조급한 마음을 가지도록 했을까요?

그 중심에 정부의 부동산 시장 마중물인 '특례보금자리론'과 '신생아 특례대출'이 있습니다. 30대 초반 결혼한 부부를 중심으로 정부의 특례대출을 받아 서울 또는 경기도에서 9억 원 이하 주택들을 매입하기 시작했습니다.

이러한 소문은 MZ세대 친구들에게 퍼지기 시작했고, 인스타그램 등으로 인해 비교문화에 익숙한 젊은 친구들은 너도나도 집을 사기 시작했습니다. 마치 집을 사지 않으면 뒤처지기라도 하는 것처럼.

사람들은 나의 옆에 있는 사람이 나와 다른 행동을 해서 성공하면 질투를 하게 됩니다. 그 사람이 나보다 객관적으로 나보다 훨씬 뛰어나거나 대단하다면 그래도 괜찮다고 생각하겠지만, 나와 같은 대학교 졸업했고, 동일한 직장에 다니고, 비슷한 수준으로 살고 있다고 생각했는데, 어느 날 자신이 생각하지 못한 동네에 집을 샀다는 소식을 접하고 나면 질투와 부러움이 스멀스멀 올라오게 됩니다.

이런 감정에서 자유로워지기 위해서는 투자 철학을 가지고, 투자 감각을 키워야 합니다. 항상 투자에 관심을 가지고 때를 놓치지 않도록 각성하고 있어야 합니다.

20대에 어떤 생각을 가지고 살았느냐가 30대를 결정하고, 30대를 어떻게 보냈느냐에 따라 40대가 결정됩니다. 50대, 60대도 마찬가지일 겁니다.

05 ▶ 공사비 증액사례 '삼성물산' [네이버 밴드 서른네 번째 글]

2024년 3월 7일 • 163 읽음

안녕하세요!

오늘은 신문기사를 바탕으로 재건축 사업장의 공사비 인상 사례에 대해 알아보려고 합니다.

다들 아시는 내용일 수도 있는데, 사례 분석을 통해 시사점을 알아볼 목적입니다.

첫 회, 오늘은 '삼성물산' 편입니다.

삼성물산과 HDC현대산업개발이 공동도급 형태로 수주한 잠실 진주아파트는 35층, 23개 동으로 총 2,678세대로 재건축하는 사업입니다.

2015년에 조합설립인가가 났다고 하며, 곧바로 조합은 삼성물산 및 현산과 평당 510만 원에 최초 도급계약을 체결했습니다.

이후, 사업시행계획인가와 관리처분계획인가를 거쳐 2019년에 조합원과 임차인들의 이주가 끝나, 2020년 12월에 철거 공사가 완료되어 착공이 시작되었다고 합니다.

그런데, 착공에 따른 흙 파기 공사 중 2021년에 부지에서 문화재가 발견되어 공사가 중단되었습니다.

대개, 공사 중 문화재가 발견되면 조합원들은 쪽박입니다.

문화재가 발견되면 문화재청에서 조사인력을 파견하여 페인트 붓을 들고 하나하나, 한 땀 한 땀 조사를 진행하는데 속도가 느리기 그지없습니다.

CHAPTER 03 시공사, 친구인가? 적인가? 127

혹시 조합원분들 중 문화재 쪽에 종사하시는 분이 계신다면 죄송합니다만, 사업 측면에서 보자면 그렇다는 얘기니 오해는 말아주세요.

여기서 여러분들이 주목하셔야 할 점은 현금청산자 청산금 및 기타사업비에 따른 '이자'가 계속해서 발생하고 있다는 점입니다.

이자는 특이사항을 봐 주지 않고, 문화재를 봐 주지 않고, 조합원을 봐 주지 않습니다.

어찌 됐든 2022년에 문화재 부분을 정리하고 공사가 재개되었습니다.

2023년 4월에 삼성물산과 현산은 조합과 평당 655만 원에 공사 도급 1차 변경계약을 체결합니다.

문화재 발견으로 인해 최초 공사비 평당 510만 원 대비 28% 증액되었습니다.

문화재 발견은 시공사 잘못이 아니니, 조합에서 시공사 탓할 것도 없을 겁니다.

여기서 공사비가 증액된 이유는 조합 사업비에 대해 시공사가 지급한 금액 또는 조합이 금융기관에서 대여한 금액에 대해 시공사가 연대보증을 했으므로, 이에 대한 대가를 요청했을 것으로 추측됩니다.

여기서 잠실 조합의 불운이 하나 더 발생합니다.

2023년에 일반분양 810세대를 진행할 예정이었으나, 어떤 이유인지 일반분양이 진행되지 않았습니다.

이후 2023년 10월에 시공사는 조합에 공사비 평당 899만 원으로 2차 변경을 요청했으나, 2023년 12월에 조합원 총회에서 공사비 증액안은 부결되었습니다.

평당 899만 원은 최초 공사비 510만 원 대비 76% 증액된 금액이며, 조합원 1인당 1억 4천만 원을 추가 부담해야 하는 수준이라고 합니다.

이후, 2024년 2월에 시공사는 한발 물러서 평당 823만 원의 공사비를 조합에 제안했다고 합니다.

평당 823만 원은 최초 공사비 510만 원 대비 61% 증액된 금액입니다.

시공사가 공사를 멈추었는지는 대해서는 신문기사에서 명확하지 않습니다.

본 사례를 통해 두 가지 시사점을 발견할 수 있습니다.

첫째, 관리처분계획인가가 끝나고 나면, 최대한 빨리 이주 및 철거를 마치고 착공에 들어가야 합니다.

이주 및 철거 시점에 현금청산자 청산금 등 큰 사업비가 발생하므로 사업을 빨리 진행하고, 사업장을 최대한 빨리 시공사에 넘겨 공사를 시작하도록 해줘야 합니다.

큰 규모의 사업비가 발생하고 나면, 하루하루가 다 돈입니다.
돈놀이하는 은행은 휴일도 없습니다.

둘째, 일반분양을 절대로 늦추어서는 안 됩니다.

관리처분계획인가 완료와 동시에 철저하게 일반분양을 준비해 최대한 빠른 시일 내에 일반분양을 진행해야 합니다.

일반분양을 통해 분양수입금이 들어와야 차입금(대출금) 규모를 줄일 수 있고, 시공사에게 공사비를 지급할 수 있습니다.

시공사 공사비를 지급하지 않으면서, 채무자인 조합이 채권자인 시공사를 상대로 떳떳하게 상대할 수는 없을 것입니다.

마지막으로, 좋은 내용입니다!
성수동은 한강 퇴적지라 문화재는 발견되지 않을 것 같고, 오히려 지하층 공사 시 출토되는 모래를 돈 받고 팔 수 있을 것 같네요.

조합집행부 여러분!

봉이 김선달이 대동강물 팔아 부자 되었듯, 시공사와의 공사도급계약을 잘 체결해, 성수동 지하의 모래 판매한 금액은 조합원들에게 돌아올 수 있도록 잘 부탁드립니다.

오늘은 여기까지입니다.

감사합니다.

표정 24 · 댓글 4
좋아요 22 사랑해요 1 놀라요 1

2024년 7월 17일 연합뉴스에 따르면,
서울시에서 파견한 코디네이터의 제안에 따라, 시공사와 진주아파트 조합은
공사비 811억 원에 합의하고 조합원 총회에서 의결되었다고 합니다.

Q 청약 만점은 84점

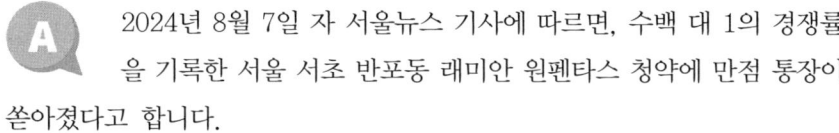   2024년 8월 7일 자 서울뉴스 기사에 따르면, 수백 대 1의 경쟁률을 기록한 서울 서초 반포동 래미안 원펜타스 청약에 만점 통장이 쏟아졌다고 합니다.

래미안 원펜타스 34평형에 당첨 최고 가점이 84점 만점이었고, 최저 당첨 가점도 1개 평형을 제외하면 모두 70점을 넘겼다고 합니다.

84점 만점은 무주택 기간 15년 이상으로 32점, 청약통장 가입 기간 15년 이상으로 17점, 본인 제외 부양가족 6명 이상으로 35점을 받아야 가능한 점수라고 합니다.

분양가 상한제가 적용된 원펜타스 전용 34평의 최고 분양가는 23억 3천만 원으로 인근 단지보다 20억 원가량 저렴해 관심을 끌었고, 지난 1순위 청약에서 178가구 모집에 9만 3,864명이 신청해 평균 527.3 대 1의 경쟁률을 기록했다고 합니다.

이 기사를 읽고 몇 가지 의문이 들었습니다.

분양가 23억 원을 지불할 수 있는 능력을 갖춘 사람이 국가에서 보호해야 할 무주택 서민일까요?

청약신청자가 부양가족 6명을 부양하고 있다는 사실을 국가는 확인했을까요?

84점 만점자가 주택이 아닌 상가나 토지 등 다른 종류의 부동산이나 주식을 몇백억씩 소유한 사람이라면?

무주택 기간을 오래 유지하는 것이 국가에서 권장할 일인가요?

청약보다 아파트를 시세로 팔아 기초생활수급자를 지원하는 것이 더 옳지 않을까요?

06 공사비 증액사례 '현대건설' [네이버 밴드 서른여섯 번째 글]

2024년 3월 8일 • 176 읽음

안녕하세요!

어제저녁에 너무 집중해 쓰느라, 오늘 글은 좀 힘이 없지만 그래도 올려봅니다.

오늘은 현대건설 편입니다.

어제 도급순위 1위인 삼성물산의 스탠스(stance)를 알아봤으니, 당연히 도급순위 2순위인 현대건설에 대해서도 알아봐야겠죠.

우선 우리의 강력한 경쟁 상대 '반포주공1단지'입니다.

최근 신문기사에 따르면, 현대건설은 반포주공1단지 재건축 조합과 2019년 5월 평당 540만 원으로 체결한 공사비 2조 6,363억 원을 2023년 8월 기준 평당 829만 원으로 증액해서 공사비 4조 775억 원을 요구하고 있다고 하며, 이 금액은 당초 금액대비 1조 4,412억 원 상승한 금액이고, 최초 공사비 대비 54% 증액된 금액입니다.

현대건설은 물가상승에 따른 공사비 인상과 '설계변경에 따른 공사비 상승'을 반영해 공사비를 인상해 달라는 입장이라고 합니다.

반포주공1단지는 최초 46개 동 5,440세대에서 50개 동 5,002세대로 한차례 설계변경이 있었던 것으로 보입니다.

현대건설은 공사를 시작하지 않은 상태에서 조합을 상대로 공사비 증액을 요청하고 있으며, 현재까지 일반분양은 시작되지 않았습니다.

한가지 이슈가 또 있습니다.

현대건설이 최초 수주 시 5,000억 원의 무상옵션을 약속했는데, 이 금액이 최초 공사비 2조 6,363억 원을 포함했다는 내용입니다.

최초 현대건설의 경쟁자였던 GS건설은 무상옵션 2,957억 원을 제안해서 탈락했는데, GS건설은 이 사실을 알고 공정하지 않은 입찰에 대해 문제를 제기하고 있는 것으로 보입니다.

이 사례를 통해 시사점을 알아볼까요!

첫째, 현대건설도 어제 삼성물산과 동일하게 본격적인 착공에 앞서 공사비 증액을 요청하고 있습니다.

일반분양이 진행되지 않았으니, 조합은 채권자인 시공사 말을 듣지 않을 수 없을 겁니다.

둘째, 우리 성수1구역은 설계변경이 없도록 설계도서의 완결성을 추구해야 합니다.

설계변경은 시공사에게 공사비 상승의 좋은 빌미가 됩니다.

따라서, 현재 작성 중이라고 생각되는 ○○ 건축의 설계도서를 최대한 현실에 맞게, 가능한 모든 조건을 넣어 충분히 검토하고 작성해야 합니다.

미리미리 잘 해두면 후환이 없겠죠.

사실, 글을 쓰면서도 나중에 70층으로 변경하면 어떻게 해야 하나? 걱정이 많이 생기네요, 시공사를 늦게 선정해야 하나, 모든 조합원이 함께 결정해야 할 문제 같습니다.

셋째, 우리 성수1구역 조합원들은 절대 무상옵션, 이주비 지원 같은 시공사의 사탕발림에 넘어가지 말아야 합니다.

세상 어느 업체가 비용을 상대방에게 전가하지 않고, 자신의 마진을 남에게 주는 곳이 있겠습니까?

현대건설이 무상옵션을 공사비에 포함한 것은 당연한 겁니다.

당연한 사실에 속은 조합원들에게 문제가 있는 것 아닐까요?

우리 조합원님들은 현명하시니, 뻔히 속이 보이는 시공사의 '조삼모사' 전략에 걸려들지 않으리라고 믿습니다.

오늘은 여기까지입니다.

감사합니다.

Q. 8·8 대책 – 닥치고 재개발

 2024년 8월 8일에 정부는 '국민 주거안정을 위한 주택공급 확대방안'을 발표했습니다.

서울을 중심으로 가장 중요한 내용은 도심 내 아파트 공급 획기적 확대를 위해, 정비사업 속도를 제고하고, 조합원들의 부담을 경감하기 위해, i) 특례법 제정으로 사업기간 단축, ii) 공공지원을 통한 불확실성 해소, iii) 용적률, 세제, 금융, 보증 지원으로 사업 중단 최소화 및 사업성 강화, iv) 재건축 부담금 폐지를 추진하겠는 것입니다.

이를 좀 더 살펴보면,
1. 기본계획과 정비계획을 동시에 처리하고, 조합 설립 후 단계적으로 수립하여 인가하는 사업시행계획인가와 관리처분계획인가를 동시에 수립해 행정청이 일괄 인가하는 것을 허용하고,
2. 임원의 해임, 공사비 증액 등 사업 지연 사유가 발생할 경우 공공지원을 통해 분쟁이 신속히 조정될 수 있도록 지원하고,
3. 가장 중요한 내용으로, i) 정비사업의 최대 용적률을 법적 상한 기준에서 10% 추가 허용해 주고(3년 한시 완화하되, 규제지역과 대책발표일 이전에 사업계획인가 신청한 곳은 제외), ii) 용적률 완화에 따라 의무공급하는 임대주택 비율을 사업성에 따라 완화해 주고, 임대주택 인수가격도 현행 대비 1.4배 상향하고, iii) 도시계획위원회 심의를 통해 건축물 높이 제한을 완화하고, iv) 정비사업의 유연한 추진이 가능하도록 전용 85㎡ 이하 주택 공급의무 폐지(현행 85㎡ 이하 주택 의무공급 비율은 재개발 80% 이상, 과밀억제권역 내 재건축 60% 이상)하고, v) 아파트와 업무/문화시설 등 다양한 시설이 함께 설치될 수 있도록 건축물 용도제한을 폐지함

이번 대책의 결론은 나라는 최선을 다해 도와줄 테니 정비조합들은 빨리 좀 지어라!!!

07 재개발 시공사 담당자 [네이버 밴드 서른일곱 번째 글]

2024년 3월 9일 • 196 읽음

안녕하세요!

요즘 하도 글을 올려서 정신이 하나도 없네요.

요즘 밴드가 용광로처럼 끓고 있는데, 늦은 감은 있지만, 서로의 생각을 공유하고, 토론하고, 반박하고, 생각을 맞추어 가는 소중한 과정이라 생각합니다.

조합 임원님들! 귀엽게 봐주세요.
돈 좀 벌어보겠다고 젊은(?) 사람들이 이리 뛰고 저리 뛰고 열심히 하는 모습이 보기 좋잖아요.

지난번 삼성물산에 대해 글을 올렸고, 어제는 현대건설에 대해 글을 올렸습니다.

현대건설에 대해 두 번에 걸쳐 글을 올리려고 했으나, 우리 1구역의 유력한 시공사 중 한 곳에 대해 조합원 여러분께 편견을 드릴 수 있을 것 같아, 준비해 둔 글은 삭제했습니다.

대신, 오늘은 조금 다른 방식으로 시공사의 공사비 증액을 표현해 보겠습니다.

시공사 재개발 사업부 팀장인 김 부장의 생각을 따라가 보겠습니다.

모두 가공의 인물로 시공사 재개발 담당 김 부장, 재개발 담당 박 과장, 홍보실 이 부장이 등장합니다.

시작합니다.

조합장이 우리 말을 안 들어줘서, 상대편 비대위에 힘을 실어 줬는데, 배가 산으로 가는 구만(반대의 경우일 수도 있습니다).

재무팀에서 자꾸 공사비 회수하라는데, 어쩌지?

그래도 뭐, 1,000억 원이나 공사비 채권 만들어 뒀고, 연이자 10%면 매달 8억씩 이자가 늘어나고 있으니 괜찮지 않겠어.

우리 회사 신용도면 연 5%에 조달할 수 있으니 반은 남는 거잖아.

현장에 큼지막하게 유치권도 써 붙여놨는데, 조합이나 비대위, 조합원들은 그 의미를 알기는 할까? 큰일이야, 큰일, 그러다 다 뺏길 텐데.

이제 조금씩 언론 작업도 해야겠군.
우리가 분양 광고 많이 주는 곳이 ○○ 일보였나?
홍보실에 문의해 봐야지.

뭐니 뭐니 해도 언론플레이가 제대로 되어야 reputation risk(평판 위험)를 줄일 수 있겠지?

나중에 지자체가 나서면 힘들어지니까, 미리미리 준비해 둬야지.

이 부장님, 저희 기사 하나 실어주세요.
내용은 인플레이션으로 인한 공사비 상승으로 인해 ○○ 건설이 공사비 1,000억 원을 못 받고 있다는 내용과 조합 내홍으로 인해 선량한 시공사가 피해를 보고 있다는 내용입니다.
내일쯤 부탁드릴게요.

박 과장, 법무법인 ○○ 의견서는 준비됐나?
조합토지 경매 넣으려면 사장님 결재를 받아야 하니, 법무법인 의견서 준비하라고 했잖아.

네, 부장님, 어제 의견서 받았습니다.

저희가 유치권에 기한 경매를 진행하는데, 전혀 문제없는 것으로 의견서 나왔습니다.
결재받고 진행하면 될 것 같습니다.

OK! 박 과장, 재무 쪽에 얘기해서 경매 계약금 준비하라고 하고, 잔금은 우리 공사대금과 상계하면 되겠지?

네, 김 부장님, 법무법인 ○○으로부터 그 부분도 다 확인했습니다.
문제없습니다.

이제 준비는 다 되었군.

조합장님, 오후에 미팅할 수 있으실까요?
네, 그쪽에서 뵙겠습니다.

조합장님, 어떻게 하시겠습니까?

조합토지 우리가 다 유입할까요?
아니면, 공사비 평당 900만 원에 합의하실래요?

합의 안 하시면, 저희 바로 경매 들어갑니다.
다음 주까지 답 안 주시면 경매 접수하겠습니다.

끝입니다.

조합원 여러분, 어떻습니까?

여기까지 살펴봤는데, 20년 전에 트리마제 지역주택조합원들이 사업을 모두 **빼앗긴** 것과 동일하지 않나요?

역사는 돌고 도는 것이고, 조합과 조합원들이 깨어있지 않으면 순박하던 강아지가 갑자기 늑대로 돌변하게 되는 것은 일상다반사입니다.

우리 1구역의 깨어있는 조합 임원님들과 조합원들에게 이런 일이 일어나지 않겠죠!

오늘 올린 글은 조합원 여러분들께서 꼭 기억하셨으면 좋겠고, 조합집행부에서 항상 염두에 두면 좋겠다는 생각으로 글을 올립니다.
예전에도 비슷한 글을 올린 적이 있는데, 워낙 중요해서요.

오늘 가장 중요한 시사점은, 조합 내홍이 절대로 일어나서는 안 되고, 사업이 완료될 때까지 조합장님을 중심으로 모든 조합원이 똘똘 뭉쳐 외부에 대응해야 한다는 점입니다.

그런데, 내홍이 일어나지 않으려면 조합집행부가 어떻게 해야 할까요?
아마도, 좀 더 조합원들과의 스킨쉽을 늘리고, 조합이 어떤 결정을 내리기 전에 조합원들을 부지런히 설득하는 절차를 충분히 거쳐야 할 겁니다.

비대위가 만들어지는 이유는 여러 가지가 있겠지만, 독선적인 조합집행부가 원인일 수도 있으니까요!

오늘은 여기까지입니다.

표정 22 • 댓글 4
좋아요 20   OK 1   사랑해요 1

임대차 2법

서울의 세입자들은 경기도로,
경기도의 세입자들은 더 먼 곳으로 쫓겨가고 있다.

임차인들이 종부세를 내는 임대인에 대해 손뼉을 치는 동안,
자기 목이 조여오는 것을 느끼지 못했었다.

임대인들이 집을 세주는 것을 멈춘다면,
임차인들은 어디에서 누구로부터 집을 구할 수 있을까?

임차인들은 전세 사기가 임대인의 잘못이라고 원망하지만,
사기의 원인 제공은 법을 만든 정부와 국회의원이라는 것은 외면한다.

정부 정책은 임대인을 막다른 골목으로 몰아가고,
임대인들은 자신의 책임을 임차인에게 전가하고 있다.

임대인의 손에 인정은 남아 있지 않고,
이도 저도 못한 임대인은 범죄자가 되어가고 있다.

정부가 바라는 대로 되어버렸다.

지자체,
만만치 않은 상대

앞으로 부동산은 서울 강북 재개발이 30년간 대세

CHAPTER
04

01 공익과의 조우

[네이버 밴드 여섯 번째 글]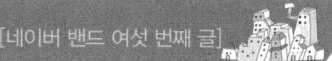

2024년 2월 8일 • 259 읽음

안녕하세요!
여러분의 귀염둥이 망아지예요.
별명은 스크류바이구요.

조합원님들 연배를 보니 40대인 망아지는 아직 귀염을 받을 나이인가 봐요. 도끼눈으로 보지 마시고, 망아지에게 당근인 '좋아요'를 주시면 착한 망아지가 될게요.

망아지는 어제 너무 슬펐습니다.
우리는 너무 좋은 곳에 자리 잡고 있어, 승냥이 떼, 이리 떼, 하이에나들이 우리가 소중히 지켜온 땅들을 공익이라는 미명하에 약탈해 가려는 모습을 직접 보고야 말았답니다.

역시 양의 탈을 쓴 늑대들은 교묘하고 좋은 말로 조합원들을 현혹해 우리의 목숨 같은 땅을 발라먹으려고 덤벼드네요.
내 이럴 줄 알았습니다!

지난 10년간 35층으로 그렇게 우리를 괴롭히더니만, 미안하단 한마디 말도 없이 덤벼드는 승냥이 떼를 막아주실 분들은 미우나 고우나 조합집행부밖에 없습니다.

조합집행부님들 능력을 보여주세요!!!

망아지는 다른 건 몰라도 뚝섬길에서 한강으로 아파트 내를 가로질러 외부인들이 다닐 수 있는 통로는 없어지기를 간절히 원한답니다.

망아지는 아직 어리고 약해 이웃 외에 외부인들과 섞이는 게 너무나도 싫답니다. 높은 담이 우리를 막아줄 수 있다고 믿고 있답니다.

어제 아침에 올린 글을 200분 넘게 보셨는데, 20분만 '좋아요'를 눌러주시면 망아지는 당근 찾다 힘이 빠진답니다.

하루 벌어 하루 먹고 사는 망아지는 오늘도 당근 찾으러 가야 합니다.
그럼 이만.

'좋아요'가 많아야 다음 글이 올라옵니다.

표정 30 • 댓글 11
좋아요 26   OK 2   슬퍼요 1   사랑해요 1

성동구청 주거정비과와 서울시 도시계획 용역업체 주관으로 2024년 2월 7일 오후 2시에서 4시까지 개최한 '성수전략정비구역 제1주택정비형 재개발정비구역 지구단위계획 및 정비계획(변경)(안)'에 대한 주민설명회에 참석하고 다음 날 올린 글입니다.

댓글 모음

우리 조합원들이 성동구와 서울시를 잘근잘근 씹어주시면 훌륭하신 구청장님과 서울시장님이 각성하실 거예요. 4월에 국회의원 선거가 있으니 더욱 좋구요!
성동구에서 밴드 동향 관찰하고 있으면 더 좋구요.

다른 조합원 댓글

외부인을 위한 공공보행로를 서울시에서 포기하겠느냐는 의견
입주민 커뮤니티도 개방하라고 압력을 가하는 서울시

답변 댓글

맞습니다.
필요하면 지자체에서 세금으로 지어야 할 것들을 인허가를 무기로 조합을 겁박하는 겁니다. 버티고 반항해야죠.
쫄리면 지는 겁니다!

다른 조합원 댓글

시와 구에서 밀어붙이면 달리 방도가 없다는 의견

답변 댓글

기본적으로 서울시나 성동구는 재개발 사업에 공익이라는 이름을 붙여 명분을 만들려고 합니다.
압구정동이 사업성이 안 나와서 사업을 안 하는 게 아닐 겁니다.
조합원 땅을 기부채납 해야 하고, 불특정 다수에게 단지 내부를 공개하라고 하니 안 하고 마는 겁니다. 그것도 어느 정도지요.
가만있으면 조합 전체가 호구 됩니다.
시간은 조합원 편입니다.
선출직 공무원들이 조합원들을 무시하면 어떻게 되는지 보여줘야죠!!

다른 조합원 댓글

시간을 지연시키는 게 목적이라면 맞는 발상이라는 의견

답변 댓글

안녕하세요!
저의 최대 목적은 이윤을 극대화하는 것이지, 시간 지연이 아닙니다.
눈 뜨고 코 베여 가는데 가만있을 순 없지 않겠습니까?
코를 조금만 베어가야 숨을 쉬지요.
시간 지연은 방법에 불과하지요.

Q 혜택을 가장한 강제 vs 개인의 Privacy

 2024년 8월 7일 자 중앙일보 "챙길 건 챙기고, 돌연 문 잠궜다. 개방 약속한 아파트의 배신" 기사에 대해 알아보고자 합니다. 기사에 따르면, 서초구의 일부 재건축 아파트 단지가 인센티브를 받는 조건으로 단지 내 시설을 공공에 개방키로 하고 다시 문을 걸어 잠그면서 논란이 일자 서울시가 대책을 내놓았는데, 입주자대표회의가 개방 약속을 지키도록 법 개정을 추진하고, 약속을 지키지 않으면 이행강제금을 부과하기로 했다고 합니다.

그런데, 과연 단지 내 시설을 공공에 개방키로 한 것에 대해 재건축 조합에서 반대할 수 있는 건가요? 조합은 단지 내 시설을 공공에 개방하지 않을 테니 서울시도 혜택을 줄 필요가 없다고 주장할 수 있는 건가요?
서울시와 각 지자체 구청에서는 조합에 대한 인허가를 조건으로 조합에 윽박지르고 계신 건 아닌가요?
아파트도 사람이 사는 집 아닌가요? 아파트가 상업시설인가요?
집은 각 개인의 Privacy가 최대한 보장되어야 하는 곳 아닌가요?
재건축/재개발된 집은 왜 공공에 개방되어야 하는 건가요?
공공개방이 필요한 시설은 차라리 조합으로부터 돈으로 받아 서울시나 지자체가 만들어서 관리하면 되는 것 아닌가요?
재건축/재개발 사업의 비용구조를 뜯어보면 정말 많은 돈을 국세와 지방세, 각종 부담금 명목으로 납부해야 하는데, 그 돈으로는 부족한 건가요?
재건축/재개발되고 나면 아파트가 많이 비싸지는데, 그 이유 중 하나는 정부와 지자체에서 받아가는 그 많은 세금 때문이라는 것에 대해 왜 침묵하시나요?
집을 보유한 조합원들은 나라에 세금 내고 자기 부담으로 새집 지으려고 하는데, 국가나 지자체는 국민의 재산권을 보호해 주어야 하는 것 아닌가요?
정부가 8·8대책을 내기보다는 그냥 자기들끼리 재건축/재개발하려는 조합들을 가만히만 두어도 지금보다 훨씬 많은 주택이 훨씬 빨리 지어질 수 있을 겁니다.

02 개방형 커뮤니티 [네이버 밴드 열한 번째 글]

2024년 2월 16일 • 254 읽음

안녕하세요! 좋은 아침입니다.

아래 ○○○ 조합원님과 ○○○ 조합원님 글을 보고, 뭔가 이상하다는 생각이 듭니다.

개방형 커뮤니티가 말이 좋아 커뮤니티지, 사실상 성동구민 누구에게나 개방된 노인치료시설, 경로당, 유아원, 청소년 돌봄시설 등 이런 것들로 사실상 기피시설인데, 지구별로 모두 필요한 시설도 아닐 테고, 1지구에 개방형 커뮤니티가 대규모로 들어오면 나머지 지구는 고려할 필요도 없을 것 같은데.

의심을 시작하니, 개방형 커뮤니티를 편하게 이용하도록 단지 내에 외부인이 출입할 수 있는 보도들을 계획한 거로도 보이네요. 나들목이라는 말도 안 되는 이유와 함께 말이죠.

4지구는 특별건축구역을 통해 용적률 상향을 계획하고 있는 거로 보이는데, 왜 1지구는 개방형 커뮤니티를 통해 용적률 상향을 기대해야 하는 걸까요? 어차피 용적률 상향은 최대 20%로 동일한 것 같은데 말이죠.

성동구에서 최대한 빨리 커뮤니티 시설을 사용하기 위해, 사업 진행 속도가 상대적으로 빠른 1지구를 선택한 건 아닐까요? 1지구가 총회 투표를 통해 50층 이하를 결정하긴 했지만, 뭔가 석연치 않습니다.

1지구 조합과 조합원 전체가 성동구에게 속았다는 느낌이 드는 건, 저만 그런 걸까요? 총회 전에 정비계획 변경에 대한 성동구청 설명회를 들었더라면, 개방형 커뮤니티와 특별건축구역 용적률 상한이 동일하다는 사실을 알았더라면, 조합원들이 더 깊이 고민하고 투표할 수 있었을 텐데 말이죠.

이 사실을 몇 분이나 정확히 알고 투표했을까요?
사무장님 2, 3, 4지구에도 개방형 커뮤니티 시설이 들어오는지요?
이에 대해 아시는 분 계시면 지식 공유 부탁드립니다.

"그걸 이제 알았냐"고 탓하시면, 제 지식과 경험이 짧아 그런 것이니 이해 바랍니다.

표정 7 • 댓글 14
좋아요 6 슬퍼요 1

> 성동구청은 성수1구역 재개발조합 정기총회 이후 주민설명회를 열었습니다.
> 만일 주민설명회 이후 정기총회가 개최되었다면,
> 개방형 커뮤니티에 대해 조합원 상호 간 이해도 높아졌을 것입니다.

📋 댓글 모음

다른 조합원 댓글 ─────────────
개방형 커뮤니티를 안 넣으려면 신통기획을 버려야 한다는 의견

답변 댓글 ─────────────
댓글 감사합니다.
최고 층수 더 높게와 전체동수 감소는 층수 제한 또는 층수 변경과 관련이 있을 것 같고, 용적률 상한은 건축 가능한 바닥면적이 늘어나는 것이니 일반분양분 증가(판매 가능 면적 증가)와 관련이 있는 것 아닐지요?
신통기획과 관련이 있는지는 몰랐습니다. 좋은 가르침 감사합니다!

다른 조합원 댓글 ─────────────
신통기획으로 인한 용적률 상향에 대한 의견

답변 댓글 ─────────────
용적률 증가는 50층이나 70층이나 모두 가능한 거로 보입니다. 70층이면 상품성이 좋아져 고분양가에 완판하기가 편할 것 같구요. 지난번 성동구청 설명회에서 개방형 커뮤니티 시설에 대해서는 용적률에서 제외한다고 들었던 것 같습니다.

조합 댓글 ─────────────
성수전략정비구역 각 구역별 공공기여시설 제시
1구역 토지 : 공원, 공공청사, 학교, 노유자시설, 공공공지, 도로, 보행자 우선도로
1구역 건축물 등 : 수변공원(주차장+덮개공원) 보행자 연결데크, 보행자 전용도로,
　　　　　　　　 공공청사, 노유자시설, 문화시설, 수상문화시설

답변 댓글 ─────────────
사무장님, 답변 감사합니다. 3, 4지구가 1, 2지구에 비해 상대적으로 공공기여시설이 적네요. 특히 '노유자시설'이 문제일 듯한데, 건축법을 찾아보니 노유자시설은 준다중이용건축물로 바닥면적 합계가 1,000㎡(302평) 이상인 시설로, 아동관련시설(영유아보육시설, 아동복지시설, 유치원 등), 노인복지시설(노인요양시설 포함), 사회복지시

설(장애인 의료재활시설 포함) 및 근로복지시설 등이 포함되는 거로 보입니다. 상당히 큰 규모로 들어올 듯한데, 큰일이네요! 혹시 어떤 시설들이 들어오는지 알고 계신 내용이 있으신지요?

다른 조합원 댓글

돈의 논리에 너무 매몰되어 있고, 진정한 재개발이란 가족이 평안하게 살 수 있는 좋은 집을 다시 짓는 것이라는 의견. 따라서, 노유자시설도 혐오 시설이 아니라 꼭 필요한 시설이니 '다다익선'이라는 의견

답변 댓글

○○○ 님 글을 다시 읽어보니 아파트를 공공주택이라고 생각하시는군요.
저는 아파트는 공동주택이고, 사유재산이라고 생각합니다. 제가 아는 공공주택은 공공인 SH나 LH가 짓는 주택으로 알고 있는데, 제가 잘못 알고 있는 것 같네요.

갑질

 2024년 8월 12일 자 이데일리 "'노인시설? 속았다' 반발하더니, 여의도 시범 주민 '찬성', 왜?" 기사입니다.

신속통합기획으로 재건축을 추진 중인 여의도 시범아파트가 단지 내 '데이케어센터(노인복지센터)' 설치 문제로 사업이 멈춰 서 있는 가운데, 사업시행자인 한국자산신탁은 데이케어센터 설치에 관한 조합원 여론조사를 진행했습니다.

조합에 참여한 조합원 792명 중 456명(57.6%)은 '데이케어센터 위치조정 및 면적을 축소해 정비사업 신속 추진' 항목을 선택했고, 333명(42%)은 '데이케어센터 전체 삭제될 때까지 정비사업 전면 중단' 항목을 선택했다고 합니다. 한국자산신탁은 이번 조사 결과를 토대로 서울시 주무부서와 협의를 거쳐 정비계획 변경 공람공고를 진행한다는 방침이라고 합니다.

데이케어센터는 고령, 노인성 질환, 치매 등이 있는 노인들을 위한 치료시설입니다.

시범아파트 주민들이 아파트 외벽에 "신통기획 1호 속았다, 신청하지 마세요!" 문구가 적힌 현수막을 내거는 등 반발이 극에 달하자 한국자산신탁은 지난 4월 데이케어센터를 문화시설로 변경하는 내용의 정비계획 변경 관련 조치계획서를 서울시에 제출했으나, 서울시는 '데이케어센터를 설치해야 한다'는 입장을 재확인하여 계획서 보완을 지시했다고 합니다.

서울시장님은 인터뷰에서 "노인 관련 시설에 대한 시민 인식의 변화가 필요한 시점"이라며 센터 설치에 대한 강경한 입장을 재확인하고, 신속통합기획을 철회하면 사업 기간이 2년 이상 늘어날 것이라는 관측입니다.

도대체, 서울시 신속통합기획의 목적은 조합 사업을 도와주기 위해서입니까? 아니면, 서울시가 필요한 시설을 공짜로 만들기 위해서입니까?

03 개방형 커뮤니티 댓글 [네이버 밴드 열두 번째 글]

2024년 2월 16일

안녕하세요!
○○○ 님 의견이 당연히 옳으신 말씀입니다.
저도 장모님을 모시고 살고 있고, 딸을 키우는 가장으로 노유자시설이 많은 게 무슨 문제가 있겠습니까.

다만, 제가 문제 삼는 것은 두 가지 이유 때문입니다.

첫째, 개방형 커뮤니티는 세금으로 해결해야 할 일이지, 조합원들 물건에 손을 대 해결할 일은 아니라고 생각합니다.

조합원들이 적게는 10년, 길게는 20~30년을 기다리며 재개발을 고대해 왔는데, 서울시와 성동구가 숟가락을 얹으며 개방형 커뮤니티 설치하지 않으면 인허가 어려울 거라고 협박하고 있는 건데 화가 안 나십니까?

둘째, 왜 집 안에 외부인을 들여야 할까요?
만일 입주민(조합원)들만 사용하는 커뮤니티라면 어린이를 위한 시설이건, 노인들을 위한 시설이건 괜찮습니다.
저희 딸과 장모님 모두 기분 좋게 이웃들과 이용할 테니까요

이번 정비계획 변경안은 우리 집 대문 안에 공중화장실을 설치하라고 하는 것과 같다고 생각합니다.

내 집에 외부인이 화장실을 들락거리는데 괜찮으십니까?
적정한 비용을 내지 않고 내 물건을 사용하겠다는데 화가 안 나십니까?

지난번 성동구청 설명회에서 용역사 소장이 토지공개념까지 얘기했었습니다.

세금 낼 때는 사유지고, 재개발할 때는 공유지일까요?

성동구에서 재산세, 종부세 한번 깎아준 적 있었습니까?

제 글들에 대해 오해하실 수 있을 겁니다.
'돈' '돈' 거리니까요?
그런데 가치는 추상적이고, 돈은 이념, 성별, 나이를 떠나 직관적으로 설명할 수 있는 수단이기 때문에 돈에 빗대어 말씀드리는 겁니다.

저도 재개발이 빨리 진행되길 원하고 있는 한 명의 조합원임을 혜량하여 주십시오.

젊은 사람의 한마디에 노여워 마시고 이해 부탁드립니다.

즐거운 저녁 보내세요.

감사합니다.

> **Q 신속통합기획은 왜 시작되었나?**

A 2023년 5월 서울시 도시계획국 신속통합기획과에서 작성하여 발표한 "서울형 정비지원 신속통합기획"이라는 제목의 책자 내용을 살펴보겠습니다.

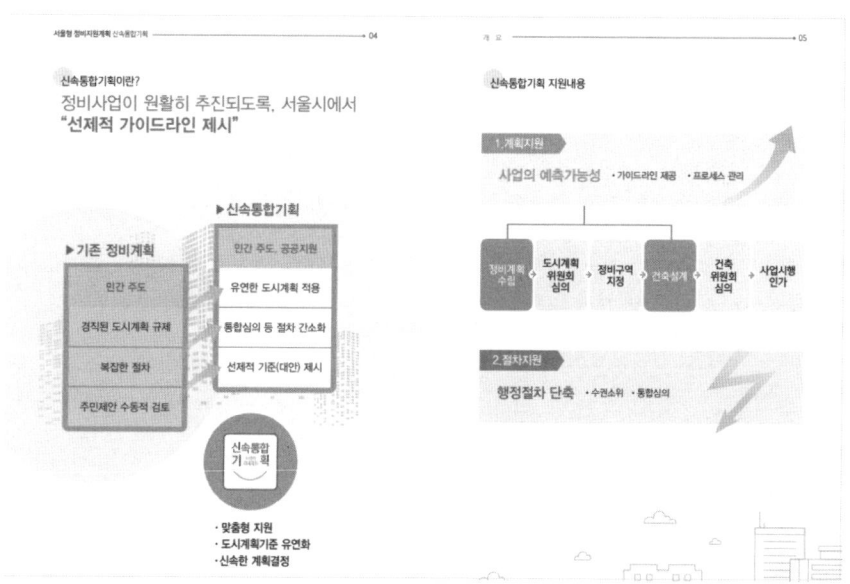

민간주도의 기존 정비계획은 '경직된 도시계획 규제', '복잡한 절차', '주민제안 수동적 검토'가 문제여서, 신속통합기획을 통해 공공이 지원하여 '유연한 도시계획 적용', '통합심의 등 절차 간소화', '선제적 기준(대안) 제시'를 통해 신속한 계획 결정을 통해 사업이 신속하게 진행되도록 한다는 컨셉의 계획이라고 합니다.

그런데, 기존 정비계획은 누가 만들었나요?
정부에서 '도시계획법'과 '도정법'으로 온갖 규제를 만들어 민간에서 주도하여 진행하고자 한 재개발 사업에 이제까지 발목 잡은 것 아니었나요? 신속통합기획은 인허가관청의 잘못된 관행이 재개발의 발목을 잡고 있다는 스스로의 자각에 따라 만들어졌으니, 기존 정비계획에 따라 피해 본 조합원들이 조속히 피해를 복구할 수 있도록 돕는 것이 합리적인 것 아닐까요?

04 데이케어센터

[네이버 밴드 열세 번째 글]

2024년 2월 16일 • 256 읽음

안녕하세요!

망아지 다시 돌아왔습니다.

오늘 아침 올린 글에 대한 조합원분의 댓글을 읽고, 생각하며 산책하다 불현듯 좋은 생각이 떠올랐답니다.

글 올린 이후 조합에서 가타부타 말씀이 없는 걸 보니, 어차피 조합에서는 성동구청의 요청을 거절할 생각도 없는 것 같고, 조합원분들이 데이케어센터(치매노인요양시설)에 대한 거부감도 없는 것 같으니, 이렇게 된 김에 데이케어센터 뿐만 아니라, 장례식장, 화장장, 납골당까지 유치하시죠.

단지 내 상가는 장의사, 국화 화환 가게, 관 파는 가게, 수의 파는 가게, 소독약 파는 가게, 기저귀 파는 가게로 채우면 편할 것 같구요.

아무래도 노인분들은 지하철역 이용이 쉬워야 생활이 편리할 테니, 1구역 북서쪽 끝부분에 1, 2, 3층 데이케어센터 넣고, 4층부터 데이케어센터 찬성하시는 분들을 대상으로 한 아파트를 한 동 넣어 편히 사시도록 하는 게 좋겠습니다.

그리고, 그 동 지하 1층에는 장례식장 넣고, 지하 2층에는 납골당, 지하 3층에는 화장장을 유치하면 one stop으로 조합원들의 욕구를 충족시킬 수 있을 것 같습니다.

아파트에 사시다가 치매 걸리시면 데이케어센터에서 치료받으시고, 돌아가시면 장례 지내시고, 평생 사시던 곳에 있는 납골당에 묻히시면, 조합원들이 꿈꾸시는 완벽한 아파트가 되겠네요.

아파트는 공공주택이니까요. 서울시와 성동구에서 엄청 좋아하겠네요.

찬성하시는 분들은 이 글에 댓글 달아주시거나, 좋아요. 눌러주시면 되겠습니다. 그러시면, 조합에서 그분들을 대상으로 한 아파트를 계획할 겁니다.

엄청들 좋으시죠! 금싸라기 땅에 기피시설, 혐오시설을 적극적으로 유치하는 깨어있는 조합원들이 사는 공공아파트!

그래서 여러분들, 일반분양 8천만 원 가능할까요?
일반분양분 아파트값 떨어지는 소리 들리시나요?
조합원들 추가분담금 내야 하는 소리 들리시나요?
성수동 이 좋은 땅을 ○○동 정신병원 옆에 있는 아파트와 동일하게 만들려고 하시나요? 성수동은 참 돈 많으신 조합원분들이 많으신가 봐요.
그저 부러울 따름입니다.

참 여러모로 이해가 가질 않네요.

비싼 아파트로 재개발해서, 나중에 건강에 문제 생기면 아파트 팔아서 케어 받으면 될 텐데, 왜 이 좋은 곳을 ○○동처럼 만들려고 하는지?

참 대단들 하십니다.

표정 14 · 댓글 15
화나요 6   슬퍼요 4   좋아요 3   놀라요 1

> 성동구 데이케어센터가 들어오면 일반분양분 아파트 분양가가
> 낮아질 수밖에 없다는 내용을 돌려서 말해보았습니다.
> 이 글에 대해 일부 조합원분들은 화를 내시고,
> 일부 조합원분들은 위트 있는 글로 말씀해 주셨습니다.
> 동일한 내용도 각자의 입장에 따라 받아들이는 정도가 달라지는 것이 재개발입니다.

> 📝 **댓글 모음**

이 글은 목적이 있는 글입니다.
성동구에서 조합원에게 가가호호 배송한 자료와 지난 총회의 정비계획변경(안) 자료는 동일한 자료로 보이고, 기존학교 남측에 노유자시설 약 200평 정도만 계획되어 있었던 걸로 기억합니다.
이번 성동구청 설명회에서는 이보다 진일보한 개방형 커뮤니티, 단지 내 보행로 등 내용을 설명하며 조합원들을 떠보고 있다고 생각합니다.
어차피 이제 ○○이 건축 심의를 위한 설계를 시작해야 하니, 이런 내용을 반영하기 위해 서울시나 성동구에 접촉해 보도록 조합에서 나서 달라는 부탁을 드리고 싶어 어제부터 글을 쓰고 있는 거랍니다.
성동구도 조합원들의 여론을 보아 가며 위치, 면적, 용도를 결정하겠죠.
성동구가 조합원의 반대 여론을 가장 정확하게 확인할 수 있는 곳이 밴드 아닐까요.

Q 매매의 본질

  부동산 매매의 본질에 대해 생각해 보신 적이 있으신가요?
매매란 무엇일까요?

필자가 생각하는 매매의 본질은 '남보다 싸게 사서 남에게 비싸게 파는 것'입니다.

남보다 싸게 사는 방법은 무엇일까요?
자산은 이자율에 따라서든, 수요공급에 따라서든 언제나 출렁거립니다.
그 출렁거림 속에서 항상 기회가 있는 것이고, 그 기회를 놓치지 않기 위해 출렁거림을 즐겨야 합니다.
양양에서 서퍼들이 좋은 파도를 타기 위해 파도를 지키듯이, 좋은 부동산을 매매하기 위해서는 좋은 시기를 잘 골라야 합니다.
그 시기를 맞기 위해서는 지식과 경험, 직관 등이 필요합니다.

남에게 비싸게 파는 방법은 무엇일까요?
결국, 자기보다 바보가 많은 시기를 잘 골라야 합니다.
시장에는 바보가 많은 시기와 바보가 적은 시기가 있습니다.
정부의 정책에 따라서도, 시장의 심리에 따라서도, 탐욕에 눈이 먼 바보들이 넘치는 시기가 항상 돌아오게 마련입니다.

결국, 남보다 한발 먼저 사서, 시장을 줄기차게 관찰하여 시장이 탐욕에 물들어가는 시기에 팔고 나오는 것이 매매에 성공하는 방법입니다.

이렇게 말하는 필자도 아직 바보에 속하나, 더 이상 당하지 않기 위해 노력하고 있는 중입니다.

05 숟가락 꽂는 자 - 성동구청 [네이버 밴드 마흔다섯 번째 글]

2024년 3월 15일 • 222 읽음

안녕하세요!

오늘은 우리 성수1구역 재개발 사업에 숟가락 꽂는 자 1탄 성동구청 편입니다.

제가 알고 있는 바로는, 전략정비구역의 경우 성동구청에서 조합을 관리 감독하는 것으로 알고 있습니다.

성동구청에서 조합을 투명하게 관리 감독할 거로 생각했기 때문에, 저는 1구역 단독주택을 매입하고 조합원으로 참여했답니다.

그런데, 지난번 정비계획 변경에 대한 성동구청 설명회를 들어보니, 성동구청의 목적은 조합을 잘 관리 감독해서 조합원들이 깨끗한 새집에 잘 입주할 수 있도록 도와주는 게 목적이 아니라, 잿밥에만 관심이 있다는 생각이 들었습니다.

우리 1구역 재개발 사업으로 인한 최고의 수혜자는 성동구청입니다.

첫째, 공사 중 재산세는 성동구청에서 수령하게 됩니다.
총회 자료에 따르면 재산세 575억 원으로, 이주 및 공사 기간을 6년으로 잡으면 1년에 96억 원입니다.
1, 2, 3, 4구역 다 합하면 도대체 얼마입니까?

둘째, 공사 완공되면 보존등기비가 발생하는데, 이 금액도 지방세로 성동구청에서 수령하게 됩니다.
총회 자료에 따르면 보존등기비 71억 원으로 잡혀 있었는데, 제가 계산해 보니 365억 원이었습니다.

셋째, 공사 완공되면 재개발 구역일 때와는 비교도 안 되는 규모의 재산세 발생하는데, 이 금액도 지방세로 성동구청에서 수령하게 됩니다.
이 부분을 대략적으로 추정해 보면, 전체 매출액 8조 750억 원의 60%에 해당하는 4조 8,451억 원을 재산세 부과 대상으로 가정하고, 여기에 세율 0.4%를 곱하면 194억 원이 산정되고, 이 금액은 성동구에서 매년 재산세로 수령 예상되는 금액입니다.

넷째, 조합원들 또는 일반 분양자들이 거래하면 엄청난 규모의 취득세가 발생하는데 이 금액도 지방세로 성동구청에서 수령하게 됩니다.
전체 분양금액의 10%에 해당하는 8,075억 원의 매매가 매년 발생한다고 가정하고, 취득세율 2%를 가정하면 매년 162억 원이 계산됩니다.

성동구청은 사업 기간에는 6년간 매년 97억 원을 수령하고, 준공하면 취득세 365억 원을 수령하고, 사업이 완료되면 재산세와 취득세로 매년 356억 원을 수령하게 됩니다.

성동구 노 났습니다.

도대체 성동구청은 얼마를 뜯어가는 겁니까?

그 많은 돈을 뜯어가는 것도 부족해, 우리 성수1구역에다 '치매 노인요양시설'을 넣으려고 하는 겁니까?

1구역이 제일 만만합니까?

성동구청 공무원들은 우리가 내는 세금으로 월급 받는 사람들 아닙니까?

세금은 원론적으로 따져 보면, '납세의무자가 받는 공공서비스에 대한 대가'입니다.

성동구청에서 우리 조합이 재개발 사업하는데 도대체가 도와준 게 뭐가 있습니까?

십수 년 동안 전 서울시장 눈치만 보며 말 한마디 못한 게 사실 아닙니까?

지자체가 주민들이 요구하는 사항을 들어주지는 못할망정, 주민들이 수십 년 동안 진행해 온 재개발 사업에 초를 치고 있습니다.

이게 제대로 된 지자체입니까?

치매 노인요양시설 때문에 일반분양에 실패하면, 성동구청이 책임질 겁니까?

다른 곳에 치매 노인요양시설 넣으려고 하면 민원이 걱정되니, 인허가를 무기로 우리 1구역 조합을 협박하고 있는 거 아닙니까?

조합원 사유지를 공공에 개방하여 치매 노인요양시설을 설치하면, 더는 조합원들로부터 재산세는 안 받을 겁니까?

오히려, 서울시에서 요양 시설을 넣으라고 해도 이제까지 성동구청에 성실하게 세금 내 온 조합원들을 생각해서, 성동구청장님이 나서서 해결해 주셔야 하는 거 아닙니까?

그렇게 치매 노인요양시설이 필요하고 중요하면, 성동구청 안에다 설치하십시오. 아무도 안 말립니다.

오늘은 여기까지입니다.

감사합니다.

표정 35 · 댓글 11
좋아요 34 OK 1

> **Q** 서울시 주택정비사업 인허가 속도 높인다

A 2024년 8월 14일 국토교통부 배포자료입니다.

국토교통부(장관 박상우)는 '국민 주거안정을 위한 주택공급 확대 방안'(2024. 8. 8) 후속조치로 주택공급 지연의 원인이 되는 주택건설사업 인·허가 장애요인을 해소하고, 제도개선 필요성을 논의하기 위한 '기초지자체 인·허가 협의회(이하 협의회)'를 8월 14일 오후 서울시청에서 개최합니다.

이번 협의회에는 주택 인·허가 업무를 처리하는 서울시 내 25개 자치구 담당자가 참석하여 관내 주택 및 정비사업 인·허가 처리 현황과 지연사례 등을 공유하고, 제도개선 방안을 논의할 예정입니다.

먼저, 국토교통부는 지난 주택건설사업 인·허가 관련 지자체 협의회(7.24)에서 공유한 인·허가 지연 및 사업 차질 발생 사례(과도한 기부채납이나 강화된 건축기준 요구, 근거없는 건축물 층수·세대수, 분양가 제한 등)를 다시 한번 설명하며, 각 자치구에서 인·허가 업무 처리 시 유사한 사례가 발생하지 않도록 주의를 당부할 계획입니다.

아울러, 서울시 내 정비사업의 신속한 추진을 지원하기 위해 마련한 이번 공급대책의 주요 내용('재건축·재개발 촉진법' 제정, 사업-관리처분계획 동시처리 허용, 용적률 등 도시·건축규제 완화 등)도 설명합니다.

민간 부문의 주택공급 확대를 위해 각 자치구의 신속한 인·허가 처리를 당부드리며, 논의된 제도 개선사항은 관계부처와 신속히 협의해 나가겠습니다.

정부는 그동안 부동산 침체 시기를 즐기다 가격이 다시 올라가기 시작하니, 이제야 무엇이 문제인지 직시하고 해결하기 위한 노력을 시작하는 것 같습니다.

06 숟가락 꽂는 자 - 서울시청 [네이버 밴드 마흔일곱 번째 글]

2024년 3월 17일 • 232 읽음

안녕하세요!

오늘은 우리 1구역 재개발 사업에 숟가락 꽂는 자 2탄 서울시청입니다.

우리가 이제까지 재개발을 못 하고 이십 년째 고생하고 있는 근본적인 이유가 무엇입니까?

지금 시장님이 무상급식으로 뻘짓을 하는 바람에, 작고하신 전 시장님이 당선돼서 이제까지 고생한 것 아닙니까?
서울시는 지금에 와서야 무척 관대한 척, 지금 서울시장은 예전 시장과는 다르게 층수 제한을 두지 않는다고 합니다.

사실, 서울시가 재개발을 서두르는 이유가 뭘까요?

2024년 서울의 입주세대는 11,000세대입니다.
내년쯤 둔촌주공 입주 끝나고 나면 이제 입주 절벽입니다.

앞으로 서울시 내에서 입주 물량은 더욱 말라갈 겁니다.

그럴 수밖에 없는 것이, 전 서울시장이 10년 동안 서울시 재건축, 재개발을 틀어막아 놓고 정치적으로만 이용해 왔으니 그 부작용이 이제부터 본격적으로 나타날 겁니다.

이 사실을 지금 정부는 너무 잘 알고 있습니다.

지난 정권이 부동산 문제로 정권을 빼앗긴 걸 뻔히 알고 있는 국민의 힘도 가만있을 수 없으니, 서울시가 재개발을 서두르고 있는 겁니다.

그것뿐입니까?

우리가 임대주택을 SH공사에 싼값에 매각하면, 그 임대주택은 누가 관리합니까? 보나 마나 SH 전·현직 임직원들이 한자리씩 차지해야 하니 임대주택이 필요한 것 아닙니까?

예전에 LH 사태 보셔서 잘 알잖아요!
LH는 공기업임에도 불구하고 국민을 위해서 일하는 게 아니라, 자기 자신, 자기 조직을 위해서 일하는 거 다 보셨잖아요!

멀쩡히 30억 원 받고 시장에서 팔리는 물건을 10억 원 남짓한 돈 주면서 뺏어가는 게 정상입니까?

마치 우리 1구역 조합원들을 위하는 척하면서, 너희 조합원들에게 수익이 많이 돌아가도록 서울시에서 용적률을 많이 올려줬으니, 공공을 위해서 서울시에서 필요로 하는 건 다 해줘야 한다는 상식 이하의 말은 더 이상하지 말기를 바랍니다.

여기가 북한입니까?

서울시가 성수1구역 조합원들에게 시혜를 베푸는 거니, 서울시에 고마워하면서 재개발해야 하는 겁니까?

우리 조합이 서울시 땅에다 재개발하는 겁니까?

우리가 우리 땅 가지고 재개발하겠다는데, 사유재산제가 보장된 대한민국에서 그렇게 막무가내로 뺏어가도 되는 겁니까?

한 달 전쯤, 신문에서 공익을 위한 시설을 설치하지 않으면 재개발, 재건축을 진행하지 않겠다고 서울시장님께서 말씀하셨습니다.

서울시장님은 재개발, 재건축 조합들을 겁박하시는 겁니까?

그렇게 말씀하시면, 국회의원 선거에서 재개발 조합원이 아닌 사람들이 표를 줄 거로 생각하십니까?
우리 재개발 조합원들이 뭐 서울시에 죄지은 것 있습니까?

서울시가 조합원들에게 자금을 지원해 줘 좋은 주거환경에서 살 수 있도록 해 주지는 못할망정, 잘 진행될 수 있는 사업에 계속 초를 치는 이유는 뭡니까?
조합원들이 알뜰살뜰 모으고 재산 지켜서 새 아파트 한번 살아보겠다는데, 치매 노인요양시설은 도대체 무슨 소립니까?
임차인만 서울시민이고, 청년만 서울시민이고, 치매 노인만 서울시민이고, 우리 조합원은 서울시민 아닙니까?

지난 10년 동안 우리 성수1구역 재개발 조합은 죽도록 고생했고, 지난 정권 5년 동안 각 조합원은 재산세에 종부세에 죽을 뻔했습니다.
그냥 차라리 그때처럼 돈으로 달라고 하세요!
멀쩡한 재산 뺏어갈 때는 최소한 미안한 마음이라도 있어야 하는 게 정상 아닙니까?

우리 성수1구역 조합원님들!

서울시장이나 성동구청장이나 몇 년이나 더 하겠어요?
그리고 두 분 다 계속 재개발에 딴지를 건다면, 우리가 표로 심판해야겠지요.
상대방이 누구든 조급한 면을 보이면 지는 겁니다.
자본주의 사회에서 시간은 서울시나 정권의 편이 아니고, 자본을 소유한 조합원 여러분 편입니다.

오늘은 여기까지입니다.
감사합니다.

표정 29 · 댓글 4
좋아요 26   사랑해요 2   싫어요 1

제4차 산업혁명

이번 산업혁명이 진행될수록 노동의 가치는 '0'으로 수렴될 것이다.

4차 산업혁명이 완성되면 토지, 자본, 노동과 같은 생산수단 중
노동은 사라질 것이다.

인간의 노동력은 공허한 잉여가 되고,
인간은 둘로 나뉠 것이다.

토지나 자본을 소유한 인간과
노동력이 잉여가 된 사회에 결국 아무것도 없는 인간

아무것도 없는 인간은 벌써 자각에 따라 스스로 소멸하고 있다.

유토피아는 어떻게 만들어지는가?

(영국 드라마 'UTOPIA'를 보고)

조합원, 재개발은 욕망의 용광로

앞으로 부동산은 서울 강북 재개발이 30년간 대세

CHAPTER 05

01 설계비 중복 지급

[네이버 밴드 두 번째 글]

2024년 2월 4일 • 283 읽음

추후에 어떤 일이 일어날까요?

정비계획변경 안 확정되면 건축 심의 준비해야겠죠.

○○에서 도면 그리겠죠.

조합은 총회에서 확정했으니 50층 이하 도면으로 관청에 제출하겠죠.

관청은 조합에서 총회 자료 제출하니 건축 심의 확정하겠죠.

70층으로 언제 변경 가능한가요?

나중에 50층에서 70층으로 변경하면 설계비 300억 원 더블로 줘야겠죠.

표정 10 • 댓글 3
좋아요 5 슬퍼요 4 사랑해요 1

> 조합총회에서 조합원 투표에 따라 근소한 차로 70층이 아닌 49층으로
> 결정된 후 올린 글입니다.

📃 댓글 모음

다른 조합원 댓글

총회에서 결론이 났으니 합심해서 따르자는 의견

답변 댓글

총회 결정은 다시 돌릴 수 없으니, 조합의 부실한 절차 진행, 부족한 조합원 설득작업, 관련 자료의 부족을 탓하는 겁니다.
설계비를 300억 원이나 책정했으면, 사전에 충분한 자료를 준비해 조합원들을 설득할 수 있었을 겁니다.
그게 조합이 할 일인 듯싶어서요.
저는 아직 조합을 믿습니다.
법적인 이슈를 따지기에 앞서,
조합을 변화시키는 게 제 재산 지키는 길이라고 생각하고 있습니다.

> **Q 부동산 계급사회**

 오늘은 광복절이다.
대한민국은 광복 후 79년이 흘렀다.
79년이라는 세월은 세 세대가 부를 쌓을 수 있는 충분한 시간이다.
나의 할아버지와 아버지가 어떤 인생을 살았느냐에 따라 지금 현재, 그리고 미래의 내 재산이 정해진다.

1950년 전쟁으로 인해 우리는 모두 폐허 속에서 시작했고, 동일선상에서 출발했다. 동일한 출발점으로 인해 우리나라 사람들의 가슴 속에는 나의 이웃과 친구와 동료들에 대해 동질의식을 가지고 있고, 나와 다른 사람에 대해 자연스럽게 배타성을 가진다.

나와 다른 사람이 비슷한 상태를 '공정'이라고 부르고, 나보다 앞서가는 사람에 대해 깊은 질투심을 느낀다.

그런데 이런 동질감은 부동산으로 인해 깨지고 있다.
어느 동네에 사는지, 어느 아파트에 사느냐에 따라 계급이 나뉘어지고 있다.
자본주의에서 축적된 자본이 노동의 효율을 능가하는 것은 당연한 것이다.
이것은 인정하든 인정하지 않든 어쩔 수 없는 일이다.

그게 싫으면 중국의 공동부유로 가야 한다.
모두가 잘사는 사회. 중국이 과연 그런 사회인가?
북한이 과연 그런 사회인가? 그게 가능한 것인가?

하지만 아직도 대한민국은 기회가 남아 있다(적어도 필자는 그렇게 생각한다). 아이러니하게도 계급은 부동산을 통해 정해지고, 부동산을 통해 뛰어넘을 수 있다.
이것이 항상 부동산을 공부하고, 관심을 가지고, 투자해야 하는 이유다.

02 49층을 막을 수 있는 방법 [네이버 밴드 서른다섯 번째 글]

2024년 3월 7일 • 228 읽음

안녕하세요!

오늘은 하루 종일 4구역 77층 결정으로 인해, 우리 1구역을 50층으로 할 거냐? 70층으로 할 거냐? 로 열띤 토론을 벌였는데요.

이 이슈(issue)에 대해서는 서로의 입장이 너무 확고해서, 하루 종일 토론해봐야 서로의 입장만 다시 확인하고, 서로에 대해 '감정싸움'까지 번지는 결과가 된 것 같네요.

제 주특기를 살려, 각자의 관점에서 한번 살펴볼게요.

우선 70층에 관한 주장 내용을 보면,

- 우리 성수1구역은 4개 구역 중 제일 좋은 구역인데, 왜 49층으로 해서 가치를 깎아내리는지 모르겠다.
- 조합으로부터 제대로 된 정보를 받지 못한 불공정한 투표였으니, 투표를 새로 하면 안 되는가?

정도인 것 같습니다.

반대로, 49층에 관한 주장 내용을 보면,

- 70층은 분담금 많이 나오고, 기간이 오래 걸려서 싫다. 나는 살아서 입주하고 싶다.
- 투표로 결정했으니 따라라.

정도로 볼 수 있을 것 같습니다.

우선, 50층을 주장하시는 분들의 입장부터 살펴보면 충분히 이해가 갑니다.

분담금도 싫고, 오래 걸리는 것도 싫고, 민주적인 절차인 투표로 결정했으니, 우리 측이 정당성이 있다는 주장은 상당히 옳으신 주장입니다.

그런데, 제가 총회 자료를 하나하나 검토해서 여러분과 공유하고 있는데, 70층으로 해도 일반분양분 분양대금 상승효과로 인해 조합원 분담금 상승은 없을 것 같습니다.

오늘 4구역에서 주장하는 내용과 동일합니다.
다음 주 정도면 제가 내리는 결론을 보실 수 있을 겁니다.

다만, 각 조합원의 종전재산가액이 적어 49층을 해도 내야 하는 분담금은 어쩔 수 없습니다.

둘째, 시간이 오래 걸리는 문제는 방법이 없습니다.
이 문제는 물리적인 시간이 걸리는 거라 제가 뭐라 말씀을 못 드리겠네요.

우리 조합원 중에 고령이신 분들도 많이 계셔서 당연히 그렇게 생각하실 수 있을 것 같습니다. 이해합니다.

셋째, 투표했으니 따라라. 이 부분도 맞는 말씀입니다.
민주적인 절차에 따라 투표했으니 정보의 많고 적음이 큰 문제는 아닐 겁니다.

어찌 됐든 현재까지 정당성을 가지고 있는 쪽은 50층을 주장하시는 쪽이라고 생각합니다.

그러면, 70층을 주장하시는 분들은 앞으로 어떻게 해야 50층을 주장하시는 분들의 의견을 바꿀 수 있을까요?

우선, 어떤 조합원분께서 말씀하시는 것처럼 서울시에 건축 심의 올라갔는데, 49층은 무슨, 70층으로 하세요, 라는 결과가 나올 수 있습니다.

그러면 우리 1구역은 부랴부랴 70층으로 설계 변경해서 다시 건축 심의 들어갈 것이니, 70층을 주장하시는 분들은 소기의 목적을 달성하실 수 있습니다.

다음 방법으로, 시공사 선정을 보이콧(boycott)하면 됩니다.

아마, 우리 1구역 조합은 본격적으로 건축 심의를 위한 설계도면을 열심히 그리고 있을 겁니다.

그 말은 곧 건축 심의가 완료되면 건축설계비를 ○○건축에 줘야 한다는 말이죠.

조합은 시공사 선정하고, 시공사로부터 대여금 빌려서 정비업체 대여금과 서울시 대여금을 상환하는 것으로 계획하고 있을 겁니다.

즉, 머지않아 돈 들어갈 곳이 많다는 뜻이고, 조합의 채권자들이 조합을 들들 볶을 거란 말이죠.

그런데, 시공사 선정을 위해서는 전체 조합원의 50% 이상이 참석한 총회에서 다수결로 시공사를 선정하게 되어 있습니다.
따라서, 70층을 주장하시는 조합원들은 단체로 조합총회에 참석하지 않고, 총회 자체를 보이콧하면 됩니다.

만일, 그 숫자가 전체 조합원의 50%를 넘는다면 시공사 선정은 못 할 것이고, 대여금 상환도 못 할 것이고, 조합집행부는 채권자인 용역사들로부터 용역비를 지급하라는 엄청난 압력에 시달리게 될 겁니다.

민주적인 절차인 시공사 선정 투표를 보이콧함으로써 70층을 주장하는 쪽도 정당성을 가질 수 있습니다.

투표하고 안 하고는 조합원 마음이니까요.

50층을 주장하시는 분들이 주장하는 정당성과 똑같죠!

양손에 두 개의 떡을 잡고 동시에 먹을 순 없듯이, 이렇게 하면 사업은 좀 늦어질 겁니다.

하나 고르면, 하나는 포기해야죠.

대신, 다른 구역보다 늦게 한다고 별로 나빠질 건 없습니다.

4구역이 치고 나가 건축 심의, 사업시행계획인가 등을 진행하면 우리가 그대로 따라 하면 되니까요.

그리고, 우리 1구역이 한 10년 푹 쉰다고 하더라도 2, 3, 4구역이 모두 사업에 성공하고 나면, 1구역 땅값은 기대효과로 상승할 것이니 걱정할 것 없고, 만에 하나 2, 3, 4구역이 사업에 실패하면, 우리는 우리 땅 지키는 것이니 좋고, 일거양득이죠.

마지막으로, 1구역이 제일 늦게 가면 성동구나 서울시에서 강변북로 덮개공원 공사비 문제로 빨리 허가받으라고 난리일 겁니다.

아마 조합도 나 몰라라 할 수 없을걸요.

민주적인 절차에 따른 경우의 수를 말씀드렸으니, 각자 자신의 재산을 어떻게 지킬지는 잘 생각해 보시죠.

여기까지입니다.

편안한 밤 보내세요!

표정 17 • 댓글 15
좋아요 13 화나요 4

댓글 모음

다른 조합원 댓글

서로 보이콧하고, 비대위 만들고, 고소·고발하면서 20년 보내자는 의견

답변 댓글

안녕하세요!
그렇게 너무 미워하시지 마세요.
제 글을 처음부터 쭉 읽어보시면, 제 입장이 어떤지는 정확히 알 수 있으실 겁니다.
비대위할 마음도 없고, 소송할 마음도 없습니다.
회사에서 하는 소송만 해도 차고 넘칩니다.
마지막으로, 저는 제가 모르는 내용이나 자신 없는 내용은 쓰지 않습니다.
재개발한 아파트 가치가 빠를지, 땅 가치상승이 빠를지는 아무도 알 수 없습니다.
각자가 가지고 있는 물건의 종류에 따라 입장이 다른 것이겠지요.
즐거운 금요일!입니다.
주말 잘 보내시고, 화도 좀 푸시고, 제 글도 좀 좋아해 주세요.

Q 부동산은 삶을 담는 그릇

 2024년 여름 왜 다시 부동산인가?
8월 한여름 아스팔트 열기만큼이나 부동산 시장이 다시 뜨겁게 달아오르고 있다. 왜일까?

나는 40년 전 아버지가 대우자동차에서 만든 르망을 가지고 오셨을 때의 놀라움을 아직 잊지 못한다.
우리 가족은 그때 처음 자가용을 가졌고 그 차로 자유롭게 여행을 다녔었다.
40년이 지난 지금 나는 벤츠를 타고 있다.
벤츠가 좋은 차라고 하는데 그때의 놀람에 비하면 아무것도 아니다.
내 눈높이가 높아져서 그러리라.

집도 마찬가지다.
40년 전에 지어진 집들은 당시 사람들 눈높이에서 지어진 집일 것이다.
벌써 40년이 지났다.
벤츠를 아무렇지 않게 타고 다닐 만큼 경제적으로 풍요로워졌는데, 누가 40년 전에 지어진 집에 만족하며 살겠는가?

몇몇 부류의 사람들은 집은 사는 것(buying)이 아니라 사는 곳(living)이라고 주장한다. 집은 사는 것이기도 하고, 사는 곳이기도 하다.
집은 한 가족의 삶에 다양한 영향을 미치고, 좋은 기억들을 담아둘 수 있는 곳이다.
그런 소중한 곳에서 임대인의 요청에 따라 이사를 가야 한다면 얼마나 슬픈 일인가? (그렇다고 임대차 2법을 들먹이진 말자. 상식 이하의 일이다)

집을 사야 하는 이유는 단지 돈을 벌기 위해서만이 아니다.
사랑하는 사람과의 소중한 기억을 담아두기 위한 그릇을 사는 것이다.

03 49층이 유리한 이유

[네이버 밴드 서른아홉 번째 글]

2024년 3월 10일 • 227 읽음

안녕하세요!

오늘은 두 번 찾아뵙습니다.

49층을 지지하시는 분들께서 적절한 설명을 안 해주시니, 제가 49층의 장점에 대해 말씀드려 볼까요.

정리하다 보니 글이 좀 길어졌는데, 이해 바랍니다.

여러분!
요즘 일산만 가도 49층으로 된 아파트를 흔히 보실 수 있을 겁니다.

왜 49층으로 된 아파트가 많을까요?

49층이 공사비 측면에서 최적의 층수이기 때문입니다.

49층으로 진행하는 사업은 모두 시행사가 사업 주체이고, 시행사가 주인으로 시공사를 선정해 사업을 진행한 건이라 공사비 절감을 통해 최고의 효율을 지향한 사업장이었기 때문입니다.

49층의 장점을 본격적으로 말씀드리죠.

49층은 '벽식구조'로 설계할 수 있는 최고 층수입니다.

'벽식구조'와 '라멘구조(기둥식 구조)'에 대해 설명해 드리면, 벽식구조는 건물의 하중을 벽이 받는 구조이고, 라멘구조는 건물의 하중을 기둥과 보가 받는 구조입니다.

벽식구조는 라멘구조와 비교하면 주거용 건물에서 장점이 많습니다.

첫째, 벽식구조로 공사하면 쓸데없는 공간이 없어집니다.

라멘구조로 공사 시 하부층으로 갈수록 기둥 크기가 커져 발코니 쪽에 dead space가 생기게 되고, 기둥 크기로 인해 창문 크기가 줄어들게 됩니다. 즉, 개방감이 줄어들게 되죠.

반면에, 벽식구조의 경우 모든 힘을 벽이 받게 되므로, 각 주거 내부에 dead space가 없고, 발코니 쪽 통창이 가능해 개방감이 극대화됩니다.

벽식구조에서 하부층의 경우 벽 두께가 두꺼워진다는 단점은 콘크리트 강도를 높여 보완할 수 있습니다.

둘째, 공사비가 줄어드는 장점이 있습니다.

라멘구조의 경우 골조공사(뼈대 공사) 시에 기둥과 슬래브(바닥 판)만 공사하므로, 추후 내부 공사 시 각각 실을 구획하는 벽을 벽돌 또는 내장공사를 통해 하나하나 만들어야 합니다.

이에 따라 주거시설의 경우 공사가 복잡해지고 공사 기간이 길어지게 됩니다.

오피스 건물이나 상업 시설의 경우에는 실 구획이 거의 필요 없어 라멘구조를 많이 사용합니다.

그러나, 벽식구조의 경우 골조공사 시에 벽과 슬라브를 동시에 시공하므로, 추후 내부 공사가 간단해집니다. 벽공사를 별도로 할 필요가 없고, 벽 위에 도배나, 대리석 마감하면 끝이기 때문입니다.
따라서, 공사 기간도 많이 줄어들겠죠.

셋째, 벽식구조가 구조적으로 훨씬 안전합니다.

벽식구조의 경우에는 슬라브의 하중을 벽들이 나누어서 받게 되므로, 구조적으로 안전합니다.

그러나, 라멘구조의 경우에는 슬라브와 기둥이 만나는 부분에 '전단력(슬라브가 기둥 아래로 뚫고 내려가려는 힘)'이 커져 많은 구조 보강이 필요합니다. 간단히 말하면 많은 철근이 들어가야 합니다.

요즘 공사 중 사건·사고가 자주 발생하는데, 그 이유는 설계를 제대로 하더라도 공사 현장의 작업자들이 거의 다 외국인들이라 도면을 해석하는 능력이 떨어져 설계대로 공사를 못 해내기 때문입니다.

라멘구조 70층으로 설계하면, 하부층에서는 28mm나 32mm 굵기의 철근이 들어가게 되는데, 이 굵기는 사람이 혼자서 못 들고 크레인으로 일일이 작업해야 합니다.
그래서 공사 효율이 떨어지는 겁니다.

반면에, 벽식구조 49층에서는 상대적으로 얇은 철근이 들어가 작업자들이 손으로 운반할 수 있어 작업 효율이 높습니다.

넷째, 벽식구조의 경우 쾌적함이 뛰어납니다.

벽식구조의 경우 일자형으로 배치해, 남쪽과 북쪽에 창을 둘 수 있어 맞바람 통풍이 가능해 쾌적합니다.

그러나, 라멘구조로 된 탑상형의 경우 어쩔 수 없이 한쪽으로만 외기를 접하게 되므로, 맞바람이 불가능하고 거실이 북쪽을 향한 북향 세대가 나올 수 있습니다.

이 정도가 벽식구조의 장점입니다.

이번에는 구조상 장점 외에 다른 장점들에 대해 알아볼까요.

첫째, 사업 기간이 단축됩니다.

제가 예상하기에는 49층과 70층 사이에는 약 2년 정도 차이가 날 것 같습니다.

시간은 '돈'입니다!

조합 입장에서 2년이면, 재산세 2번 더 내야 하고, 현금청산자 청산금 이자와 사업비 이자가 2년 더 발생합니다.

그리고, 시공사 입찰할 때 공사비가 늘어납니다.

공사비는 재료비, 노무비, 관리비로 구성되어 있는데, 재료비는 70층이 더 들어가니 높아지는 게 당연하지만, 관리비도 상당히 많이 들어가게 됩니다.

그래서 결과적으로 물리적인 시설물 공사비뿐 아니라, 시공사의 현장 인건비 및 본사 인건비가 증액된다고 생각하시면 되겠습니다.

둘째, 49층으로 하면 설비 조닝(zoning)상 상부와 하부로 나누어 중간 한 층에만 부스터 펌프 시설을 설치하면 되나, 70층의 경우 상부, 중부, 하부의 3개의 구역으로 나누어야 하므로 두 개 층을 설비 층으로 내주어야 합니다.

100층을 짓는다면, 별 차이 없겠지만 70층을 지으면 손해입니다.

셋째, 대공포 등 이슈에서 자유롭습니다.

현대가 삼성동에서 100층을 50층대로 변경한 이유가 무엇이겠습니까?

현대에서 기념비적인 건물을 지으려고 하니, 국방부, 서울시, 강남구 등 여러 곳에서 인허가를 이유로 기여율은 높여 달라고 하니, 50층으로 변경한 것으로 저는 이해하고 있습니다.

우리도 70층 지으려고 하면 마찬가지일 겁니다.

그러면, 이렇게 49층과 70층의 장단점을 잘 알고 있는 제가 왜 70층을 주장할까요?

첫째, 저는 성수1구역은 '걸작(masterpiece)'으로 지어야 한다고 생각하기 때문입니다.

누가 뭐래도 성수1구역의 위치는 서울시에서 최고의 지역입니다.
한강을 남쪽에 두고, 서울숲을 바로 옆에 끼고 있는 최고의 입지입니다.

저는 개인적으로 서울에서 최고의 주거용 건물은 동부 이촌동의 '첼리투스'"라고 생각합니다.
첼리투스와 같은 독보적인 외관, 독보적인 높이를 가진 건축물이 지어져야 성수1구역이 제 가격을 받을 수 있을 겁니다.

요즘은 지방에서도 49층이 많이 지어져, 49층으로 걸작 소리를 듣기는 어렵습니다.

독보적인 위치에 독보적인 외관, 독보적인 높이로 지어져야 걸작의 반열에 오를 수 있습니다.

걸작인 미술품의 가치를 산정하기 어렵듯, 걸작인 건축물의 가치도 어디까지 올라갈지 가늠하기 어려울 겁니다.

둘째, 사업수익을 남기지 않기 위해서입니다.

제가 계산해 보니 49층으로 하면 사업비가 많이 줄어들어 사업수익이 많이 남을 것 같습니다.

사업수익이 남으면 조합원들이 사이좋게 나눠 가질 수 있을까요?

아마 그럴 수 없을 겁니다.

시공사가 공사비 올려 달라고 덤벼들 거고, 서울시와 성동구에서 더 많은 기부채납을 요구할 겁니다.

아예 모든 사업비를 공사비로 다 써버려야 그런 가능성을 애당초 없앨 수 있습니다.

공사비를 많이 들여 좋은 건축물을 짓는다면, 그 가치는 조합원이 온전히 누릴 수 있기 때문입니다.

예를 들어 조합원 1인당 5억 원씩 사업수익이 남는다고 하면, 조합이 법인세 25% 내고, 조합원별 양도세(또는 소득세) 30~40% 내고 나면, 조합원에게 돌아가는 돈은 2억 5천만 원도 안 될 겁니다.

그런데, 건축물의 가치를 올리기 위해 공사비에 좀 더 많은 돈을 투입한다면, 추후 아파트 가격이 우리 조합원들에게 온전히 돌아올 수 있습니다.

사업을 너무 단순하게 보지 마시고, 다양한 관계자들이 어떻게 행동할지에 대해 다각도로 한번 생각해 보시면 좋겠습니다.

남은 주말 즐겁게 보내세요!

감사합니다.

표정 36 · 댓글 10
좋아요 33 사랑해요 3

Q 원가법

 대화형 인공지능 서비스를 사용해, "감정평가 방식 중 원가법에 대해 요약해 줘"라는 질문에 대한 답변입니다.

원가법은 자산의 가치를 평가하는 주요 방법 중 하나로, 원가법을 통해 자산의 가치를 산정할 때는 재조달 원가와 감가상각을 고려합니다. 원가법은 주로 부동산, 건물, 기계류 등 물리적인 자산에 많이 사용됩니다.

주요 개념 및 원리
1. 재조달 원가 : 자산을 다시 현시점에서 똑같이 재구축하거나 재조달하는 데 드는 비용을 의미합니다. 이는 새로운 자산으로 교체하는 비용을 산정하는 것입니다. 재조달원가는 다시 물리적인 측면을 강조하는 재생산원가와 기능적인 측면을 강조하는 대체원가로 나뉩니다.
2. 감가상각 : 시간이 지남에 따라 자산의 가치가 감소하는 것을 의미합니다. 이는 물리적 감가, 기능적 감가, 경제적 감가로 나뉩니다.

원가법의 절차
1. 기초 데이터 수집 : 자산의 물리적 상태, 연령, 수명, 위치 등의 정보를 수집합니다.
2. 재조달 원가 산정 : 현재 시장 가격을 반영하여 자산의 대체 비용을 계산합니다.
3. 감가상각 적용 : 감가상각률을 적용하여 자산의 현재 가치를 산정합니다. 이는 주로 자산의 나이, 유지 관리 상태, 기능적 노후 등을 고려합니다.

장점
1. 객관성 : 원가법은 객관적 데이터에 근거하여 자산의 가치를 산정하므로 신뢰성 높은 결과를 도출할 수 있습니다.
2. 단순성 : 다른 감정평가 방식에 비해 비교적 간단하고 직관적입니다.

단점

1. 시장 반영 부족 : 시장 상황이나 수요 변화 등을 충분히 반영하기 어렵습니다.
2. 감가상각의 주관성 : 감가상각률을 설정하는 과정에서 평가자의 주관이 개입될 수 있습니다.

적용 범위와 제한 사항

원가법은 건물, 공장, 기계 설비 등 고정 자산의 평가에 주로 사용되며, 비교적 새롭고 자료 확보가 용이한 자산일수록 정확한 평가가 가능합니다. 그러나 시장 상황 변동이나 변동성이 큰 자산에는 적절하지 않을 수 있습니다.

결론

원가법은 특정 유형의 자산 평가에 유용하며 객관적이고 신뢰성 높은 평가를 제공할 수 있습니다. 다만, 시장 상황을 충분히 반영하기 어렵다는 단점이 있으므로, 다른 평가 방법과 병행하여 사용하는 것이 좋습니다. 원가법을 통한 감정평가는 감정평가사나 관련 전문가의 전문 지식과 경험이 필요합니다.

04 감정평가

[네이버 밴드 세 번째 글]

2024년 2월 5일 • 230 읽음

감정평가에 관해 몇 자 적어봅니다.

원래 부동산은 주식이나 금융상품과 같이 실시간으로 거래되는 자산이 아니므로, 일정한 목적, 일정한 시점의 가격을 정하기 위해 감정평가를 하는 것입니다.

다시 말하면, 부동산은 일정 시점의 시가를 산정하는 게 불가능하므로 감정평가사라는 제3의 전문가에게 맡겨, 분쟁이 발생할 수 있는 이슈들을 해결하려는 방법입니다.
물론 법원도 감정평가사의 전문성에 대해서는 인정하고 있습니다.

다만, 문제는 어떤 방식으로 감정평가를 하느냐에 따라 감정평가액이 아주 크게 달라질 수 있다는 점입니다.

지난 총회에서 설명한 감정평가사는 '거래사례비교법'을 이용해 평가했다고 했고, 이에 대한 평가액은 다들 알고 계실 겁니다.

그러면 제가 감정평가방식 중 하나인 '원가법'으로 아파트 감정평가액 산정해 볼까요?

강변동양아파트 대지지분을 10평으로 잡고(예시), 토지가는 단독주택 감정가 8천만 원 잡으면 8억 원 나오네요.

건물가는 재조달원가로 산정하기 위해 조합에서 제시한 평당 1,100만 원 잡으면 35평 기준 약 4억 원 나오네요.
여기에 건물분 감가상각 20년(예시) 잡고, 감가상각비 1.6억 원 빼주면

(4×20/50=1.6), 2.4억 원 나옵니다.

합하면 10.4억 원이네요.

이 방법도 감정평가법에서 정하고 있는 감정평가 방법 중 하나입니다. 아마 한남동 같은 곳은 거래사례비교법과 원가법을 적절히 섞어서 평가했을 겁니다.

이 금액은 단독주택 소유자인 저도 너무 낮은 금액이라고 생각합니다.

그래서 조합이 필요하고, 조합이 적절하게 역할을 해주어야 물건별 소유자들의 이해관계를 봉합하고 사업을 진행할 수 있을 겁니다.

감정평가사가 조합이나 조합원의 의견을 반영해 주지 않으면 타절하면 그만입니다.

요새 부동산 경기가 안 좋아 조합이 제시한 감정평가수수료 32억 원이면, 평가법인 줄 세울 수 있을 겁니다.

조합의 달라지는 모습 기대하겠습니다.

표정 22 • 댓글 28
좋아요 14 화나요 6 OK 1 사랑해요 1

> 재개발은 종전자산평가를 위한 감정평가가 중요합니다.
> 본 글은 서울시 정보몽땅에 공개된 각 조합원의 감정평가 금액을 확인한 후 올린 글입니다.
> 본격적으로 조합원들 간에 토론이 시작됩니다.
> 필자는 성수1구역의 단독주택을 보유하고 있습니다.

📝 댓글 모음

저는 감정평가사도 아니고, 일개 조합원에 불과합니다.
제가 쓰는 글들이 불편하신 분들이 많을 겁니다.
감정을 배제한 논리에 기초한 반론이라면 언제든 환영합니다.
치열하게 토의해야 승복도 빠르겠죠!

다른 조합원 댓글 ─────────────────────
더는 감정평가 문제로 공론화 안 했으면 하고, 공정한 감정평가업체의 감정평가를 폄훼하지 말고 기다려 달라는 의견

답변 댓글 ─────────────────────────
밴드의 목적은 다양한 조합원들의 의견을 조합에서 수렴하기 위한 장소이지, 조합이 자기 뜻을 하달하는 곳은 아니지 않을까요?
속도가 중요한 조합원도 있을 거고, 방향이 중요한 조합원도 있습니다.
여기 밴드에 조합장님과 조합 임원님들 보시라고 계속 올리는 겁니다.
조합원이 조합 밴드에 글 올리는 게 문제인가요?
저도 바쁜 사람입니다.
조합에서 잘하면 글 올릴 마음 전혀 없습니다.
그래도 제 재산은 제가 보호해야겠습니다.

다른 조합원 댓글 ─────────────────────
아파트 조합원은 소수인데, 감정평가를 다수결로 정하자는 의견인지?
전문가가 평가한 것을 인정하는 것이 공정한 것이 아닌지?

답변 댓글 ─────────────────────────
안녕하세요!
저는 조합원이지 조합집행부가 아닙니다.
조합원의 민원은 조합집행부가 해결해 줘야 할 사항입니다.
말씀하신 것처럼 단독주택 조합원이 대다수인데 조합은 어떻게 하실 건가요?

감정평가할 때 한 가지 방식이 아닌 다양한 방식을 사용해 달라는 내용입니다.
전문가가 하면 무조건 공정이 보장되는 건가요?
그럼 법원은 없어져도 되겠습니다.
혹시 조합집행부가 있으시면 빨리 대책회의 해서 해결책을 마련하는 게 순서 아닐까요?
조합원 입 막는 게 우선이 아니라.

다른 조합원 댓글
소송하세요.

답변 댓글
소송하고 말고는 제가 결정하겠습니다.
우선 조합이 조합원에게 최선을 다해 해결책을 마련해 주는 것이 순서일 겁니다.

다른 조합원 댓글
감정평가방식은 이미 통용되는 규정이 있고, 감정평가회사에서 알아서 할 일이라는 의견

답변 댓글
저는 회사원으로 감정평가법인에 일 시킨 경험이 여러 번 있었습니다.
제가 말한 감정평가방식 중 '원가법'이 새로운 규정이 전혀 아닙니다.
감정평가법인은 용역사이지 받들어 모실 대상이 아닙니다.
조합에서 용역사에 돈 주면서 일 시키면 용역사는 똑바로 해야 하는 것 아닐까요?

다른 조합원 댓글
주택이 평가의 최대 피해자이고 70층이 절대 선인 것처럼 주장하는 것이 불편하고, 댓글을 단 조합원도 빌라 소유자인데 불만이 있지만, 수수료 4천만 원인 형식적인 탁상 감정이라고 생각한다는 의견

답변 댓글
안녕하세요!
불편하신 부분 충분히 이해합니다.

그렇다고 가만히 있으면 안 될 것 같아 글을 쓰고 있습니다.
이렇게 한번 조합원들의 의견을 밝혀줘야 조합도 더 열심히 하겠죠.
탁상감정 보수가 4천만 원이었군요!
많이 가르쳐 주시기 바랍니다.
감사합니다.

다른 조합원 본문

과거 2011년 7월 23일 물건 유형별 과세시가표준액을 기준으로 한 자료를 제시, 비례율이 낮아진 이유에 대해 조합에 문의해야 한다는 의견

답변 댓글

○○○ 님이 조합집행부이신지 모르겠으나, 계속 두드리니 자료가 오픈되네요!!
○○○ 님 감사합니다.
조합설립 때 자료는 좀 더 봐야겠고, 제가 이해하는 바로는 비례율은 분양 수입 매출과 시공비 등 비용에 따라 변동되는 것으로 알고 있습니다.
결국, 조합에서 외부를 향해 싸워야 비례율을 높일 수 있을 것이니, 이 또한 조합집행부의 능력에 달려 있을 것입니다.
다만, 비례율이 높아지면 그만큼 조합의 법인세 부담이 높아지니, 단독주택 소유자의 종전 재산가액을 높여 단독 소유자들의 민원도 해결할 수 있겠네요.
조합집행부가 얼마만큼 단독주택 소유자의 기대에 부응할지 기대해 보겠습니다.
그리고 부탁이 있습니다.
예전 자료도 오픈하셨으니, 이번 총회에서 나온 자료도 오픈 부탁드립니다.
○○ 감정평가법인에서 전체 필지에 대해 탁상감정을 한 결과를 서울 정보몽땅에 올려 두었으니, ○○ 감정평가법인에 요청하셔서 밴드에 전체 필지 탁상감정액 공유 부탁드립니다.
객관성은 자료공개로부터 시작될 수 있다는 사실은 조합이 가장 잘 알고 계실 거라 생각됩니다. 이번에 잘 정리하면 추후에 관리처분인가 분쟁 없이 진행되겠죠.

다른 조합원 본문

재개발 감정평가 방법에 대한 설명

답변 댓글

안녕하세요!

○○○ 님은 조합분이신가 보네요.

답변 감사합니다.

주민들 대부분이 심각성을 모르시는 것 같아 글을 올리고 있습니다.

차분히 읽어보시면 이해도가 높아지겠죠

각 조합원 이해도가 높아지는 게 조합집행부에도 도움이 될 거라고 믿습니다.

제대로 된 감정평가가 아니니,

관리처분 시에 제대로 감정평가 받기 위해 이슈를 제기하는 겁니다.

비례율 맞춘 것은 이슈가 없습니다.

당연한 거니까요.

다만 조합원들 간 상대적인 위치에 대해 이슈를 제기하는 겁니다.

아파트는 시세 기준, 단독은 공시지가 기준이 불합리하다고 말씀드리는 겁니다.

당연히 조합에서 불법을 저질렀을 것으로 추호도 생각하지 않습니다.

그러니 자료를 공개해서 검증하자는 겁니다.

감사합니다.

거래사례비교법

 대화형 인공지능 서비스를 사용해, "감정평가 방식 중 거래사례법에 대해 요약해 줘"라는 질문에 대한 답변입니다.

거래사례비교법은 감정평가 방식 중 하나로, 주로 부동산 평가 시 많이 사용됩니다. 이 방법은 평가대상 자산과 유사한 자산의 최근 거래 사례를 비교하여 자산의 가치를 산정하는 방식입니다. 거래사례비교법은 시장 중심적 접근 방법 중 하나로, 시장에서 실제로 거래된 사례를 근거로 하므로 현실적인 시장 가치를 반영할 수 있는 장점이 있습니다.

주요 개념 및 원리
1. 유사 자산의 선택 : 평가대상 자산과 물리적, 경제적 조건이 유사한 자산을 선택합니다. 유사 자산은 위치, 크기, 사용 용도, 상태 등이 평가대상 자산과 최대한 비슷해야 합니다.
2. 거래 사례의 조사 : 최근의 거래 사례를 조사합니다. 이는 주로 부동산 거래 자료나 공공 데이터베이스를 통해 얻습니다.
3. 조정 과정 : 거래 사례와 평가대상 자산 간의 차이점을 분석하고, 차이에 따른 가격조정을 합니다. 조정 요소는 위치, 면적, 건축 연도, 상태, 편의 시설 등의 차이를 포함합니다.

거래사례비교법의 절차
1. 자료 수집 : 평가대상 자산과 유사한 자산의 거래 사례를 수집합니다.
2. 유사 자산 분석 : 수집된 거래 사례의 특성을 분석하여 평가대상 자산과의 유사성을 평가합니다.
3. 차이점 조정 : 평가대상 자산과 거래 사례 간의 차이점을 조정합니다. 이는 각 차이점이 자산 가치를 어떻게 변화시키는지를 고려하여 정량적으로 조정합니다.

4. 가격 산정 : 조정된 거래 사례 가격을 바탕으로 평가대상 자산의 가치를 산정합니다.

장점
1. 현실성 : 실제 거래 사례를 대상으로 하므로 현실적이고 신뢰성 높은 결과를 제공할 수 있습니다.
2. 객관성 : 시장에서 거래된 가격을 반영하므로 객관적인 평가가 가능합니다.

단점
1. 자료 부족 : 적절한 거래 사례가 부족할 경우 정확한 평가가 어려울 수 있습니다.
2. 조정의 복잡성 : 거래 사례와 평가대상 자산 간의 차이를 조정하는 과정이 복잡하여 신중한 접근이 필요합니다.

적용 범위와 제한 사항
거래사례비교법은 주로 주거용 부동산, 상업용 부동산 등 거래 사례가 충분히 확보될 수 있는 자산의 평가에 적합합니다. 거래가 드문 자산이나 유사한 거래 사례를 찾기 어려운 경우에는 한계가 있으며, 이런 경우 다른 평가 방법을 병행하는 것이 좋습니다.

결론
거래사례비교법은 현실적인 시장 가치를 반영할 수 있는 유용한 평가 방법으로, 유사 자산의 거래 사례를 통해 평가대상 자산의 가치를 산정합니다. 다만, 정확한 평가를 위해서는 충분한 거래 사례 확보와 신중한 조정 과정이 필요하며, 이를 위해 전문가의 경험과 지식이 요구됩니다.
거래사례비교법은 시장 중심적 평가 방식을 제공하여 신뢰성과 객관성이 높다는 장점이 있지만, 자료 부족 시에는 다른 평가 방법과 병행하여 사용하는 것이 바람직합니다.

05 꽃놀이패

[네이버 밴드 네 번째 글]

2024년 2월 6일 • 252 읽음

헐~~~ 대박!!!

13년 동안 아무것도 안 해도 4배 올랐네~

우선 ○○○ 님 감사드립니다.

조합관계자 중 아무도 나서지 않고 조용히 참관만 하는 데도 좋은 정보 올려주시고 로직을 설명해 주셨네요. 성수동은 로직(logic)이 아니라 매직(magic)입니다. 아무것도 안 하고 숨만 쉬어도 4배 ㅎㅎ
감사합니다.

2011년 자료를 보니 단독주택 소유자는 더욱 꽃놀이 패라는 게 밝혀지네요.

아파트, 연립, 빌라는 시간이 갈수록 감가상각 될 거고, 반면 단독은 지금도 낡아 빠져 건물값은 0원이라 더는 감가 상각될 것도 없고 시간은 단독주택 편이네요. 단독(비율)이 33%쯤 되니 더욱 좋네요.

앞으로 13년 후를 생각해 볼까요?
단독 평당 8천만 원이 3억 2천만 원 되어 있겠죠, 4배 대박.
아파트, 연립, 빌라도 그때쯤이면 낡아빠져서 건물값은 없어지겠죠.
아파트 대지지분 10평으로 평가받겠죠.
그때 가면 10평 32억 원 되겠네요, 축하드립니다.
30평 단독 소유자들은 94억 원 되겠습니다. 감축드립니다.

토지의 가치는 똑같다는 사실을 핏대 세우고 말할 필요도 없고, 공정, 공평을 논할 필요도 없겠죠.

조합원끼리 사이좋게 사업하면 되겠죠.

2, 3, 4지구 준공해서 아파트가 되겠죠.
1지구는 조합만 유지하고 있으면 기대감으로 땅값이 올라가겠죠.
성수동이 어디 가겠어요.
땅이 어디 가겠어요.

냅둬유~ 내 땅은 애나 주게~~~

지금 조합집행부는 사업을 하지 않고 지금처럼 13년을 더 버텨주시기를 간곡히 부탁드립니다.

긴 글 읽어주셔서 감사합니다.

좋은 하루들 보내세요.
오늘도 성수동 땅값은 올라갑니다. 영차영차~~

표정 8 · 댓글 34
화나요 6 좋아요 2

> 조합에서 진행한 일에 대해 비비 꼬아 썼더니,
> '망아지'와 '스크류바'라는 별명을 얻었습니다.
> 아직은 필자에 대해 조합원들이 잘 모르는 시기입니다.

댓글 모음

다른 조합원 댓글

사업이 진행되지 않는다면, 아파트, 연립, 빌라는 1 : 1 재건축이라도 가능하지만, 단독주택은 각자도생 또는 지역주택조합으로 해야 한다는 의견

답변 댓글

그러세요.
누가 말리겠어요.
자기 땅으로 자기가 사업하겠다는데.
근데, 음, 잘 되겠어요.
아파트, 연립, 빌라 소유자분들은 역시 돈이 많으신가 봐요.
일대일 재건축하면 한집당 5~10억 원은 들 텐데.
아직 모르겠어요?
아파트, 연립, 빌라가 토끼몰이 당하는 거.
빠져나가려면 손에 쥔 떡을 내놔야 한다는 거.
재개발은 조합 내에서 제로섬이라는 거.

다른 조합원 댓글

위 조합원 의견이 팩트라고 주장

답변 댓글

팩트 체크 감사합니다.
근데 단독은 안 망할걸요.
더 이상 감가상각도 없고 조합이 부동산 가격 유지하기 위해 조합도 유지해 줄 거고, 성수동 땅값은 올라갈 거고.
망한다면 구분소유자 건물이 낡아지면서 단독처럼 가격 떨어지면서 망하겠죠.
동병상련 아닙니까~
같은 1지구 조합원끼리 슬픔은 나눠야죠.
저희 단독 소유자들은 이미 다 겪은 일들입니다.

다른 조합원 댓글

총회 이후 망아지 한 마리가 나타나서 동네방네 휘젓고 다닌다는 의견

답변 댓글

망아지가 조합원이고 토지 소유자라 어쩔 수가 없네요.
많은 지도 편달 바랍니다.
그런데 망아지는 9년 전부터 있었습니다.
사람으로 있으려고 했는데 조합 때문에 망아지로 흑화해 버렸네요.
○○○ 님이 아니라, 조합장님이 밴드에 컨펌해 주시는 게 맞겠지요.

다른 조합원 댓글

2011년 과세시가표준액을 근거로 한 조합의 비례율 산정도 참고해야 한다는 의견

답변 댓글

2011년 근거는 과세시가표준액에 보정치를 둔 것으로, 추진위 단계에서 비용을 절감하기 위해 감정평가를 진행하지 않고, 개략적으로 산정한 것으로 보입니다.
대개 재개발 구역 내 단독주택의 경우 과세시가표준액이 높아지면 조합원의 재산세 부담이 높아져 해당 구청의 민원이 증대되므로 구청은 단독주택의 과세시가표준액을 낮게 유지합니다.
따라서, 2011년의 기준은 객관적인 자료로 볼 수 없다고 판단됩니다.
제가 알기로 도정법 어디에도 과표를 기준으로 종전자산을 산정하는 내용은 없습니다.

Q 수익환원법

 대화형 인공지능 서비스를 사용해, "감정평가 방식 중 수익환원법에 대해 요약해 줘"라는 질문에 대한 답변입니다.

수익환원법은 자산이 향후 창출할 수익을 근거로 자산의 가치를 평가하는 방법입니다. 이 방식은 주로 상업용 부동산, 임대 부동산 같은 수익성 자산에 많이 사용됩니다. 수익환원법은 자산이 미래에 걸쳐 창출할 수익을 현재 가치로 환원하여 자산의 현재 가치를 산정하게 됩니다.

주요 개념 및 원리
1. 순영업수익(Net Operating Income, NOI) : 자산의 총수익에서 운영비용을 차감한 금액으로, 세금, 이자, 감가상각 등을 고려하지 않은 순수 수익입니다.
2. 환원율(Capitalization Rate, Cap Rate) : 순영업수익을 현재 가치로 환원하는 비율입니다. 이는 위험도, 시장 조건, 자산 유형 등에 따라 달라집니다.
3. 할인율(Discount Rate) : 미래의 수익을 현재의 가치로 환원할 때 사용하는 비율로, 감가상각률이나 투자자의 기대 수익률을 반영합니다.

수익환원법의 절차
1. 순영업수익 산정 : 자산이 매년 창출할 수 있는 예상 순영업수익을 계산합니다. 이는 자산의 임대 수익에서 운영비용을 차감하여 산정됩니다.
2. 환원율 결정 : 해당 자산의 특성과 시장 상황을 고려하여 적절한 환원율을 결정합니다.
3. 자산 가치 산정 : 산정된 순영업수익을 환원율로 나누어 자산의 현재 가치를 계산합니다.
   자산 가치＝순영업수익 / 환원율

4. 할인법 적용(필요시) : 경우에 따라 여러 해 동안의 추정 수익을 할인율을 사용해 현재 가치로 환원할 수 있습니다.

장점
1. 현금 흐름 반영 : 자산의 수익성을 직접 반영하므로 평가가 현실적이고 투자자 관점에서 유용합니다.
2. 미래 가치 예측 : 미래의 수익을 고려하여 장기적 가치를 평가합니다.

단점
1. 변동성 : 예상 수익의 변동성 때문에 평가가 어렵고 불확실성이 큽니다.
2. 데이터 필요 : 신뢰할 수 있는 수익 및 비용 자료와 정확한 환원율 산정이 필요합니다.

적용 범위와 제한 사항
수익환원법은 주로 상업용 부동산, 임대 아파트, 호텔 등 수익성이 중요한 자산의 평가에 적합합니다. 그러나, 미래 수익의 예측이 어렵거나 매우 불확실한 경우 이 방법의 적용이 제한될 수 있습니다. 또한, 신뢰할 수 있는 수익 및 비용 데이터와 시장에 맞는 적절한 환원율을 얻기 어려운 경우에도 한계가 있습니다.

결론
수익환원법은 자산의 미래 수익을 현재 가치로 환원하여 자산 가치를 평가하는 유용한 방법입니다. 이를 통해 자산의 수익성을 정확히 반영할 수 있으며, 투자자 관점에서 유용한 평가 도구로 작용합니다. 그러나 변동성과 예측의 어려움 등 단점을 고려할 때, 신중한 접근이 필요하며, 필요시 다른 평가 방법과 병행하여 사용하는 것이 좋습니다. 수익환원법의 정확한 적용을 위해서는 감정평가사나 재무 전문가의 전문 지식과 경험이 필수적입니다.

06 ▶ 집합건물 원가법 평가   [네이버 밴드 마흔네 번째 글]

2024년 3월 14일 • 189 읽음

안녕하세요!

오늘부터 본격적으로 감정평가 이슈를 다루어 보고자 합니다.

이제 글 올릴 시간도 얼마 남지 않았으니, 이슈들을 하나하나 정리해야겠죠.

제가 지난번 현금청산자 청산금 산정하는 부분에서, 집합건물의 경우 단독과는 달리 건물면적 기준으로 평가되었다는 내용은 말씀드렸는데, 여러분들 기억하고 계시죠.

기억을 되살리기 위해 3월 5일 내용을 간략하게 정리해 보면(종전자산평가), 1구역 전체 집합건물의 면적은 15,466.97평으로, 평당 82백만 원을 적용해서 1조 2,743억 원으로 감정평가했습니다.
15,466.97평 × 82,390,453원/평 = 1,274,330,685,330원

오늘은 집합건물 외 토지 및 건물, 즉 단독주택 등을 평가한 방법인 '원가법'으로 집합건물을 평가해 보겠습니다.

집합건물(다세대주택, 빌라, 연립, 아파트)에 해당하는 토지면적은 23,961.54㎡로 7,243.33평입니다.

여기에 단독주택 등을 산정한 금액인 평당 78백만 원을 넣어 산정해 보면, 토지 평가액은 5,659억 원을 산출됩니다.
7,248.33평 × 78,079,90원/평 = 565,947,613,260원

건물면적은 다들 아시듯이, 15,466.97평이고 단독주택 등 건물을 산정한 평당 110만 원을 넣어 산정해 보면, 건물 평가액은 171억 원으로 산출됩니다.

15,466.97평 × 1,104,137원/평 = 17,077,657,140원

집합건물 토지 평가액과 건물 평가액을 합하면 5,830억 원으로 계산됩니다.

기존 평가액 1조 2,743억 원 대비 6,913억 원이 낮아졌습니다.
1조 2,743억 원 − 5,830억 원 = 6,913억 원

그러면, 우리 성수1구역 조합원 권리가액(현금청산분＋토지원가)에서 단독주택과 집합건물이 차지하는 비율을 알아볼까요.

총회 자료에 따른 평가액은 단독주택 등 2조 6,446억 원으로 67.48%, 집합건물은 1조 2,743억 원으로 32.52%로 산정했으나, 제가 산정한 원가법에 따르면, 단독주택 등 2조 6,446억 원으로 81.94%, 집합건물은 5,830억 원으로 18.08%로 산정됩니다.

공교롭게도 예전에 알아본 바와 같이, 토지면적 기준으로 우리 1구역 단독주택 등은 82.1%, 집합건물은 17.9%로 구성되어 있습니다.

어느 방법이 더 공정해 보이시나요?

간단히 말하면, 총회 자료에서 거래사례비교법에 따라 산정된 금액과 제가 원가법에 따라 산정한 금액의 차에 해당하는 6,913억 원은 재개발 사업의 원재료에 해당하는 토지면적과는 무관하게 집합건물 소유자에게 추가되었습니다.

오늘은 여기까지입니다.

감사합니다.

표정 17 • 댓글 36
좋아요 17

댓글 모음

다른 조합원 댓글

감정평가 방법 중 집합건물의 경우 거래사례비교법을 사용하는 것이 정당하고 순리이며, 법원 판결도 정당성을 인정하고 있음
재개발은 단순히 면적으로 비교해서는 안 되며, 조합원 수가 더 중요한 요소라는 의견

답변 댓글

안녕하세요?
말씀 주시는 부분은 제가 차례차례 말씀드리겠습니다.
제 글을 보셔서 아시겠지만, 저는 시리즈로 글을 쓰니, 차츰차츰 깊이 들어갈 겁니다.
내일은 좀 더 재미있을 거예요.
그래도 질문을 하시니 우선 대답해 드리지요.
○○○ 님 감정평가사세요?
저는 아닙니다.
혹시 아니시면, 각자 의견을 얘기할 수 있는 겁니다.
너무 가르치려고 들지 마세요.
저도 배우는 건 신물이 날 만큼 배웠답니다.
토지면적이 중요한지?
사람 수가 중요한지?
사람 수 빼도 사업할 수 있는 지로 판단하면 되겠죠.
강변동양아파트 141세대이니, 전체 조합원 1,371명 기준 10.28%네요.
다수결에 큰 영향이 없을 것 같은데요, 애석하게도.
70층 논쟁에서는 다수결이 엄청 중요하다고 따라야 한다고 주장하셨던 것 같은데, 다수결이 안 중요한 가봐요.
감사합니다.

다른 조합원 댓글

(필자는 단독주택 소유자로) 본심이 나왔다는 의견
이제까지의 글이 필자가 소유한 단독을 위한 미끼처럼 보인다는 의견

답변 댓글
Bingo!
피날레는 가장 중요한 이슈로 장식해야죠.
본성이라 하시면, 너무 똑똑한 본성을 말씀하시는 건지요?
아니면, 착하신 아파트 분들이 단독 분들께 재산 좀 나눠주시죠!

다른 조합원 댓글
아파트를 제척하고 진행해 봐라.
소수라고 함부로 하면 배가 산으로 갈 수 있다는 의견

답변 댓글
안녕하세요!
맞는 말씀이세요.
누구를 무시하면 되겠습니까? 다 같은 조합원인데요.
다만, 단독주택이 평가에서 무시당한 것 같아, 무시당한 서러움을 정리해 본 겁니다.
아파트 무시하면 배가 산으로 갈 수 있겠지만, 단독 무시하면 배가 출발도 못 할 겁니다.
감사합니다.

다른 조합원 댓글
감정평가사가 아닌 조합원이 감정평가를 어거지로 할까 봐 걱정된다는 의견

답변 댓글
안녕하세요!
당연히 감정평가사가 아니지요.
제 글들 보셔서 아시잖아요.
제가 어거지로 막 뭐하고 그런 사람 아닙니다.
걱정 안 하셔도 되세요!
감사합니다.

다른 조합원 댓글

모든 개발사업의 핵심 원재료는 토지입니다.

개발예정지에서는 시장가격 왜곡 현상을 흔하게 보게 됩니다.

대지지분이 상대적으로 많은 단독주택과 집합건물의 비율 차이가 심하다고 생각합니다.

감정평가업체가 선정되면 의견을 개진하겠다는 의견

답변 댓글

안녕하세요!

업체 선정된 후 의견을 개진하면 늦을 겁니다.

우선 기존에 감정한 '○○ 감정평가법인'부터 아웃시켜야 합니다.

전문가라고 불리는 사람들은 한번 편향에 빠지면 돌리기가 어렵거든요.

그래서 성동구청에 민원을 넣든 해서 ○○ 감정평가법인부터 빼버려야 합니다.

그래야 시작부터 공정해지죠.

감사합니다.

다른 조합원 댓글

법원에서 소송으로 따지라는 의견과 감정평가사의 평가를 비난하는 것은 판사의 판결을 비난하는 것과 동일하다는 의견

답변 댓글

안녕하세요!

법원 판사 결정도 따지느라 항소심, 상고심에 가는데, 감정평가사 평가를 못 따질 이유가 뭐가 있을까요? 감정평가사한테 먼저 따지고, 안 되면 그때 가서 소송하면 되지요.

감사합니다.

다른 조합원 댓글

오늘 글을 보면 절대다수의 단독주택 소유자의 목을 비틀어서 아파트 등 소수의 조합원들께 상납하는 꼴이군요.

이런 식의 재개발이면 동의 못 한다는 의견

다른 조합원 댓글
드디어 본성이 드러난다는 의견

답변 댓글
안녕하세요!
선생님 말씀이 맞습니다.
각자 재산은 각자가 지켜야지요. 다른 조합원 재산을 탐내면 되나요.
저도 제 재산 지키기 위해 최선을 다하겠습니다.
감사합니다.

다른 조합원 댓글
○○○ 아파트는 요즘 가장 핫한 한강의 파노라마 뷰를 볼 수 있는 입지라는 의견

답변 댓글
선생님, 당연히 ○○○ 아파트가 좋다는 건 잘 알고 있습니다.
제가 그 부분도 정리해 드리겠습니다.
다음 주까지 평가 관련된 글을 올릴 예정이오니, 찬찬히 보시면 많이 도움이 되실 겁니다. 그리고, 아파트와 단독이 모두 만족할 수 있는 방법도 찾고 있으니 기대해 주세요.
○○○ 아파트가 좋다면, 성수1구역에 있는 단독도 좋다는 뜻이겠죠.
감사합니다.

다른 조합원 댓글
자신의 단독이 과소평가된 것을 이유로 남의 재산이 과대평가되었다고 하는 것이 옳은 것인지에 대한 의견

답변 댓글
그게, 상대적인 문제라서요!
예전에 설명해 드렸던 것 같은데, 오늘 댓글 질문들은 내일 올리는 글에서 자세히 설명하겠습니다.
감사합니다!

다른 조합원 댓글

분란을 조장하지 말고, 감정평가에 대해 이의신청 하여 재심을 받아보라는 의견

답변 댓글

아직 본 감정이 아니니까요!
그럴 필요는 없어 보입니다.

다른 조합원 댓글

남의 재산으로 왈가왈부하지 말라는 의견

답변 댓글

네, 선생님!
앞으로 조심하겠습니다.

다른 조합원 댓글

토지거래허가구역으로 인해 실거주가 어려운 단독주택 가격만 하향 안정화되어 있어, 이를 감정평가에 반영해야 한다는 의견

답변 댓글

네, 선생님!
그 부분을 반영하기 위해서 오늘 글을 올렸습니다.
딱 20% 정도 반영된 수지분석 자료는 다음 주에 올릴 겁니다.
저와 생각이 동일하시네요.
감사합니다!

다른 조합원 댓글

한남 O 구역의 경우 주택 빌라 연립 아파트 금액에서 주택을 1로 기준으로 하면 1 : 2.13 : 2.04 : 2.28로 산정되었으니, 성수도 본 평가에서 한남 O, O 구역 감정평가에 수렴하여 대폭 완화될 것으로 보인다는 의견

답변 댓글

안녕하세요!
제 글을 모두 읽으셨는지는 모르겠지만, 제가 곧 글을 그만 쓸 생각입니다.
그래서 제가 생각하는 내용을 밴드에 박제해 두기 위해 글을 쓰고 있습니다.
그리고, 혹시나 책으로 발간되면 평가사에게도 한 부 보내려구요.
감사합니다.

다른 조합원 댓글

한남 ○ 구역과 아파트와 성수 ○○ 아파트는 입지와 노후도에서 성수 ○○ 아파트가 훨씬 좋아 비교가 안 된다는 의견

답변 댓글

안녕하세요!
잠시 두 분 말씀에 끼어들자면, 파노라마 아파트는 자양동에도 있고, 광장동에도 있습니다.
노후도 문제는 원가법에 따른 건물값으로 충분히 높여 드릴 수 있습니다.
참전해서 죄송했습니다!

다른 조합원 댓글

성수의 파노라마 뷰와 다른 곳의 파노라마 뷰는 다르다는 의견

답변 댓글

선생님, 맞는 말씀이세요.
당연히 성수의 파노라마 뷰와 다른 곳의 파노라마 뷰는 다르죠.
그게 바로 성수동의 가치입니다.
그 성수동의 가치는 땅값에 포함되어야 하는 거구요.
드디어 저와 생각이 동일해지셨네요.
감사합니다.

다른 조합원 댓글

말을 돌린다는 의견

답변 댓글

왜 말을 돌린다고 하시는지요?
제가 이해를 못 했습니다.
선생님께서 말씀하시는 것처럼 성수동 파노라마 뷰가 다른 곳과는 다르니, 제 가치를 받아야 한다고 주장하시는 것과 제가 성수동은 가치가 뛰어난 곳이니 땅값, 즉 감정평가를 제대로 받아야 한다. 는 같은 주장 아닌지요?
선생님과 저의 주장이 모두 성수동이라는 특수성을 감안해서 평가해야 한다 아닌지요?
위의 한남 ○ 구역 사례에서 보면, 아파트 층수, 즉 조망권에 따라 저층은 낮게 고층은 높게 감정한 거로 나옵니다.
그걸로 아파트 내에서 뷰에 대한 가치는 산정한 거고, 말씀하신 것처럼 강변에 있는 파노라마 뷰는 성수동에도 있고, 자양동에도 있고, 광장동에도 있다는 얘기입니다. 더 설명이 필요할까요?
말씀하시는 내용을 보면, ○○○○ 아파트에서도 5층 이하 저층 조합원들께서는 싫어하시겠는데요.
파노라마 뷰는 아파트 전체 평가금액이 나오면 그 안에서 논의하시면 될 문제 같은데요.

답변 댓글

안녕하세요!
맞는 말씀입니다.
요즘 설계사무소에서 도면 그리고, 조합에서 별로 할 일도 없을 터인데, 이 이슈를 미리 많이 다루어 두면 나중에 관리처분계획인가 시에는 아주 부드럽게 정리될 거예요!
제가 조합에서 할 일 대신에 하면서, 조합에서 욕먹을 거 대신 먹어가면서, 조합에서 고생하실 문제에 대해 시간 아껴드리려고 말씀드리는 건데 다들 아실지 모르겠네요.
감사합니다.

단독주택과 집합건물(공동주택)의 평가 방법

 감정평가에 관한 규칙(시행 2023. 9. 14./국토교통부령 제1253호)에 따르면, 목적물에 따른 평가 방법이 규정되어 있습니다.

단독주택 감정평가 방법

제14조(토지의 감정평가) ① 감정평가법인등은 법 제3조제1항 본문에 따라 토지를 감정평가할 때에는 공시지가기준법을 적용해야 한다. 〈개정 2016.8.31., 2022.1.21.〉
② 감정평가법인등은 공시지가기준법에 따라 토지를 감정평가할 때에 다음 각 호의 순서에 따라야 한다. 〈개정 2013.3.23., 2015.12.14., 2016.8.31., 2022.1.21., 2023.9.14.〉
1. 비교표준지 선정 : 인근지역에 있는 표준지 중에서 대상토지와 용도지역·이용상황·주변환경 등이 같거나 비슷한 표준지를 선정할 것. 다만, 인근지역에 적절한 표준지가 없는 경우에는 인근지역과 유사한 지역적 특성을 갖는 동일수급권 안의 유사지역에 있는 표준지를 선정할 수 있다.
2. 시점수정 : 「부동산 거래신고 등에 관한 법률」 제19조에 따라 국토교통부장관이 조사·발표하는 비교표준지가 있는 시·군·구의 같은 용도지역 지가변동률을 적용할 것. 다만, 다음 각 목의 경우에는 그러하지 아니하다.
    가. 같은 용도지역의 지가변동률을 적용하는 것이 불가능하거나 적절하지 아니하다고 판단되는 경우에는 공법상 제한이 같거나 비슷한 용도지역의 지가변동률, 이용상황별 지가변동률 또는 해당 시·군·구의 평균지가변동률을 적용할 것
    나. 지가변동률을 적용하는 것이 불가능하거나 적절하지 아니한 경우에는 「한국은행법」 제86조에 따라 한국은행이 조사·발표하는 생산자물가지수에 따라 산정된 생산자물가상승률을 적용할 것
3. 지역요인 비교
4. 개별요인 비교
5. 그 밖의 요인 보정 : 대상토지의 인근지역 또는 동일수급권내 유사지역의 가치형성 요인이 유사한 정상적인 거래사례 또는 평가사례 등을 고려할 것
③ 감정평가법인등은 법 제3조제1항 단서에 따라 적정한 실거래가를 기준으로 토지를 감정평가할 때에는 거래사례비교법을 적용해야 한다. 〈신설 2016.8.31., 2022.1.21.〉
④ 감정평가법인등은 법 제3조제2항에 따라 토지를 감정평가할 때에는 제1항부터 제3항까지의 규정을 적용하되, 해당 토지의 임대료, 조성비용 등을 고려하여 감정평가할 수 있다. 〈신설 2016.8.31., 2022.1.21.〉
제15조(건물의 감정평가) ① 감정평가법인등은 건물을 감정평가할 때에 원가법을 적용해야 한다. 〈개정 2022.1.21.〉
② 삭제 〈2016.8.31.〉

집합건물 감정평가 방법

제16조(토지와 건물의 일괄감정평가) 감정평가법인등은 「집합건물의 소유 및 관리에 관한 법률」에 따른 구분소유권의 대상이 되는 건물부분과 그 대지사용권을 일괄하여 감정평가하는 경우 등 제7조 제2항에 따라 토지와 건물을 일괄하여 감정평가할 때에는 거래사례비교법을 적용해야 한다. 이 경우 감정평가액은 합리적인 기준에 따라 토지가액과 건물가액으로 구분하여 표시할 수 있다. 〈개정 2022.1.21.〉

감정평가방법의 적용 및 시산가액 조정

제12조(감정평가방법의 적용 및 시산가액 조정) ① 감정평가법인등은 제14조부터 제26조까지의 규정에서 대상물건별로 정한 감정평가방법(이하 "주된 방법"이라 한다)을 적용하여 감정평가해야 한다. 다만, 주된 방법을 적용하는 것이 곤란하거나 부적절한 경우에는 다른 감정평가방법을 적용할 수 있다. 〈개정 2022.1.21.〉
② 감정평가법인등은 대상물건의 감정평가액을 결정하기 위하여 제1항에 따라 어느 하나의 감정평가방법을 적용하여 산정(算定)한 가액[이하 "시산가액(試算價額)"이라 한다]을 제11조 각 호의 감정평가방식 중 다른 감정평가방식에 속하는 하나 이상의 감정평가방법(이 경우 공시지가기준법과 그 밖의 비교방식에 속한 감정평가방법은 서로 다른 감정평가방식에 속한 것으로 본다)으로 산출한 시산가액과 비교하여 합리성을 검토해야 한다. 다만, 대상물건의 특성 등으로 인하여 다른 감정평가방법을 적용하는 것이 곤란하거나 불필요한 경우에는 그렇지 않다. 〈개정 2022.1.21.〉
③ 감정평가법인등은 제2항에 따른 검토 결과 제1항에 따라 산출한 시산가액의 합리성이 없다고 판단되는 경우에는 주된 방법 및 다른 감정평가방법으로 산출한 시산가액을 조정하여 감정평가액을 결정할 수 있다. 〈개정 2022.1.21.〉

위 감정평가에관한규칙에 따르면, 재개발 구역 내 단독주택 토지는 공시지가기준법에 따라, 단독주택 건물은 원가법에 따라 평가하고, 집합건물의 경우 거래사례비교법을 적용하여 평가하도록 규정되어 있습니다.

다만, 평가 방법에 따른 가액 차이가 현저할 경우를 대비해 제12조 제2항에 따라 다른 평가 방법과의 비교를 통해 가격의 합리성을 검토하게 되어 있습니다.

07 사업성이 좋은 이유

[네이버 밴드 마흔여섯 번째 글]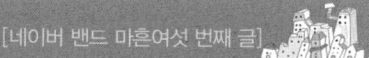

2024년 3월 16일 • 194 읽음

안녕하세요!

제가 글을 쓰는 동안 계속해서, 우리 성수1구역은 "사업성이 좋다", "서울에서 최고의 입지다"라고 강조해 왔는데, 그 이유는 뭘까요?

오늘은 우리 성수1구역의 사업성이 좋은 이유에 대해서 알아보고자 합니다.

우리 성수1구역 전체 사유지 대지면적은 40,485.18평입니다.
사유지 토지면적 중 단독주택 등에 해당하는 토지면적은 33,236.84평이고, 건물면적은 44,804.74평으로, 단독주택 등에 해당하는 용적률은 134.80%입니다. (44,804.74 / 33,236.84 × 100 = 134.80%)

건물면적 중 지하면적도 포함되었을 거로 보이는데, 이에 대한 정보가 없어 모두 지상층으로 가정하고 계산합니다.
참고로, '단독주택 등'은 단독주택, 다가구주택, 상업용 건물, 주상용 건물, 나대지, 도로, 공장 등을 포함하는 개념입니다.

이제 집합건물에 대해 알아볼까요!
사유지 토지면적 중 집합건물에 해당하는 토지면적은 7,248.33평이고, 건물면적은 15,466.97평으로, 집합건물에 해당하는 용적률은 213.39%입니다. (15,466.97 / 7,248.33 × 100 = 213.39%)

그나마, 다세대주택, 빌라, 연립주택의 상대적으로 낮은 용적률이 'ㅇㅇㅇㅇ아파트'의 높은 용적률 310%를 낮춰 주었네요.
참고로, '집합건물'은 다세대주택, 빌라, 연립주택, 아파트 등을 포함하는 개념입니다.

그럼 이제, 단독주택과 집합건물의 용적률을 합해볼까요!
전체 대지면적은 40,485.18평이고, 단독주택 등과 집합건물의 건물면적을 합하면 60,271.71평으로, 1구역 전체 용적률은 148.87%가 됩니다.

제가 무슨 말 하려는지 감이 오시나요?
우리 성수1구역에서 사업성이 나오는 이유는 전적으로 단독주택, 상업용 건물, 주상용 건물 등의 낮은 용적률 덕분입니다.

면적으로 살펴보면, 전체 토지 100% 중 단독주택, 상업용 건물, 주상용 건물은 68%를 차지합니다.
단독주택 등의 낮은 용적률로 인해 집합건물을 포함하더라도 전체 용적률이 150%가 안 되니 사업성이 나오는 겁니다.

요즘 강남에서 사업성이 안 나와 조합원들이 분담금을 10억씩 내야 한다. 라는 말들이 나오죠?
그게 다 기존 건물의 용적률이 높아서 생기는 문제입니다.

기존 용적률이 200% 내외가 되어버리면, 세대별 깔고 있는 대지지분이 얼마 되지 않아 요즘 많이 오른 공사비 때문에 사업성이 나올 수가 없습니다.
그런데, 우리 성수1구역은 단독주택 등의 낮은 용적률 덕분에 집합건물도 사업성이 나오는 것으로 '착각'하는 겁니다.

즉, 우리 성수1구역의 사업성에 대한 기여도는 '단독주택 등 > 다세대주택 > 빌라, 연립 > 아파트' 순으로 표현할 수 있습니다.
그런데, 지난번 감정평가사는 사업성에 대한 기여도와는 반대로 평가했었죠.

지난번 제가 감정평가의 불합리함에 대해서 글을 올린 적이 있었는데, 그 당시 집합건물 소유자들의 주된 주장은 아파트가 단독주택보다 비싸게 샀으니 더 높은 평가금액으로 평가받아야 한다는 주장과 아파트가 강변에 바로 붙어 있으니 조망권의 가치를 평가받아야 한다. 정도로 기억합니다.

이 부분에 대해서는 다음 주에 감정평가 원칙을 기준으로 다시 한번 소상하게 말씀드리기로 하겠습니다.

오늘 제가 하고 싶은 가장 중요한 얘기는 단독주택 등 소유자들이 아파트를 빼고 사업하면 사업성이 엄청나게 좋아진다는 사실입니다.
연립, 빌라, 다세대주택은 사업지 중간중간에 박혀 있으니 같이 사업을 해야 겠지만, 아파트는 강변에 꼭 붙어 있으니 빼고 할 수도 있겠지요.
어차피 ○○○○ 아파트 빼고 해도 50층이나 70층으로 지으면, 조합원들 새 아파트 조망권 가릴 일도 없고, 별문제 될 게 없어 보입니다.

○○○○ 아파트 소유자 여러분!
그렇게 좋다고 주장하는 ○○○○ 아파트라면 영구조망권도 지키셔야 하니, 지금이라도 성수1구역에서 제외해 달라고 성동구청과 서울시청에 민원 좀 넣어주세요.

서울시장님은 예전에 서부이촌동에서 ○○ 아파트를 제외한 경험이 있으셔서, 시원하게 재개발 구역에서 제외해 주실 겁니다.
혹시라도 만에 하나 재개발 구역에서 제척되는 게 싫으시다면, 앞으로 단독주택 소유자들 눈치 좀 보셔야 할 겁니다.
토지면적으로 보나, 조합원 수로 보나 대세는 단독주택 소유자들이니까요.

아니, 벌써 아시는 분도 계시는 거 같더라구요.

오늘은 여기까지입니다.
감사합니다.

표정 28 • 댓글 14
좋아요 20 싫어요 5 놀라요 2 OK 1

댓글 모음

필자 댓글

제가 흑색선전을 하는 것도 아니고, 담담하게 팩트를 말씀드리는 건데, 자꾸 다른 데로 가서 하라고 하시면 어떻게 해야 할지 모르겠네요.
그것도 소수가 다수에게, 이제까지 단독 여러분들, 조합 내에서 이런 대접을 받고 계셨었나요? 저는 잘 몰랐습니다.
이제 글 쓸 날도 오늘 빼고 8일 남았으니, 그냥 여기 눌러앉아 쓰려구요.
이제 제 고정 팬도 좀 계신 것 같은데, 잘 부탁드립니다.

다른 조합원 댓글

필자가 조합원들을 갈라치기 한다는 의견
감정평가에 불만 있으면 구청에 이의신청하라는 의견

답변 댓글

안녕하세요!
저는 이곳에서 갈라치기를 할 이유가 없습니다.
조합에서 미관말직이라도 할 마음이 1도 없는데, 무슨 정치를 하겠습니까?
오늘 올린 글은 감정평가 내용이 아니고, 단순한 용적률 비교입니다.
용적률 비교하는데 감정평가사가 해야 할까요?
밴드의 목적을 잘 생각해 보세요!
밴드는 조합원들이 각자의 의견을 개진하고, 조합은 이 중에 합리적인 것들을 받아들일 목적으로 시작되었을 겁니다.
○○○ 님께서 하시는 말씀은 언론통제와 똑같습니다.
○○○ 신문이 현 정부와 다른 의견을 개진한다고 폐간해서야 되겠습니까?
제가 아파트 조합원들과 다른 의견을 개진한다고 제 입을 막아서야 되겠습니까?
그게 독재정치 아닐까요?
제가 말씀드렸듯이 현재는 탁상감정으로, 구청에 이의신청하고 말고 할 대상이 아닙니다.
마지막으로 사실, 조합 임원들께서도 물건들 소유자이실 텐데 은근히 제가 올리는 글을 좋아하는 분도 계시지 않을까요?

그동안 아파트 소유자 중에 big mouth가 많아서 얘기하기 힘들었는데, 제가 고마운 임원분도 계실 것 같은데요!
그냥 제 상상입니다.

다른 조합원 댓글
아파트는 제척한다는 불손한 언동은 삼가 달라는 의견

답변 댓글
안녕하세요!
저는 한 번도 아파트를 제척하겠다고 하지 않았습니다.
제 글을 잘 읽어보시면, 아파트 용적률이 높아 성수1구역 사업성을 깎아내리고 있다는 것을 말씀드린 겁니다.
이건 사실이지 않습니까?

다른 조합원 댓글
그러면, 토지면적으로 평가하는 것이 공정하다는 것인데 말도 안 되는 소리라는 의견

답변 댓글
○○○ 님, 섭섭합니다!
그동안 제 글을 보셔서 아시듯이, 저는 법과 규정과 원칙을 잘 알고 있습니다.
어떻게 감정평가 원칙을 깨고 토지면적 기준으로 하자고 하겠습니까?
저 그렇게 경우 없는 사람 아닙니다.
제가 아무런 해결 방안도 없이 도발을 시작했겠습니까?
아마! 제 플랜을 들으시면 이마를 '탁' 치실 겁니다.
지금 정리하고 있으니, 다음 주까지만 기다려 주세요.

다른 조합원 댓글
본문을 수정했다는 의견

답변 댓글
정정하지 않았는데요??

무슨 말씀이신지?
저는 보통 글을 쓰기 5일 전에 주제 잡고, 3일 전에 초안 쓰고, 2일 전에 다른 분께서 공격하실 포인트 검토하고, 하루 전에 오타 잡고, 글을 올립니다.
글을 올리면 본문을 수정하지 않습니다.
보기엔 대강 쓰는 것 같아도 상당한 공력이 들어간답니다.

다른 조합원 댓글

필자의 글을 읽으면 선동당하는 느낌을 강하게 받는다는 의견
새로운 분란을 조성하고 있고, 단독 매입할 때 감정평가 방법을 알고서 매수하지 않았나는 의견

답변 댓글

○○○ 님, 안녕하세요!
선동하는 느낌이 아니라, 설득당하고 있다는 느낌이 정확하지 않을까요?
제가 근거 없는 내용을 올리는 것도 아니고, 총회 자료, 즉 모두에게 개방된 자료를 바탕으로 제 주장을 펼치고 있는데, 왜 선동한다고 하시는지.
오히려 기존 조합집행부에서 잘못된 총회 자료로 조합원들을 선동하신 건 아니신지요?
저는 그렇게 느껴서 글을 써왔습니다.
혹시 제가 잘못된 사실을 알려드릴까 봐 예전에 공부했던 감정평가 책을 하나하나 새로 공부하며 글을 쓰고 있답니다.
제 목적도 벌써 여러 번 말씀드렸었는데요, 관리처분계획인가 시에 부드럽게 진행하려면, 미리미리 각자의 속내를 드러내 놓고 이렇게 갑론을박하는 자리가 꼭 필요하다고 생각합니다.
지금 (조합이) 별로 하는 것도 없잖아요!
감사합니다!

다른 조합원 댓글

한남 재개발 구역 등 다른 곳에 비해 성수 단독주택의 감정평가가 높게 나왔다는 의견

답변 댓글

○○○ 님, 안녕하세요!

제가 그렇게 오랫동안 비례율의 논리를 설명해 왔는데, 아직도 완벽하게 이해하지 못하신 것 같습니다.
재개발 종전평가는 단독의 절대적인 평가금액이 높은 게 중요한 게 아니라, 다른 물건과의 상대적인 가격이 중요한 겁니다.
한남 ○ 구역과 ○ 구역의 단독주택 평균 평가가격과 아파트 평균 평가가격은 어떻게 되는지 질문드려도 될지요? 그리고, 제가 단독 분들 전화를 몇 번 받았었는데, 이제까지 단독 분들이 감정평가 이슈를 제기하지 않은 이유는 논리를 몰라서, 지식이 없어서 이슈를 제기하지 못했다고 들었습니다.
제가 재능기부로 단독주택 소유자분들 지식을 높이고 있는데, 그게 무슨 문제인가요? 자꾸 저에게 갈라치기를 한다고 하시는데, 제가 왜 목적도 없이 갈라치기를 하겠습니까? 단독주택 소유자분들의 재개발에 대한 이해도가 높아지면 억울한 일도 당하지 않을 것이고, 조합원 중 대다수를 차지하는 단독 소유자들이 만족할 수 있는 평가를 받는다면 사업도 빨라질 겁니다. 제 말이 궤변이라면 논리로 깨부숴 주십시오.
제가 이 글을 오늘 올린 이유는 댓글들에 모두 대답하기 위해서였습니다.
탁월한 논리적 반증 기대하고 있겠습니다.

다른 조합원 댓글
한남과 성수의 단독과 다세대 감평평가 비율에서도 큰 차이가 없다는 의견

답변 댓글
아! 그리고 제가 말씀드린 적이 있었는데, 성수를 한남과 비교하시니 정말 섭섭합니다. 국평기준, 한남 재개발 완료되면 40억 원, 성수 재개발 완료되면 50억일 겁니다.

다른 조합원 본문
단독만을 위한 갈라치기와 궤변이란 말씀에 동의할 수 없고, 평가금액의 많고 적음보다는 단독주택 평가금액과 아파트 평가금액의 비교율이 다른 지역에 비해 너무 높게 되어 있어 보정 시 이를 균형 있게 바로잡아야 한다는 의견.
대다수의 조합원이 공감하는 사실을 갈라치기로 몰지 말라는 의견

다른 조합원 댓글
큰 차이가 있다면 바로잡아야 하지만 큰 차이가 없다는 의견

다른 조합원 댓글

아파트라고 같은 비율이 될 수가 없음

한남 ○ 구역의 아파트는 입지나 노후도가 심해 시가가 빌라와 크게 차이가 없어 저평가를 받은 것이지만, ○○○○ 아파트는 입지나 노후도가 양호하여 상대적으로 고평가를 받은 것으로 알고 있음

감정평가사의 평가는 객관적이고 공정한 기준에 의하여야 하지 주먹구구식으로 하는 것이 아니라는 의견

다른 조합원 댓글

처음 매매를 위해 부동산에 갔을 때 단독주택의 가격이 훨씬 낮았고, 시장가격에 맞추어 이뤄진 가격이라는 의견

그런데도 불만이 있다면 서울시에 민원제기를 하거나 법 개정을 위해 힘써 보는 게 좋겠다는 의견

답변 댓글

안녕하세요!

제가 여러 번 말씀드렸듯이, 제가 글을 쓰는 목적은 단독주택 조합원들의 지식수준을 끌어올리기 위해서입니다. 각 조합원의 부동산 매매가격을 감정가에 반영해야 한다는 말은 처음 들어봅니다. 시장가격이라고 하시니, 제 말이 그 말입니다.

토지거래허가제 때문에 단독은 시장가격이 제대로 형성되지 못해서요.

뭘 작은 집 하나 가지고 법 개정까지 하겠어요.

다른 조합원 댓글

다세대와 아파트는 거래사례비교법으로 시장가격이 반영된다는 의견

답변 댓글

네, 잘 알고 있습니다.

개발이익이 포함되지 않은 거래사례를 참고해야 한다는 것도 알고 있습니다.

다른 조합원 댓글

필자의 고난도 갈등 조장이 걱정되며, 집합건물에 원가법을 쓰지 않으면 소송할 것인지

에 대한 질문

답변 댓글
안녕하세요!
제가 원하는 것은 단독이 각성해서 자기 권리 찾자는 겁니다.
아파트 입장에서 보면 갈등 조장이라고 할 수 있겠네요.
단독 입장에서 보면 자기 권리 찾기입니다.
내 땅 내놓고 사업하는데, 저는 절대 싸게 줄 마음이 없고, 내 땅으로 내가 돈 벌어야지, 내 땅으로 남이 돈 버는 건 싫습니다.
지난 총회 감정평가는 단독 돈으로 아파트 돈 벌어 주는 구조로 되어 있었습니다.
그리고, 금주 수요일 경 '감정평가 방식'에 대한 글이 올라갈 예정이고, 목요일과 금요일에는 제가 생각하는 '적정한 단독주택 평가금액'이 올라갈 예정입니다.
다 보시면 답이 되실 겁니다.
제 글을 잘 보시면 2월 4일 첫글부터 지금까지 동일한 내용을 주장하고 있다는 걸 아실 겁니다. 3가지를 주장하고 있습니다.
저는 두 달 전부터 '단독주택 권리 찾기'를 시작했는데, 이제야 눈치채셨나 보군요. 눈치 빠르신 아파트 조합원 몇 분이 저를 막으려고 했는데, 못 막으셔서 오늘까지 온 겁니다.

다른 조합원 댓글
재승박덕(才勝薄德) : 재주는 많으나 덕이 부족함을 이르는 말

답변 댓글
구호탄랑(驅虎吞狼) : 호랑이를 이용해 늑대를 잡는다는 뜻

다른 조합원 댓글
아전인수(我田引水) : 자기 논에만 물을 댄다는 뜻

답변 댓글
Bingo! 정확하십니다.

Q 가치평가 만능키(V = R/i)

A 필자는 부동산을 매입하거나 매각할 때 간단한 평가 방법을 사용하는데, 그 방법은 Valuation=Rent/interest를 적용하는 것입니다. Valuation은 부동산의 가치를, Rent는 임대료를, interest는 금리 또는 수익률을 나타냅니다. 즉, 부동산의 가치는 임대료에 비례하고, 부동산의 가치는 금리 또는 (요구) 수익률에 반비례합니다.

이 방법은 감정평가방식 중 수익환원법을 간단하게 나타낸 공식입니다.

예를 들어, 상가건물의 임대료가 1,000만 원이고, 매수자가 생각하는 수익률이 5%라고 가정하면 이 건물의 적정가치는 2억 원 내외라고 생각하는 방법입니다. 만일 매도자가 상가를 2억 5천만 원에 내놓았다면, 매수자는 비싸다고 생각하고 매수하지 않을 것이고, 매도자가 상가를 1억 5천만 원에 내놓았다면, 매수자는 싸다고 생각하고 매수할 것입니다.

즉, 매도자가 생각하는 수익률과 매수자가 생각하는 수익률이 다르기 때문에 생기는 현상으로, 동일한 물건을 보더라도 입장에 따라 사람에 따라 다른 금액을 생각합니다.

매수자가 매입할 경우를 가정하면, 매수자는 매입 전부터 어떻게 하면 임대료를 올릴 수 있는지에 대해 검토를 한 후 매입해야 향후 매각 시 충분한 가격을 받을 수 있습니다.

한 가지 중요한 점이 있는데, interest는 각자의 사정에 따라 달라집니다. 만일 매수자가 대출을 통해 물건을 매입할 경우 interest는 이자율 이상이 되어야 하나, 매수자가 Full Equity로 물건을 매입할 경우에는 수익률에 충분한 여유를 줄 수 있어, 좀 비싸더라도 매입할 수 있을 겁니다.
부자들이 좋은 물건을 쉽게 매입하는 이유입니다.

08 감정평가 원칙과 문제점 [네이버 밴드 쉰한 번째 글]

2024년 3월 20일 • 227 읽음

안녕하세요!

드디어 그동안 미루어 온 감정평가 얘기를 꺼낼 차례입니다.

많이 기다리셨습니다.

그럼 시작해 볼까요!

예전의 어느 조합원님께서 말씀해 주신 것처럼 감정평가의 원칙상 단독주택 등 토지는 공시지가기준평가법으로 산정하고, 건물은 원가법에 따라 산정하여, 토지와 건물을 합산한 금액이 감정평가금액이 됩니다. 그리고, 집합건물(공동주택)은 거래사례비교법에 따라 산정하는 게 원칙입니다.

여기까지는 원칙을 말하는 것이고, 실제로는 재개발 감정 시, 감정평가사들은 물건별 균형을 위하여 단독주택과 공동주택을 모두 원가법으로 산정한 후 거래사례비교법과 비교해 보게 됩니다.

이는 감정평가사들이 내부적으로 계산해 보는 방법으로, 이러한 검토 없이 단순히 거래사례비교법과 원가법으로 산정해 그 가격 차이가 너무 크게 되면 사업 자체가 진행되지 않기 때문입니다.
이러한 적절한 보정을 전문가들 사이의 은어로 "마싸~지(massage)"라고 하죠!

세상에 이런 게 없다고 믿으시는 분들은 일을 안 해보셨거나 순진무구하신 분들이세요.
그리고 재개발 평가의 원칙상 중요한 한 가지가 있습니다.

CHAPTER 05 조합원, 재개발은 욕망의 용광로 **223**

'개발이익'이 절대로 평가에 포함되어서는 안 됩니다.

위의 거래사례비교법이나 공시지가기준평가법, 원가법에서 개발이익은 철저히 배제하고 평가해야 합니다.

제가 왜 '○○ 감정평가법인'에서 평가한 금액을 불합리하다고 하는지 아십니까?
제일 첫 번째가 ○○○○ 아파트의 평가금액에 개발이익이 포함되어 있기 때문입니다. 반면에, 단독주택은 '토지거래허가구역'으로 인해 개발이익이 배제되어 평가되었기 때문입니다. 동일한 기준이 아니니 차이가 크게 나는 겁니다.

총회에서 설명한 ○○ 감정평가법인의 감정평가사는 분명히 '트리마제 아파트' 금액을 반영해서 ○○○○ 아파트를 평가했다고 했습니다.
아니, 성수1구역 재개발하고 나면 트리마제처럼 되는 것인데, 트리마제 매매가를 기준으로 평가한다는 게 말이 됩니까? 이게 개발이익을 배제하고 평가한 겁니까? 감정평가 원칙에 맞는 겁니까?

예를 들어볼까요!

성수동 옆 동네 자양동에 한화꿈에그린 아파트가 있습니다.
한화꿈에그린 아파트는 2006년 5월 사용 승인되어 현재 18년 되었고, 총세대수는 114세대입니다. 33평 기준 실거래 최고가가 13억 5천만 원이었습니다.

○○○○ 아파트는 2001년 8월 사용 승인되어 현재 23년 되었고, 총세대수는 141세대입니다.
트리마제는 2017년 5월에 사용 승인되어 현재 7년 되었고, 총세대수는 688세대입니다.

거래사례비교법은 감정평가할 아파트와 가장 비슷한 시기에 지어진, 가장 비슷한 규모의 아파트와의 비교를 통해 평가하는 방법입니다.

여러분이 보기에는 ○○○○ 아파트가 한화꿈에그린 아파트와 가까워 보이나요? 아니면, 트리마제와 가까워 보이나요?

한화꿈에그린 아파트는 ○○○○ 아파트에 비교해 세대수는 27세대 적지만, 5년 먼저 지어졌습니다.

아무리 봐도 제 눈에는 ○○○○ 아파트가 한화꿈에그린 아파트와 판박이로 보입니다.

한화꿈에그린 아파트는 재건축 가능성이 전혀 없어 '개발이익이 철저히 배제' 되었습니다.
감정평가 원칙에 딱 들어맞죠!

한화꿈에그린 아파트에 위치보정, 시점수정, 감가상각 등을 반영해 산정하면 넉넉하게 한 15억 원 정도 나오겠네요!
정확하게 감정평가 원칙에 딱 들어맞습니다!

어떤가요?
이래도 감정평가는 원칙에 따라 산정해야 한다고 하실 건가요?

아니면, 단독주택과 어느 정도 비교할 수 있을 정도로 보정된 집합건물 가격이 좋으신가요?

오늘은 여기까지입니다.

감사합니다.

표정 29 • 댓글 8
좋아요 25 사랑해요 2 싫어요 1 OK 1

댓글 모음

필자 댓글

오늘 감정평가 원칙을 올리겠다고 약속드려서 두 개의 글을 올립니다.
이해 바랍니다.

다른 조합원 댓글

단독주택은 개발이익에서 배제되었다는 내용은 사실이 아니길 바란다는 의견

답변 댓글

선생님! 좋은 의견 감사합니다.
선생님 지적이 옳으십니다.
저는 최대한 쉽게 이해시키려고 개발이익이 산정되지 않은 것으로 이야기했습니다.
말씀처럼, 단독과 집합건물 모두 개발이익을 배제하고 산정하는 것이 원칙입니다.
다만, 제가 내일과 모레 올릴 글과 개발이익 간에 연관이 있어 이런 방법으로 얘기를 풀어나간 점은 이해 부탁드립니다.
보셔서 아시다시피, 우리 성수1구역은 사업수익이 너무 많이 남아 종전재산평가에서 개발이익을 모두 배제하면 답이 안 나옵니다.
감사합니다.

다른 조합원 본문

1. 다른 구, 다른 동의 아파트를 거래사례 자료로 산정하는 것은 이해가 되지 않음. 사실 왜곡임
2. 감정평가 법인에서 비교한 아파트와 대상 아파트 간의 가격 차이에 나는 것은 문제라는 의견
3. 개발이익이 없는 지역의 단독과 아파트 땅값 차이에 대한 설명 요청

답변 댓글

○○○ 님, 안녕하세요!
답변이 늦은 점 사과드립니다.

거래사례비교법의 사례선정기준은 위치적 유사성, 물적 유사성, 시점수정 가능성, 사정보정 가능성 있는 사례를 선정해야 합니다.
위치적 유사성은 인근에 있는 사례를, 물적 유사성은 아파트 규모, 평수, 경과 연수 등에서 유사해야 하고, 시점수정 가능성은 되도록 최근 사례를 실무적으론 3년 이내 사례를 선정하게 되어 있고, 사정보정 가능성은 사례가 어떠한 사정이 개입된 경우에 보정 가능한 사례를 선정해야 한다는 것입니다.

상기의 내용은 감정평가규칙에 관한 내용입니다.

1. 말씀 주신 서울숲 힐스테이트는 2009년에 입주한 5개 동, 445세대의 규모이고, △△△△아파트는 2002년에 입주한 6개 동 580세대 규모입니다.
 위의 비교사례 선정 기준에 따르면, 물적 유사성에서 상당한 차이가 있습니다.
 객관적으로 보더라도 한화꿈에그린 아파트가 ○○○○ 아파트와 비슷하게 파노라마 한강뷰, 세대수 등에서 물적 유사성에 가장 근접한 것으로 보았습니다.
 어느 부분에서 왜곡일까요?
2. 제가 말씀드리는 내용을 이해하시지 못한 것 같습니다.
 감정평가 시에는 개발이익이 '배제'된 상태에서 평가되어야 합니다.
 '트리마제'를 비교사례로 선정한 것 자체가 잘못된 것입니다.
 위에서 말씀하신 내용을 제대로 이해하지 못하겠습니다.
3. 재개발 감정을 잘 이해하시지 못하시는 것 같으십니다.
 예를 드신 잠실 아파트는 부동산의 소유권 중 사용수익을 목적으로 한 아파트를 단순히 토지가격만을 가지고 산정하셨습니다.
 재개발 감정은 소유권 중 사용 수익권을 위주로 감정하는 것이 아니라, 재개발의 원가를 산정하기 위해 감정평가를 하는 것입니다.
 재개발 구역 내에 포함된 아파트를 사용 수익합니까?
 아니면 철거하고 토지만 사용합니까?
 근본적인 접근이 잘못된 것 같은데요.
 아파트나 빌라 가격이 단독에 비해 비싸게 유지되었으니 높은 평가를 받아야 한다는 것은 감정평가의 규칙에는 없습니다.
 ○○○○ 아파트 소유자 중에서도 어떤 분은 5억 원에 사신 분도 계실 것이고, 어떤 분은 20억 원에 사신 분도 계실 겁니다.
 이를 감정에 어떻게 반영해야 할까요?

감정평가사들이 관점에 따라 동일한 규칙을 적용하더라도 결과는 달라질 수 있는 겁니다.
제가 아랫글에서 산정한 방식이 감정평가규칙에 반하는 점이 있을까요?
지금 말씀하시는 논리는 예전에 제가 얘기했던 논리와 유사합니다.
제가 집합건물 고평가되어서, 재개발 사업하지 말자고 했더니 이전투구라고 하셨던 것 같은데요??
일관성은 유지되어야 하지 않을까요.
감사합니다.

답변 댓글

제가 아래에 쓴 글은 제 주변의 감정평가사로부터 조언을 받아 쓴 글입니다.
요즘 감정평가사들이 재개발 종전재산 평가할 때, 감정평가 방법에 따라 단독과 집합건물 간 형평성에 대한 이슈와 민원 때문에, 감정평가규칙을 변경해야 한다는 얘기가 나오고 있다고 합니다.
우리는 감정평가 시까지 아직 1년 이상 시간이 있으므로, 좀 더 객관적인 규칙 변경을 기대해 봅니다.

다른 조합원 댓글

아파트가 문제입니다.
아파트 외에 주택, 빌라 등이 어우러진 재개발의 경우는 아파트 감정평가 방법이 재건축의 경우와 다릅니다.
개발기여도를 생각하면, 30평 이상의 주택 대지 소유자들은 성수지구의 사업성이 황제급이 되는 데 크게 기여한 조합원이고, 반면에 아파트의 경우 10평 대지지분에 불과하여 사업성이 없어 독립적으로 재건축이 불가합니다.
이런 사실에도 아파트 감정평가가 주택에 비해 4~5배에 달하는 평당 3억 원이라면, 30평 이상 지분을 소유한 주택소유자들은 분통 터질 만하죠.
엉터리 감정평가입니다.

똥인지, 된장인지

왜 먹어보고 확인하려 할까?
그냥 보면 알 수 있는 것을

임대차 2법과 같은 가격 상한제를 실행하면
부동산 가격이 올라가는 것을 꼭 해봐야 아나?

다주택자 불구덩이로 밀어버리면
내가 전세나 월세로 들어갈 집이 없어진다는 것을 꼭 해봐야 아나?

재건축, 재개발 구역을 다 해제해 버리면
신축 지을 땅이 없어 신축가격이 오르는 걸 꼭 말해줘야 아나?

남들 없는 돈에 집 살 때
나는 전세 살면 나중에 고생한다는 걸 꼭 당해봐야 아나?

나쁘다면 왜 나쁜지 생각 좀 하고,
뭐가 정상인지 생각 좀 하고,
똥은 피해 가는 게 상식 아닌가?

성수 재개발, 초대박! 사업성 분석

앞으로 부동산은 서울 강북 재개발이 30년간 대세

CHAPTER 06

01 비례율

[네이버 밴드 아홉 번째 글]

2024년 2월 14일 • 220 읽음

조합원님들!
설 명절은 잘들 보내셨는지요.
망아지는 고향인 따뜻한 남쪽 나라에서 푹 쉬고 왔답니다.

11일에 올린 '조합거란전쟁' 편에 대해 어떤 분들은 '좋아요'를, 어떤 분들은 '싫어요'를 주셨는데요. 다 좋습니다.
각자 입장에 따라 제 글의 느낌이 다른 건 당연하니까요.
마찬가지로, 제 입장을 나타내는 글을 쓰는 것도 이해해 주시겠죠.

조합에 저를 포함한 여러 조합원께서 많은 숙제를 주셨으니, 숙제 검사할 때까진 시간이 좀 남습니다.

향후 몇 차례에 걸쳐 지난 조합총회 자료를 바탕으로 비례율을 끌어 올릴 수 있는 방안들을 제언하고자 합니다.
들어보시고 비논리적인 부분이 있으시면 거침없이 비판해 주세요.
논쟁을 통해 조합원들은 중지를 모을 수 있을 겁니다.

오늘의 주제는 '비례율'입니다.

비례율은 재개발 사업의 수익률과 같은 말입니다.

비례율 = (종후자산평가액 − 사업비) ÷ 종전자산평가액
　　　 = (분양매출액 총액 − 사업비) ÷ 원재료액
　　　 = (총수입 − 총비용) ÷ 재료비

위의 식에서 알 수 있듯이 비례율은 결국 수익률입니다.

다시 표현해 보면,

총수입 − 총비용 = 조합원 토지비 총합 × 비례율 = 원가 + 사업수익

결국, 사업수익을 극대화하기 위해서는 '총수입'을 최대한 높이고, '총비용'은 최대한 줄이는 작업이 필요하겠죠.

오늘은 여기까지입니다.

망아지도 일을 해야 하는 노예랍니다.

오늘도 즐거운 하루 보내시길!!

표정 10 · 댓글 5
좋아요 9 사랑해요 1

> 조합원들에게 70층을 건설하더라도 충분히 사업성이 나온다는 사실을 증명하기 위해 본격적으로 총회 자료를 분석하기 시작했습니다.

댓글 모음

다른 조합원 댓글
비례율을 맹신해서는 곤란하다는 의견
비례율이 100%를 넘어가서 사업성이 좋으면 법인세 등 세금이 발생하므로, 조합은 무상옵션 등을 통해 비례율을 100%로 낮추는 게 좋다는 의견
법인세 납부 이후 조합원들이 환급금을 받더라도 환급금은 양도소득세 대상이기 때문에, 조합원들은 환급금을 100% 돌려받을 수 없다는 의견

Q 비례율

 대화형 인공지능 서비스를 사용해, "재개발 사업의 비례율에 대해 요약해 줘"라는 질문에 대한 답변입니다.

비례율은 재개발 사업에서 중요한 개념 중 하나로, 재개발 사업의 효율성과 공정성을 평가할 수 있는 중요한 척도입니다. 재개발 사업이란 노후화된 주거지를 개선하여 주거환경을 재정비하는 일련의 과정을 말하며, 이 과정에서 주택소유자들은 새로운 아파트를 받을 수 있습니다. 비례율은 이러한 재개발 과정에서 소유자들이 기여한 자산 가치 대비 새로운 주택의 가치를 평가하는 비율을 말합니다.

비례율은 주로 다음과 같은 과정을 통해 산정됩니다.

1. 자산 평가 : 기존 주택과 토지의 현시점 가치를 평가합니다. 이는 전문 감정평가사나 감정평가법인의 도움을 받을 수 있습니다.

2. 조합원 분담금 : 재개발 사업 진행에 필요한 총비용을 산정한 후, 각 조합원이 부담해야 할 금액을 계산합니다. 이는 대출 이자, 공사비, 조합 운영비 등을 포함합니다.

3. 신축아파트 가치평가 : 완공된 신축아파트의 가치를 평가하고, 조합원들이 얼마나 많은 면적과 가치를 받을지 결정합니다.

4. 비례율 계산 : 비례율은 '조합원별 자산 가치+분담금' 대비 '신축아파트의 가치'로 계산됩니다. 예를 들어, 기존주택의 가치와 재개발 후 아파트의 가치를 모두 고려하여 비례율이 100% 이상이면 조합원이 더 많은 가치를 얻은 것이고, 100% 미만이면 손해를 보게 됩니다.

비례율의 영향 요인

1. 분담금 증가의 영향 : 만약 재개발 사업에 예상보다 많은 비용이 들게 된 경우, 조합원들이 부담해야 할 금액이 커지므로 비례율이 낮아질 수 있습니다. 이는 조합원들이 재개발에 부정적으로 반응하게 만들 수 있습니다.

2. 부동산 시장의 변동 : 재개발이 진행되는 동안 부동산 시장이 상승하면 신축아파트의 가치가 상승하여 비례율이 높아질 수 있지만, 반대로 시장이 하락하면 비례율이 낮아질 수 있습니다.

3. 사업의 기간과 리스크 : 재개발 사업이 장기간 걸리거나 중간에 문제가 발생하면 추가비용이 들어 비례율이 낮아질 가능성이 있습니다.

결론

비례율은 재개발 과정에서 필수적으로 고려해야 할 요소이며, 조합원들의 경제적 이익과 직결됩니다. 공정하고 투명한 산정을 통해 조합원들이 재개발에 동의하고 적극적으로 참여할 수 있도록 하는 것이 중요합니다. 비례율이 높을수록 재개발 사업이 성공적이라는 평가를 받을 수 있으며, 이를 통해 조합원들의 만족도를 높이고 원활한 사업 진행이 가능해집니다. 이러한 이유로 재개발 조합은 비례율을 정확하게 산정하고, 이를 지속적으로 모니터링하는 것이 중요합니다.

02 총수입 중 일반분양

[네이버 밴드 열 번째 글]

2024년 2월 15일 • 206 읽음

안녕하세요!
자본주의를 사랑하는 욕심 많은 망아지예요.

어제 공부한 내용 중 '총수입－총비용＝토지원가＋사업수익'은 꼭 기억해 두셔야 해요!

오늘은 '총수입'에 대해 공부해 볼까요.

우선, 총회 자료 종후자산 추정에 따르면, 총세대수는 3,019세대이고, 임대주택 519세대를 제외하면 2,500세대로, 조합원분양분 1,610세대, 일반분양분 874세대, 보류지 16세대로 구성되어 있습니다.

저는 1구역 조합원이 약 1,300명 정도로 알고 있었는데, 왜 조합원분양분이 1,610세대인지 아시는 분 계시면 확인 좀 부탁드릴게요.
(사무장님 부탁드립니다)

1구역 총비용 대부분을 조달할 수 있는 일반분양분부터 살펴볼게요.
여러분은 일반분양 시점을 언제로 생각하세요?
저는 아주아주 긍정적인 관점에서, 내년(2025)쯤 사업시행계획인가, 내후년(2026)쯤 관리처분계획인가, 3년 후(2027년 말)쯤 이주 및 철거 완료를 예상하고 있답니다.

일반분양은 조합(분양자)과 일반분양자(수분양자)와의 분양계약에 따라, 조합은 정해진 금액(분양대금)을 받고 정해진 날짜(입주일)에 아파트를 수분양자에게 이전등기해 줄 의무를 부담하게 됩니다.

대부분의 재개발 사업장에서 철거 기간은 임차인과의 이주비 분쟁 등으로 예상보다 길어지는 경우가 허다하므로, 철거가 완료된 후에야 일반분양을 시작합니다. 만약, 철거 전 분양을 시작했다가 이주 및 철거가 늦어지면 분양계약에 따라 지체상금을 지급해야 하므로 대개 철거 후 분양을 시작한답니다. 그럼, 예상 일반분양 시기는 빠르면 2028년 상반기쯤 되겠죠.

여러분은 4년 후의 일반분양가가 얼마쯤이라고 보세요?
저는 계약면적 기준 평당 1억 2천만 원으로 봅니다.
(국민주택규모 35평 기준 42억 원)

국토부 실거래가 사이트에 보면, 2023년 12월 트리마제 계약면적 16평(전용 10.6평) 실거래가 15.5억 원으로 평당 97백만 원입니다.
트리마제 계약면적 35평(전용 25.4평) 실거래가 31.5억 원으로 평당 9천만 원입니다.

물론 7년 전에 준공된 688세대짜리 트리마제를 7~8년 후에 입주를 예상하는 3,019세대의 우리와 비교하는 것은 무리가 있지만 가장 쉬운 비교 대상이니 이해 바랍니다.

저는 지금이 부동산 경기싸이클 상 저점기 부근을 지나고 있다고 생각하므로, 이런 점들을 감안하면 4년 후 시장에서 분양 가능한 가격은 1억 2천만 원이지만, 분양보증 및 분양승인 과정에서 서울시와 성동구의 딴지로 일부 낮춰진다고 하더라도 최소 1억 원은 가능할 거라고 생각합니다.

국민주택규모 35평 기준 35억 원입니다. 저렴하죠.
총회 자료에 따른 일반분양가는 계약면적 35평 기준, 평당 8천만 원으로 약 28억 원 정도입니다.
28억 원으로 분양하면 수분양자들에게 7억 원을 거져 주는 로또 분양이 될 거고, 조합원들은 자기 재산 털어서 수분양자에게 갖다 바치는 꼴이 될 겁니다.

조합장님을 비롯한 조합에서 서울시, 성동구와 1억 2천만 원 분양가를 고수하면서 싸우면, 우리 조합원들은 '표'를 무기로 조합을 든든하게 지원해야 합니다.

그건 그때 가서 다 함께 고민하기로 하고, 평당 1억 원을 기준으로 종후자산 일반분양 수입(매출액)을 계산하면, 2조 9,401억 원입니다.
(평당 8천만 원 : 2조 3,521억 원＝평당 1억 원 : 2조 9,401억 원)

기존 총회 자료에 따른 일반분양 수입은 2조 3,521억 원이었으니, 5,880억 원의 추가 수입이 발생하게 됩니다.
저는 개인적으로 성수동과 필적할 수 있는 곳은 압구정동밖에 없다고 생각합니다. 한남동 재개발이 좋다고 해봐야 산 위에 있으니 성수동의 상대가 되질 않고, 부동산 경기도 4년 후에는 충분히 턴어라운드(경기회복)할 것으로 예상하고 있습니다.

두고 보세요! 성수동과 한남동 재개발이 끝나고 나면 성수동이 훨씬 비쌀 겁니다. 더욱 주관적이고 개인적인 관점에서 즐겁게 상상해 보면, 지금부터 10년 후에 34평 기준으로, 압구정동 재건축 끝나면 70억 원, 성수동 재개발 끝나면 60억 원, 한남동 재개발 끝나면 50억 원 될 것으로 조심스럽게 예상해 봅니다.

오늘 글의 핵심은 일반분양가 1억 원으로 분양하면 5,880억 원의 추가 수익 발생!!! 성수 1구역 조합원 여러분 대박 나실 거예요!

기분 좋은 상상은 여기까지입니다.

오늘도 희망으로 하루를 시작하시길!!

표정 12 · 댓글 12
좋아요 10 사랑해요 1 웃겨요 1

> 한남동 재개발 구역 조합원분들께는 죄송한 말씀이나, 재개발이 완료되면 평지에 지어진 고층 아파트의 희소성으로 인해 성수동이 훨씬 가치가 있을 것이라고 저는 믿고 있습니다.

댓글 모음

조합 댓글
성수 1구역 조합원 수는 1,371명이며, 239명은 주거전용면적과 평가가격을 고려하여 1+1을 추정했다고 설명

답변 댓글
빠른 답변 감사합니다!
1+1을 추정한 것이니, 추후 일반분양 대상이 될 수도 있겠네요?

다른 조합원 댓글
대형지분 조합원의 추가 분양분 +1은 조합원분양가가 아닌 일반분양가로 하는 곳도 있다는 의견

다른 조합원 댓글
일반분양가로 혹은 일반분양가와 조합원분양가 사이로 +1을 분양한 조합들은 소송 등으로 사업이 지연되었고, 결국 패소하여 +1을 조합원분양가로 공급한 것으로 알고 있다는 의견

답변 댓글
제 글은 다양한 의견제시를 통해 조합원 여러분들이 앞으로 다가올 일들에 대해 미리 생각하고 토론한 후 올바른 한 표를 행사하기 위한 준비과정 정도로 이해해 주시면 좋겠습니다.
정보에서 신뢰가 생기고, 신뢰가 쌓여야 승복이 빠르고, 결국, 사업이 성공할 것으로 믿습니다!

> **Q** 1+1 조합원 분양

> **A** 재개발 사업에서 조합원에게 1+1을 분양할 수 있는 내용은 도시 및 주거환경정비법 제76조 제1항 7호 라 목에 정의되어 있습니다.

도시 및 주거환경정비법

제76조(관리처분계획의 수립기준) ① 제74조 제1항에 따른 관리처분계획의 내용은 다음 각 호의 기준에 따른다. 〈개정 2018.3.20., 2022.2.3., 2023.6.9., 2024.1.30.〉
7. 제6호에도 불구하고 다음 각 목의 경우에는 각 목의 방법에 따라 주택을 공급할 수 있다.
   라. 제74조 제1항 제5호(분양대상자별 종전의 토지 또는 건축물 명세 및 사업시행계획인가 고시가 있은 날을 기준으로 한 가격)에 따른 가격의 범위 또는 종전 주택의 주거전용면적의 범위에서 2주택을 공급할 수 있고, 이 중 1주택은 주거전용면적을 60제곱미터 이하로 한다. 다만, 60제곱미터 이하로 공급받은 1주택은 제86조 제2항에 따른 이전고시일 다음 날부터 3년이 지나기 전에는 주택을 전매(매매·증여나 그 밖에 권리의 변동을 수반하는 모든 행위를 포함하되 상속의 경우는 제외한다)하거나 전매를 알선할 수 없다.

즉, 조합원이 1+1을 분양받기 위해서는 종전재산가액이 분양받는 2주택 가격 이상이거나, 종전 주택의 주거전용면적이 분양받는 2주택 면적 이상일 경우 가능합니다.

03 총수입 중 상가분양

[네이버 밴드 열다섯 번째 글]

2024년 2월 19일 • 226 읽음

안녕하세요!

오늘은 총회 자료 중 총수입 부분의 '상가분양수입' 관련하여 말씀드립니다.

우선, 지난번에 공부한 내용은 아직 기억하시죠!
1. 총수입 − 총비용 = 토지원가 + 사업수익
2. 일반분양가 1억 원 분양 시 5,880억 원 추가 수익!
   (일반분양 매출액 2조 9,401억 원)
이 내용은 꼭 기억해 두셔야 합니다!

그럼 상가분양에 대해서 시작해 볼까요.
총회 자료에 따르면, 상가 부분 매출액 830억 원 중 조합원 206억 원, 일반분양 624억 원으로 구성되어 있습니다.

조합원 매출액을 기준으로 평수를 추산해 보면,
206억 ÷ 580만 원/㎡ = 3,552㎡(1,074평), 평당 19백만 원으로 산출됩니다.
일반분양 매출액을 기준으로 평수를 추산해 보면,
624억 ÷ 720만 원/㎡ = 8,667㎡(2,622평), 평당 24백만 원으로 산출됩니다.

위의 면적 합계 12,219㎡(3,696평)는 총회 자료 118페이지의 16,940㎡(5,124평)와 4,721㎡(1,428평) 차이가 납니다.
(사무장님, 면적 차이가 나는 이유에 대해 설명 부탁드립니다)

성수동 상가에 대해 국토부 실거래가를 살펴보니, 2023년 11월 서울숲2길 집합건물 판매시설 전용 63.35㎡(19평), 계약 126.7㎡(38평), 매매가 18억 원으로 평당 47백만 원으로 나와 있습니다.

성수동의 경우 아파트 단지 내 상가의 거래 사례가 거의 없어 단순히 하나의 사례를 근거로 하면 표본 부족으로 인한 오류가 발생할 수 있습니다.
또한, 너무 예전의 사례를 가져다 쓰면 시점수정을 해야 하는데, 저는 평가사가 아니니 누가 믿어 주겠어요.

그래서 네이버 부동산 검색해 보니, 서울숲역 앞 서울숲포휴 지식산업센터 단지 내 상가 1층 계약면적 50평이 23억 원으로 평당 4,600만 원에, 자양동 한강현대아파트 단지 내 상가 1층 계약면적 12평이 10억 원, 평당 8,300만 원에, 자양동 광진트라팰리스 단지내 상가 1층 계약면적 27평이 10.5억 원, 평당 3,900만 원에 나와 있습니다.

실거래 사례와 네이버 사례를 기준으로 보수적으로 가격을 잡아보면, 일반분양분 평당가 4천만 원 기준으로 하면, 4천만 원×2,622평=1,049억 원이고, 조합원분양분 평당가 32백만 원 기준으로 하면, 32백만 원×1,074평=344억 원입니다.
합하면 1,393억 원으로 830억 원에 비해 563억 원이 추가됩니다!

제가 아는 상식으로, 대개 1층 상가 분양가는 주변 토지가격 수준이고, 2층 상가 분양가는 1층 금액의 50~60% 수준, 3층 이상 상가 분양가는 1층 금액의 40% 수준으로 산정하므로, 평균 4천만 원이 높은 가격은 아닐 겁니다.

이렇게 글을 올리면 조합원 중 상가를 분양받으실 분들은 제 글이 기분 나쁘실 수 있습니다. 또 상가를 분양받으실 조합원님은 이미 조합과 얘기가 끝났을 수도 있겠죠.
이에 대해 저는 전혀 들었거나 알고 있는 바가 없으니 오해하지 마시기 바랍니다. 위 조합원분양가가 19백만 원으로 산출된 걸 보면 그럴 수도 있겠다는 생각이 드네요. 제가 생각하는 분양가와는 달리 너무 싸서요.

저는 사심 없는 일반 조합원에 불과하고, 직업특성 상 의심으로 일을 시작하는데 단련되어 있는 사람이니 이해 바랍니다.

좀 더 부언하면, 조합원 중 상가를 분양받으시는 분들은 대개 큰 토지를 재개발 사업에 내놓으시는 분들일 거라고 생각하고, 우리 사업에 많은 기여를 하시는 분들로 감사하게 생각합니다.

종전재산 감정평가를 얼마의 가격으로 받으셨는지는 정보가 없어 모르겠으나, 만일, 감정평가를 높은 수준으로 받으시고, 낮은 가격으로 상가를 분양받아 가시면, 수익을 이중으로 받아가시게 되는 결과가 됩니다.

사실, 상업시설과 상가주택의 비율도 높은데 평균 얼마의 가격으로 감정평가 받았는지 궁금하네요. (사무장님, 각 용도별 평균 감정가 공개 부탁드립니다. 주택, 빌라, 아파트가 공개되었으니 나머지 용도에 따른 평균 감정가를 공개하는 것이 무리는 아닌 걸로 보입니다)

3,019세대를 독점하는 단지 내 상가가 평당 24백만 원이면 저도 한 50평 사고 싶습니다. 꼭 기회를 주시면 좋겠습니다!

상가동에 대한 층수, 위치, 면적을 확인하지 못해 위의 내용이 정확하진 않다는 점 참고하셔서 읽어주세요.

분양가는 입장에 따라 느끼는 수준이 다를 수 있으니, 조합에 상가 분양가에 대해 관리처분계획 시점을 기준으로 Project 추정 감정할 것을 부탁드립니다.

2곳 이상의 감정평가법인을 통해 추정감정을 받아 분양가를 산정한다면 객관성을 가질 수 있을 것이고, 감정평가서를 조합원들에게 공개한다면 조합원들이 이견을 가지지도 않을 것입니다.

객관적으로 일 처리하자는 데 반대하시는 분들은 없겠죠?

대신, 지난번 총회 설명회에서 'ㅇㅇ 감정평가법인' 감정평가사가 설명한 것처럼, 대다수 조합원이 이해할 수 없는 이유를 들어 자신의 주장을 관철시키고자 해서는 안 되겠지요. 추후에 'ㅇㅇ'의 불합리에 대해서도 글을 올리겠습니다.

만약, 상가 일반분양 가격이 24백만 원밖에 되지 않는다면, 상가 일반분양분은 다 없애고 아파트로 다 돌리는 게 나은 것 아닐까요?

상가와 아파트는 전용률이 다르지만 이를 무시하고 계산해 보면, 아파트로 분양하면 최소 평당 8,000만 원 받을 걸 상가로 분양해서 평당 2,400만 원 받으므로, 5,600만 원/평×2,622평=1,468억 원으로, 624억 원 대비 844억 원이 추가됩니다.

네이버 검색해 보니, 아파트 단지 내 상가 최저 면적 기준도 폐지되었네요. 굳이 싼 가격에 상가를 분양해서 조합원들이 누릴 수 있는 수익을 일반분양 상가 수분양자들에게 나눠줄 이유가 있을까요?

마지막으로 조합에 의견을 제시합니다.
조합에서 잡은 상가 매출액이 830억 원에 불과하므로, 일반분양분 상가는 준공이 가까워지는 시점에 분양하는 것이 좋겠다는 생각입니다.
검토해 보시고 최대 수익을 발생시킬 수 있는 방안을 고민해 보시면 좋겠습니다.
상가매수자들은 수익환원법으로, 상가를 매수했을 경우 매출액을 역산해서 상가 가격의 고저를 판단합니다.
현재 높은 금리 수준으로 인해 요구수익률(cap rate)이 높으므로, 몇 년 후 금리가 낮아지면 상가 가격은 반대로 높아질 겁니다.

오늘의 핵심사항!
상가 일반분양 4천만 원, 조합원분양 32백만 원일 경우 상가매출액 1,393억 원, 추가수익 563억 원 발생!!

오늘은 여기까지입니다.
감사합니다.

표정 22 · 댓글 21
좋아요 17 사랑해요 4 놀라요 1

> 상가 면적에 오기가 있는 것으로 확인되었으나, 전체적인 내용상 오기된 내용을 그대로 올리는 게 좋을 듯하여 동일한 내용을 담았습니다.
> 이후, 상가분양 매출액은 면적 변경에 따라 1,450억 원으로 수정되었습니다.

📝 댓글 모음

조합 댓글

상가계약면적은 17,725.10㎡로 계산되었으며, 앞서 표기된 16,940㎡는 오류임을 알려드립니다.

답변 댓글

안녕하세요!
지금이라도 면적오류를 바로잡을 수 있으니 다행입니다.
자료 공유 감사드리고, 용도별 감정가 평균액도 공개 부탁드립니다.
한 번도 뵌 적은 없지만, 도와주셔서 감사합니다.
조합이 제시한 자료를 바탕으로 분양가를 산출해 보았습니다.
결론은 620억 원 추가 수익 발생 가능 예상!!입니다.

다른 조합원이 올린 강남 분담금 신문기사에 대해

안녕하세요!
조합원 여러분들은 아직도 성수동이 서울에서 얼마나 가치가 있는 곳인지, 젊은이들이 왜 성수동으로 몰려드는지 잘 모르시는 것 같습니다.
조합에서 사업만 제대로 한다면 강남 웬만한 곳 씹어먹을 곳이 성수동입니다.
강남의 재건축 사업장에서 추가분담금이 문제가 되는 이유는 대부분 기존의 높은 용적률 때문입니다.
성수동은 일찍부터 지분 쪼개기를 막았고, 단독들이 많아 강남은 상대가 안 될 겁니다.

Q 상가 지분 쪼개기 금지

 정비사업에서 토지, 주택, 상가 등의 지분 쪼개기를 방지하기 위해 도시 및 주거환경정비법 제19조 제7항과 제77조는 다음과 같이 정의하고 있습니다.

도시 및 주거환경정비법

제19조(행위제한 등) ⑦ 국토교통부장관, 시·도지사, 시장, 군수 또는 구청장(자치구의 구청장을 말한다. 이하 같다)은 비경제적인 건축행위 및 투기 수요의 유입을 막기 위하여 제6조제1항에 따라 기본계획을 공람 중인 정비예정구역 또는 정비계획을 수립중인 지역에 대하여 3년 이내의 기간(1년의 범위에서 한 차례만 연장할 수 있다)을 정하여 대통령령으로 정하는 방법과 절차에 따라 다음 각 호의 행위를 제한할 수 있다. 〈개정 2024.1.30.〉
1. 건축물의 건축
2. 토지의 분할
3. 「건축법」 제38조에 따른 건축물대장 중 일반건축물대장을 집합건축물대장으로 전환
4. 「건축법」 제38조에 따른 건축물대장 중 집합건축물대장의 전유부분 분할

제77조(주택 등 건축물을 분양받을 권리의 산정 기준일) ① 정비사업을 통하여 분양받을 건축물이 다음 각 호의 어느 하나에 해당하는 경우에는 제16조 제2항 전단에 따른 고시가 있은 날 또는 시·도지사가 투기를 억제하기 위하여 제6조 제1항에 따른 기본계획 수립을 위한 주민공람의 공고일 후 정비구역 지정·고시 전에 따로 정하는 날(이하 이 조에서 "기준일"이라 한다)의 다음 날을 기준으로 건축물을 분양받을 권리를 산정한다. 〈개정 2018.6.12., 2024.1.30.〉
1. 1필지의 토지가 여러 개의 필지로 분할되는 경우
2. 「집합건물의 소유 및 관리에 관한 법률」에 따른 집합건물이 아닌 건축물이 같은 법에 따른 집합건물로 전환되는 경우
3. 하나의 대지 범위에 속하는 동일인 소유의 토지와 주택 등 건축물을 토지와 주택 등 건축물로 각각 분리하여 소유하는 경우
4. 나대지에 건축물을 새로 건축하거나 기존 건축물을 철거하고 다세대주택, 그 밖의 공동주택을 건축하여 토지등소유자의 수가 증가하는 경우
5. 「집합건물의 소유 및 관리에 관한 법률」 제2조 제3호에 따른 전유부분의 분할로 토지등소유자의 수가 증가하는 경우

위 조항에 따라 2024년 1월 30일 이후 상가 지분 쪼개기는 전면 금지되었습니다.

04 임대주택 매각수입

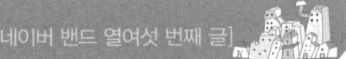
[네이버 밴드 열여섯 번째 글]

2024년 2월 20일 • 160 읽음

안녕하세요!

오늘은 임대주택 매출액 한번 살펴볼까요.

총회 자료에 따르면, 임대주택 매각가는 토지매각수입과 건축물매각수입으로 나누어지고, 토지매각수입＝토지면적×(대지가격＋평지 10% 가산) 건축물매각수입＝공급면적×표준건축비×세대수로 구성됩니다.

임대주택은 16평형 193세대, 24형 124세대, 35평형 202세대로 총 519세대로 구성되어 있습니다.

대지가격의 경우 향후 '토지원가'와 관계가 있어 여기서는 총회 자료를 기준으로 따라가 보겠습니다.

조합에서 임대주택에게 나눠줘야 할 대지면적은 제가 계산해 보니 6,658평(22,011㎡)입니다.

평형 : 세대수×대지지분＝제곱미터 면적(평면적)
16평형 : 193×27.53＝5,313 (1,607평)
24평형 : 124×39.25＝4,867 (1,472평)
35평형 : 202×58.57＝11,831 (3,579평)

총회 자료에는 5,011평(16,565㎡)으로 기재되어 있는데, 오류가 의심됩니다. 제가 잘못 계산했을 수도 있구요.
(사무장님, 면적 차이가 있으니 확인 부탁드립니다.)

대지가격은 감정평가사 둘 이상이 감정한 가격의 산술평균 금액인데, 총회 자료에는 평당 약 92백만 원으로 되어 있습니다.

그러면, 토지매각수입 구해 볼게요.

토지매각수입 = 6,658 × (92백만 원 + 920만 원)
      = 6,658 × 101,200,000
      = 673,789,600,000
      = 약 6,738억 원입니다.

총회자료에는 면적 차이로 인해 토지매각수입이 5,102억 원으로 잡혀 있습니다. 차액은 1,636억 원입니다.

건축물매각수익은 계산해 보니 584억 원으로 총회자료와 동일합니다.

결국, 제가 계산한 임대주택 매각금액은 6,738 + 584 = 7,322억 원이고, 총회 자료에 기재된 임대주택 매각금액은 5,102 + 584 = 5,686억 원입니다.

여기까지 검토 결과, 총수입 증가분은 일반분양분 5,880억 원 + 상가 분양분 620억 원 + 임대주택 매각가 1,636억 원으로 총 8,136억 원입니다.

조금만 더 찾아보면 1조가 넘겠네요.

오늘은 여기까지입니다.

감사합니다.

댓글 모음

조합 댓글

감정평가사에서 추정분담금 산출 당시 급하게 성동구청에서 설계변경사항이 있었습니다. 전체적인 계산값은 오류가 없으나 대지지분 표기가 변경되지 않았음을 확인하지 못한 점 양해 부탁드리겠습니다.

16평형 : 193×20.72＝3,998(1,209.67평)
24평형 : 124×29.54＝3,662(1,108.04평)
35평형 : 202×44.08＝8,904(2,693.49평)
로 5,011평이 맞습니다.

답변 댓글

네, 잘 알겠습니다.
꽁돈 생겼나 했는데. ㅎㅎ
좋다 말았네요.
감사합니다.

다른 조합원이 올린 공사비 증액 관련 신문기사에 대해

안녕하세요!
반포주공1단지, 은평 대조 1구역, 부산 범천 1-1구역에서 몽니 부리는 건설사를 잘 봐두시면 좋을 것 같네요.
나중에 공사비 다 올려줄 거면 입찰은 왜 할까요?

Q 정비사업 임대주택 매입가격

 국토교통부 보도자료 '재개발 임대주택 인수가격 상향한다' (2024. 4. 29.)

재개발 사업을 진행하기 위해서는 신축 주택의 20% 범위(서울 15%)에서 임대주택을 건설해 지자체나 공기업에 매각해야 합니다.
이때, 재개발 임대주택의 매각가격은 건축물의 경우 표준건축비, 토지는 감정가를 기준으로 합니다.

최근 공사비 상승에 따른 정비사업의 사업성을 높여준다는 목적으로 표준건축비를 기본형 건축비로 변경하여 기본형 건축비의 80% 수준, 즉 표준건축비의 약 1.4배 수준으로 상향해 준다고 합니다.
이 경우 국토교통부에서 시뮬레이션한 결과 서울 1천 세대 재개발 사업의 경우 조합원 1인당 분담금이 약 7백만 원가량 감소할 것으로 추정된다고 합니다.

이에 대해, 국토교통부 주택토지실장은 "금번 개선 사항은 최근 공사비가 상승하고 있으나, 조합이 받는 임대주택 비용은 현실화가 되지 않아 불합리하다는 현장의 의견을 적극 반영한 사항이다"면서, 향후에도 원활한 정비사업 추진을 위해 필요한 사항은 지속적으로 개선할 예정이라고 밝혔다.

공공건설임대주택 표준건축비(국토교통부고시 제2023-64호, 2023. 2. 1.)에 따르면, 주거전용 건축비 상한가격 중 가장 높은 금액은 평당 3,763,322원이고, 표준건축비의 1.4배는 5,268,650원입니다.

최근 서울 재건축, 재개발 사업장에서 시공사가 요청하는 공사비는 최소 평당 1,000만 원으로 국토교통부에서 인수가격을 상향하더라도 시세의 절반에 불과한 금액입니다.

시세의 50%로 사가면서, 정비사업의 사업성을 좋게 해주겠다구요?

05 총수입 중 조합원분양

[네이버 밴드 열일곱 번째 글]

2024년 2월 21일 • 246 읽음

안녕하세요!

오늘은 '조합원 분양분'에 대해 알아볼까요.

예전 기억을 되살려 보시면, 총회 자료의 종후자산 추정에 따르면, 총세대수는 3,019세대이고, 임대주택 519세대를 제외하면 2,500세대로, 조합원 분양분 1,610세대, 일반분양분 874세대, 보류지 16세대로 구성되어 있습니다.

오늘은 조합분양분 1,610세대와 보류지 16세대를 합한 1,626세대에 대해 알아보겠습니다.

조합분양분 1,610세대는 조합원 1,371세대와 1+1 물량 239세대로 구성된 건 다 아시죠!

그럼, 조합원 분양가부터 정해 볼까요?

지난 총회의 질의응답 시간에 어떤 분께서 다른 조합은 일반분양가에서 30% 할인해서 조합원 분양했는데, 1구역 조합은 왜 할인율이 20%인지 질문이 있으셨습니다.

오늘 분석은 시원하게 30% 할인가로 정해 볼게요.
일반분양가 1억 원으로 잡았으니, 조합원 분양가는 7천만 원으로 잡겠습니다.

조합원 분양가 7천만 원은 총회 자료의 조합원 분양가 6천 4백만 원보다 높은 금액입니다만, 우리가 이제까지 모아둔 돈들은 '토지원가'에 반영될 테니 조금만 기다려 주세요.

그럼 계산 시작합니다.

조합원 세대당 분양가는,

16평형×7천만 원=11억 48백만 원
24평형×7천만 원=16억 76백만 원
35평형×7천만 원=24억 49백만 원
56평형×7천만 원=39억 8백만 원
57평형×7천만 원=40억 23백만 원

제가 산정했던 일반분양가와 비교해 보면,

16평형 일반 16억 40백만 원 → 4억 92백만 원 차이
24평형 일반 23억 95백만 원 → 7억 18백만 원 차이
35평형 일반 34억 99백만 원 → 10억 49백만 원 차이

물론 추후에 분양가 산정할 때는 평, 향, 층, 동에 따라 분양가가 제각각이겠지만, 여기서는 계산상 편의를 위해 평균가를 사용합니다.

이 방법으로 평형별 조합원 분양가 합계를 구하면,

16평형 : 15세대×11억 48백만 원=172억 원
24평형 : 459세대×16억 76백만 원=7,695억 원
35평형 : 616세대×24억 49백만 원=1조 5,088억 원
56평형 : 268세대×39억 8백만 원=1조 474억 원
58평형 : 268세대×40억 23백만 원=1조 783억 원

이 금액을 다 합해보면 4조 4,213억 원입니다.

총회 자료에는 분양가 64백만 원 기준으로, 조합원 분양가 합계 4조 463억 원이었습니다. 조합원 분양가 상승을 통해 3,750억 원이 생겼습니다.

일반분양분 5,880억 원＋상가분양분＋620억 원＋조합원 분양분 3,750억 원＝1조 250억 원입니다.

오늘은 여기까지입니다.

감사합니다.

표정 21 · 댓글 6
좋아요 18 사랑해요 3

> 재개발 사업에서 일반분양분 분양가와 조합원분양분 분양가 사이에는 20~30% 차이가 있다는 점 고려하시고 투자에 임하시면 도움이 되겠습니다.

댓글 모음

다른 조합원 댓글
1조 250억 원이 공사비 빼고 순이익이란 것입니까?

답변 댓글
내일 총수입에 대한 정리 자료 올리겠습니다.
미리 말씀드리면, 매출액이 커졌으니, 공사비를 포함한 사업비에 충당할 여유 자금이 생긴 것이고 일부는 토지원가에 반영해 조합원의 종전재산가액을 높일 수 있는 재원으로 사용 가능하다는 뜻입니다.
다만, 순이익은 법인세 대상이므로 토지원가에 녹이는 것이 조합원들께 이익일 겁니다. 조합원 개개인의 양도세는 변론으로 하구요.

Q 조합원 입주권 프리미엄

A 재개발 조합원 입주권에 대한 프리미엄은 어떻게 형성될까요?

조합원 입주권이란 재개발 구역 내에서 보유하고 있던 주택에 대하여 재개발 사업이 시행되면서 철거되는 종전주택 대신 받게 될 신축주택을 분양받아 입주할 수 있는 권리를 말합니다.

조합원 입주권은 '관리처분계획 인가일'에 취득하게 되고, 투기과열지구에서 시행되는 재개발 사업의 경우에는 관리처분계획 인가일 이후에는 조합원 권리 양도가 불가합니다.

조합원 분양가는 분양가 상한제에 따른 일반분양가를 산정한 후 건축비 등 비용을 공제하여 부족한 금액으로 산정되는데, 대개 일반분양가에서 20~30% 정도 할인된 가격입니다.

그런데, 부동산 하락기에 일반분양가가 낮아지고, 인플레이션에 따라 공사비가 상승하는 시기에는 일반분양가보다 조합원 분양가가 높아질 수도 있습니다. 조합원은 재개발 사업을 책임져야 하는 주인이기 때문입니다.

반대로, 부동산 상승기에 일반분양가가 높아지고, 인플레이션이 어느 정도 진정된다면 조합원의 지위를 취득하여 조합원 입주권을 취득하는 것이 신축주택을 매입하는 좋은 대안이 될 것입니다.

이러한 메커니즘에 따라 재개발 조합원 입주권의 프리미엄은 주변 아파트 시세에 따라 변동되게 되며, 관리처분계획인가에 따라 해당 조합원의 분담금액이 확정되면, 확정된 분담금을 바탕으로 조합원 프리미엄은 정해지게 됩니다.

[조합원 입주권 프리미엄=주변 아파트 시세-조합원 분담금-종전재산가액]

06 총수입 정리

[네이버 밴드 열여덟 번째 글]

2024년 2월 22일 • 194 읽음

안녕하세요!

여기까지 따라오시는 게 어렵진 않으셨나요?
자기 재산 지키려면 아는 것이 중요하고, 여기서 공부 많이 해두시면 나중에 조합원들끼리 얼굴 붉히고 싸울 일도 없을 거예요.

이제까지의 내용 정리해 볼게요.

1. 총수입 − 총비용 = 토지원가 + 사업수익

2. 일반분양 1억 원 시 : 5,880억 원 추가수익 발생
   기존 매출액 : 2조 3,521억 원(분양가 8천만 원)
   변경 매출액 : 2조 9,401억 원(분양가 1억 원)

3. 상가분양 1층 4천만 원 시 : 620억 원 추가수익 발생
   기존 매출액 : 830억 원(분양가 24백만 원)
   변경 매출액 : 1,450억 원(분양가 4천만 원)

4. 임대주택 매각가 : 추가수익 없음
   매출액 : 5,686억 원(토지매각 기준액 : 92백만 원)

5. 조합원분양 7천만 원 시 : 3,750억 원 추가수익 발생
   기존 매출액 : 4조 463억 원
   변경 매출액 : 4조 4,213억 원

그림, 총수입을 정해 볼까요.

총수입＝일반분양 수입＋상가분양 수입＋임대주택 매각수입＋조합원분양 수입
　　　＝2조 9,401억 원＋1,450억 원＋5,686억 원＋4조 4,213억 원
　　　＝8조 750억 원

총회 자료상 총수입은 7조 500억 원으로, 1조 250억 원이 증가되었습니다.

이제 수식은, '8조 750억 원－총지출＝토지원가＋사업수익'으로 변경됩니다.

이제 수식이 좀 보이시나요?

총수입(매출액)이 확정되었으니, 총지출이 줄어들면 토지원가나 사업수익이 높아져 조합원이 받아 갈 돈이 많아지겠죠.

반대로, 총지출이 높아지면 토지원가나 사업수익이 낮아져 조합원이 받아 갈 돈이 적어지겠죠.

총지출이 높아지는데 토지원가도 미리 확정되어 사업수익이 (－) 마이너스가 되면 조합원들이 비용을 추가 부담해야겠죠.

총수입(매출액)과 총지출이 확정될 경우, 토지원가가 높아지면 사업수익이 낮아지겠죠.

마찬가지의 경우, 토지원가가 낮아지면 사업수익이 높아지겠죠.

오늘은 여기까지입니다.

감사합니다.

표정 21 ・ 댓글 3
좋아요 19　사랑해요 2

댓글 모음

다른 조합원 댓글
단순평균으로 조합원 수익이 1인당 약 10억 원이 더 증가한다는 것인지?

답변 댓글
안녕하세요!
1조 250억 원 / 조합원 1,371명 = 약 7.5억 원입니다.
다만, 우리가 일반분양 1억 원 받으려면 그에 합당한 퀄러티 있는 상품을 만들어야 할 겁니다.

다른 조합원 댓글
일부 전문가들은 여의도와 강남을 잇고 강 건너가 용산인 동작구가 성동을 뛰어넘을 거라는 의견

답변 댓글
안녕하세요!
제가 그들이 누구인지는 모르겠으나, 그냥 제 생각에는, 강의하고 유튜브 하는 사람들보다, 1구역 조합원들이 훨씬 전문가 아닐지요.
강의하고, 유튜브 해서 성수동 조합원 되는 게 목적 아닐까요?
저도 회사원이지만, 노동을 통해 돈을 버는 사람을 자본가인 조합원들과 비교하시는 건 좀 아닌 것 같습니다.

> **Q 결핍이 필요한 이유**

 국어사전을 찾아보니 결핍이란 '있어야 할 것이 없어지거나 모자람'을 의미합니다.

필자는 결핍이 필요를 낳고, 필요가 사람을 노력하게 만든다고 생각합니다.

저는 지방에서 태어나 열아홉 살이던 1994년에 대학입학과 동시에 서울로 상경했습니다.

한 달에 23만 원 하던 하숙방, 보증금 500만 원에 월세 30만 원을 아끼기 위해 친구 2명과 함께했던 자취방, 집안 형편이 어려워져 재개발 구역 내 위치한 외삼촌 댁의 문간방, 대학 시절을 혼자 보내기 위해 마련했던 반지하 방, 그리고 다시 친척 집 작은 방, 신혼 초 정말 추웠던 상가주택 전셋집 등 필자는 20대 고민의 절반은 집, 절반은 취업이었던 것 같습니다.

서울에서 제 한 몸 누일 곳이 절실했던 시절이었습니다.

그땐 다 그렇게들 살았습니다.

20대의 결핍 덕분에, 필자는 부동산에 남들보다 먼저 관심을 가지게 되었고, 남들보다 먼저 집을 샀고, 남들보다 먼저 다주택자가 되었습니다.

07 총지출 중 공사비

[네이버 밴드 열아홉 번째 글]

2024년 2월 23일 • 228 읽음

안녕하세요!

오늘부터 총지출 부분 시작입니다.

가장 중요한 공사비부터 확인해 볼까요.

총회자료상 건축연면적은 494,957.69㎡로 '평'으로 환산하면, 149,724.03평입니다.

약 15만 평 정도 되는 면적으로 단일 공사 규모로는 상당한 규모입니다.

공사비와 연동해서 살펴보면, 평당 100만 원의 공사비가 증가하면, 전체 공사비 1,500억 원이 증가하는 구조입니다.

총회자료에는 15만 평 규모에 평당 1,100만 원 공사비 적용하여, 총건축공사비는 1조 6,822억 원으로 산정되어 있습니다.

왜 그런지는 모르겠으나, 1조 6,822억 원 / 149,724평 = 11,235,293원으로, 아마 면적이 일부 다른 것 같습니다만, 전체적인 그림에서 크게 중요한 부분이 아니므로 무시하고 설명드리겠습니다.

지난번, 일반분양분 분양시기를 철거 완료 시점인 4년 후(2028년)로 말씀드렸었죠.

착공 시기도 그때쯤 될 겁니다.

왜냐하면, 대개 시공사가 민원이 많이 발생하는 철거에는 관여하기 싫어하기 때문에, 철거는 철거전문업체가 진행하게 됩니다.

2028년 공사비를 1,100만 원 정도 잡아두면 충분할까요?

지난번 총수입에서 모아둔 1조 250억 원이 있습니다.

저는 이중 절반 정도 되는 5,600억 원 뚝 떼어, 평당 공사비 1,500만 원으로 잡아두는 것이 좋겠다고 생각합니다.

그렇게 생각하는 이유는
첫째, 현재 공사비가 계속 상승하는 추세라 4년 후의 공사비를 예측하는 것은 아무런 의미가 없으니, 최대한 공사비를 잡아두고 입찰을 통해 공사비를 낮추는 방법이 좋겠다는 생각입니다.

둘째, 우리는 지난번 일반분양 분양가를 1억 원으로 잡았습니다. 분양가를 1억 원으로 산정했으니, 그에 상응하는 수준 높은 건축물을 일반분양자들에게 제공해야 합니다.
조합원 수익을 위해 공사비를 절감하는 것은 일반분양 성공 가능성을 낮추게 되어 결국 조합원에게 손해가 될 것입니다.

크게 보세요!
재개발은 사업이고, 조합원 개개인은 모두 사업자입니다.

이렇게 공사비를 산출해 보면,
1,500백만 원×150,000만 평=2조 2,500억 원으로 산출됩니다.

기존 공사비 예산 1조 6,822억 원 대비 5,678억 원이 증가됩니다.

오늘은 여기까지입니다.

감사합니다.

표정 13 • 댓글 4
좋아요 12 사랑해요 1

댓글 모음

다른 조합원 댓글
도시 및 주거환경정비법 제29조 제11항에 따라 시공사와 도급공사 체결 시에는 철거공사도 포함해야 한다는 의견

답변 댓글
네, 그렇군요.
제가 일반 아파트 사업장 시공사 발주할 때의 경험으로 철거공사를 따로 기재했는데 잘못된 내용이었네요.
○○○ 님께서 꼼꼼히 검수해 주시니 마음이 놓이네요.
철거공사를 포함해도 평당 1,500만 원이면 공사비는 충분하겠지요.
알려주셔서 감사합니다.

Q 좋은 사람들

제 주변에는 좋은 사람들이 네 분 계십니다.

첫 번째 분은 대학 선배로 직업은 '구조기술사'입니다. 그분은 저와 나이 차이가 제법 나지만 저에게 투자에 대한 철학을 알려주신 분입니다. 2008년 금융위기 고점에서 집을 사 고생하던 시기에 선배와 많은 대화를 나누며 이겨낼 수 있었습니다. 또한, 10년 전 재개발 구역에 투자를 시작할 때 선배와의 갑론을박 대화를 통해, 성수동의 발전 가능성을 이해하고 투자할 수 있었습니다.

두 번째분은 '건축사'로 마음 편하게 연락할 수 있는 분이고, 세 번째분은 '건축소장'으로 어려울 때 연락드릴 수 있는 분입니다. 저는 재개발 구역에 집을 몇 채 가지고 있는데, 재개발 구역의 집은 낡아 빠져 항상 수리가 필요합니다. 저는 두 분에게 마음 놓고 집수리와 인테리어를 맡길 수 있어 수리에 대한 큰 걱정 없이 재개발 주택을 매입할 수 있었습니다.
이 두 분은 항상 건축주의 편에서 가장 합리적인 방법과 최소한의 금액으로 문제를 해결해 주려고 노력하십니다.

세 번째 분은 대학원 선배로 직업은 '감정평가사'입니다.
이분은 경제에 대해 바라보는 관점이 저와 비슷해, 제가 경제 현상에 대해 옳은 관점에서 바라보고 있는지, 제가 내리는 결정이 몇 년 후를 내다보더라도 결국 옳은 결정인지, 아집에 빠져 잘못된 결정을 내리는 게 아닌지를 논의할 수 있는 선배입니다. 성수동 밴드에 글을 올릴 때도, 이 책을 쓰면서도 가장 많이 이야기를 나눈 분입니다.

제 주변에 좋은 분들이 계셔서 큰 문제 없이 현재까지 투자를 지속해 오고 있습니다.

08 총지출 중 외부특화공사비 [네이버 밴드 스무 번째 글]

2024년 2월 24일 • 224 읽음

안녕하세요!

오늘은 총회자료에는 없는 '외부특화공사비'입니다.

조합원 여러분들은 아파트 내부에 공사비를 많이 사용하는 것을 선호하시나요? 아니면, 아파트 외부에 공사비를 많이 사용하는 것을 선호하시나요?

이것은 선호의 문제입니다만, 저는 개인적으로 아파트 외부에 가능한 많은 자금을 투입하여 '특색 있는', '끝내 주는', '기깔 나는' 아파트를 만드는 게 중요하다고 생각합니다.

제가 이렇게 생각하는 이유는,

첫째, 우리 밴드에서 활동하시는 조합원분들은 입주까지 그대로 가실 분들이 대부분인 것 같습니다.
따라서, 조합원 분양물건의 가치가 준공 이후에도 지켜져야 합니다.

결국, 성수 1구역 아파트가 준공하고 나면 그동안 관심 없던 외부인들도 강변북로 바로 옆에 당당하게 지어진 우리 1구역 아파트에 관심을 가지게 될 것이고, 매매 등을 타진하기 위해 아파트를 방문하겠죠.

그때 아파트의 방문객들이 아파트 외부에 조성된 경관조경, 예술장식품 등 아름다운 시설물에 마음이 뺏겨야 아파트의 가치가 유지될 수 있다고 생각합니다.

둘째, 아파트 내부의 경우에는 언제든 마음만 먹으면 각 조합원들이 각자 자신의 취향에 맞게 공사할 수 있기 때문입니다.

지금 공사비 기준으로 35평에 1억 원 정도만 들여 인테리어하면 최신 트렌드를 반영한 아파트로 거듭날 수 있습니다.

시공사와 공사도급계약을 체결하는 시점부터 준공하고 입주할 때까지는 최소 6~7년 정도 예상되므로 유행은 변하고, 상당수는 입주 전에 별도로 인테리어를 하게 될 겁니다.

그리고, 어차피 준공하고 한 15년 정도 지나면, 자신이 직접 거주하거나, 세를 놓거나 관계없이 자신의 능력에 따라 인테리어를 해야 할 겁니다.

그러나, 아파트 외부 조경의 경우에는 대개가 준공하고 나면 다시 손을 보는 것이 쉽지가 않습니다. 대개 꽃이나 심고, 나무 전지나 하는 게 전부죠.

조합원분들 중 일부는 왜 또 돈 들여 인테리어해야 하나? 라고 반문하실 수도 있으나, 그건 개개인의 사정에 따라 결정할 일이니 알아서 하면 될 일입니다.

앞으로 4년 후의 일을 알 수는 없으나, 평당 공사비 1,500만 원이면 최고의 아파트를 짓는 데 어려움은 없을 것으로 보입니다.

1구역 아파트의 대지면적은 119,867제곱미터로 36,259.6평입니다. 우리가 건설할 아파트는 건폐율 20%로, 조경면적은 36,259.6×0.8=29,007.68평입니다만, 계산상 편의를 위해 29,000평으로 하겠습니다.

그럼, 외부특화공사비는 얼마로 하면 될까요?
이에 대해 저는 전혀 아이디어가 없습니다.

그래서 그냥 평당 공사비 500만 원 잡겠습니다.
29,000평×500만 원=1,450억 원입니다.

적지 않은 금액입니다.

본 외부특화공사비는 외부 조경에 특화되어 있는 업체에 맡겨 공사비를 산정해 볼 필요가 있을 것 같습니다만, 컨셉에 따라 공사비는 천차만별일 것 같습니다.

만일, 외부특화공사비가 생각보다 줄어든다면, 남는 돈으로 조합원 실내 마감 고급화 비용으로 전용하거나 커뮤니티를 고급화할 수도 있을 겁니다.

마지막으로, 기타 공사비가 있는데 이 금액은 서울시에서 정한 공공기여에 해당하는 수변공원 공사비입니다.

총회자료에 2,137억 원이 잡혀 있는데, 추후 어떻게 변경될지 모르니 그냥 두겠습니다.

그럼, 공사비 정리해 볼까요?

아파트 등 공사비 : 평당 15백만 원×150,000평=2조 2,500억 원

외부특화공사비 : 평당 5백만 원×29,000평=1,450억 원

수변공원 공사비(공공기여) : 2,138억 원

총공사비 합계 2조 6,088억 원입니다.

기존 공사비 합계 1조 8,960억 원 대비 7,128억 원 증가한 금액입니다.

오늘은 여기까지입니다.

감사합니다.

표정 20 · 댓글 5
좋아요 18 OK 1 사랑해요 1

📝 댓글 모음

다른 조합원 댓글
세대 내 높은 천정고, 여유 있는 주차장, 외부 커튼월, 그리고 고급 커뮤니티 시설 등이 아파트의 가치를 높게 만들 것이라는 의견

> **Q** 한남동 재개발

 성수 조합원께서 한남 ○ 구역 비례율이 떨어진다는 신문기사를 보고 질문을 주셨습니다.

한남 ○ 구역 비례율이 떨어지는 이유는,

1. 사업시행계획인가 상 용적률이 195.42%에 불과합니다.
   우리 성수1구역은 300%가 넘습니다.

2. 전체 건립예정인 아파트 수가 1,500세대 내외인데, 조합원은 909명이라고 합니다.
   임대주택 빼고, 조합원 분양분 빼면, 일반분양분이 몇 세대 안 나옵니다.
   단순히, 1,500 / 909 × 100 = 166%
   이에 비해, 우리 성수1구역은 3,019 / 1,371 × 100 = 220%

제가 왜 핏대 높이며 성수1구역이 좋다고 하는지 이해 가시는지요?

향후에 입주하고 나면, 한남은 성수에게 가격으로 상대도 안 될 겁니다.

요즘 해외 출장을 다니다 보면, 한국의 위상이 영국, 프랑스를 씹어 먹습니다. 한국이 얼마나 좋은지 우리 국민들만 모르는 것 같습니다.

마찬가지로, 성수1구역이 얼마나 좋은지에 대해, 우리 1구역 조합원들만 모르시는 것 같습니다.

09 국공유지 매입비

[네이버 밴드 서른한 번째 글]

2024년 3월 4일 • 218 읽음

안녕하세요!

그동안 공사비와 시공사가 너무 중요한 부분이라, 상당한 기간 공을 들여 조합원 여러분께 제 의견을 공유해 드렸고, 상당한 호응을 받은 것 같아 나름 만족하고 있습니다.

어느 조합원분의 댓글에서, 새벽부터 제 글을 기다린다고 말씀해주시니 감격입니다!!

이제 다시 돌아와 총지출 부분 중 '보상비' 부분을 살펴보겠습니다.

기존 총회 자료에 따른 보상비부터 살펴볼까요.

보상비는 '국공유지 매입비', '현금청산자 청산금', '이주 및 손실보상비'로 구성되어 있고, 이주 및 손실보상비는 다시 '영업 손실보상비(상가 등)', '세입자 주거대책비', '기타 손실 보상 관련 비용 등'으로 구성되어 있습니다.

우선 국공유지 매입비는 760억 원으로 잡혀 있습니다.

지난번 사무장님께서 국공유지 토지는 3,465.2㎡(1,048.22평)에 감정평가액 786억 원으로 말씀해 주셨습니다.
국공유지 토지 평당가를 계산해 보니 평당 75백만 원 수준입니다.
78,634,866,000 / 1,048.22 = 약 75백만 원

국공유지 중 건물에 대해서는 1,047.9㎡(316.99평)에 감정평가액 4.8억 원 말씀해 주셨습니다.
국공유지 건물 평당가를 계산해 보니 평당 150만 원 수준입니다.

488,321,400 / 316.99 = 약 154만 원

따라서, 국공유지 토지분과 건물분을 합한 금액은 791억 원으로, 총회 자료 760억 원 대비 약 31억 원 증가됩니다.

기억하실 부분은 '국공유지 매입비'는 평당 '75백만 원', 총금액 '791억 원'입니다.

오늘은 여기까지입니다.

감사합니다.

표정 23 · 댓글 14
좋아요 21 사랑해요 2

📝 댓글 모음

다른 조합원 댓글
높은 분양가를 예상해 높은 감정가를 정했는데 분양수입이 적어 추가분담금이 발생할 경우에 대한 질문

답변 댓글
안녕하세요!
제 생각으로는 비례율을 조정해서 해결할 것 같습니다.
조합원 권리가액 = 비례율 × 조합원 평가액
조합원 분양가 = 분담금 + 조합원 권리가액
따라서, 비례율을 낮추면 권리가액이 낮아지고, 조합원 분양가를 고려하여 분담금이 산정될 것으로 생각됩니다. 정확하진 않다는 점 참고하시고 봐 주세요!

다른 조합원 댓글
비례율이 같은 비율로 하락하면 절대적인 금액은 지분 큰 사람이 손실액이 크겠죠?

답변 댓글
조합원 평가액 1억 원, 비례율 100% → 80%, 조합원 분양가 2억 원 가정하면, 추가 분담금 1억 원에서 1억 2천만 원으로 늘어남
조합원 평가액 2억 원, 비례율 100% → 80%, 조합원 분양가 2억 원 가정하면, 추가 분담금 0에서 4천만 원으로 늘어남
조합원을 회사 주주로 가정하면, 주식 당 손실액은 동일하나, 각 주주별 주식 소유수에 따라 손실액이 달라지는 것과 동일한 것 같습니다.

성수1구역 비례율

예전에 조합에서 비례율 120%를 얘기했는데, 갈수록 비례율이 떨어진다는 질문에 대한 답변입니다.

우리 성수1구역은 최근 감정평가에 따른 종전자산가액 증가와 공사비 상승 등 요인으로 인해 비례율이 예전처럼 120%가 나오지는 않지만, 120%에 유사한 117% 정도가 나옵니다.

간과하시는 점은 최근 서울, 특히 성동구의 일반분양가 상승 속도가 공사비 등 비용 상승 속도보다 훨씬 빠르다는 점입니다.

특히, 우리 성수동의 경우에는요.

현재는 인플레이션 시기이므로 공사비가 상승하고 있지만, 좋은 위치의 부동산은 인플레이션을 헤지(hedge)할 수 있는 최고의 자산이랍니다.

10 현금청산자 청산금

[네이버 밴드 서른두 번째 글]

2024년 3월 5일 • 231 읽음

안녕하세요!

오늘은 보상비 중 '현금청산자 청산금' 관련입니다.

조합원 여러분, 오늘은 숫자가 좀 복잡하니 잘 따라오셔야 합니다.

총회 자료에 따르면, 우리 1구역 전체 토지 중 국공유지를 제외한 사유지 토지면적은 133,835.90㎡로, 40,485.18평입니다.

총회 자료에 따르면, 1구역 전체 사유지 토지 중 집합건물의 대지권을 제외한 사유지 토지면적은 109,874.36㎡로, 33,236.84평이고, 제곱미터당 23,619,000원을 적용하여 2조 5,951억 원으로 감정하였습니다.

참고로, 집합건물 대지권 제외 사유지 토지면적은 전체의 82.1%이고, 33,236.84 / 40,485.18 × 100 = 82.1%

집합건물의 대지권 토지면적은 전체의 17.9%입니다.
40,485.18 - 33,236.84 = 7,248.33평
7,248.33 / 40,485.18 = 17.9%

이를 평당가로 산정하면 평당 '78백만 원'입니다.
33,236.84평 × 78,079,690원/평 = 2,595,122,508,840원

제가 조합에 용도별 감정가 공개를 요청한 적이 있었는데, 이제 확인해 보니 그런 것 자체가 없었습니다.

감정평가사는 단독주택, 다가구주택, 상업용 건물, 주거상업 복합건물, 나대

지, 도로, 공장 등의 구분 없이 전체 토지면적에 평당가를 곱해 단순히 금액을 산출했습니다.

'대략난감'입니다.

동일한 논리로, 1구역 전체 사유지 건물 면적은 148,115.11㎡로, 44,084.74평이고, 제곱미터당 334,000원을 적용하여 495억 원으로 감정평가했습니다.

이를 평당가로 산정하면 평당 '110만 원'입니다.
44,804.74평 × 1,104,137원/평 = 49,470,580,340원

따라서, 토지 + 건물 감정평가액은 2조 5,951억 원 + 495억 원 = 2조 6,446억 원입니다.

그러면, 집합건물 평가액 알아볼까요.

총회 자료에 따르면, 1구역 전체 집합건물의 면적은 51,150.71㎡로, 15,466.97평입니다. 제곱미터당 25,923,000원을 적용하여 1조 2,743억 원으로 감정평가했습니다.

제곱미터당 금액을 평당금액으로 환산하면, 82,390,453원으로 약 82백만 원입니다.
15,466.97평 × 82,390,453원/평 = 1,274,330,685,330원

여기서 중요한 점은, 집합건물의 경우 '건물면적'을 기준으로 감정가를 산정했다는 겁니다.

또 한 가지, 감정평가사는 다세대주택, 빌라, 연립주택, 아파트에 상관없이 동일한 금액인 평당 82백만 원을 기준으로 감정평가금액을 산출했습니다.

토지 + 건물 감정평가액과 집합건물 감정평가액을 합하면 '종전재산가액'이 됩니다.

토지＋건물 감정평가액 : 2조 6,446억 원

집합건물 감정평가액 : 1조 2,743억 원

전체 감정평가액 합계는 3조 9,189억 원입니다.

여기에 우리 1구역 내에 교회부지가 있는데, 전체 감정평가액에 교회부지 평가액 409억 원도 포함되어 있으므로, 현금청산액 산정을 위한 전체 감정평가액에서는 교회부지 평가액을 제외하면 3조 8,780억 원입니다.

총회 자료에 따르면, 현금청산자 청산금은 3,893억 원으로 산정되어 있습니다.

총회 자료는 전체 감정평가액 합계의 10%를 현금청산 대상액으로 산정한 것으로 보입니다.

같은 논리로 3조 8,780억 원의 10%를 현금청산 대상액으로 산정해 보면 '3,878억 원'입니다.

총회자료 대비 약 15억 원이 감소했습니다.

오늘은 여기까지입니다.

감사합니다.

표정 25 · 댓글 8
좋아요 21　사랑해요 2　OK 1　웃겨요 1

> **Q** 기여율에 대한 질문 모음

A 재개발 사업의 사업성에서 '기여율'이 큰 부분을 차지하므로 여러 조합원분께서 기여율에 대해 질문하셨고, 이에 대한 답변을 모아 보았습니다.

성수1구역은 어떤 기여시설을 계획하고 있나요?

지난달 성동구청 설명회에서 이 부분 포함한 내용을 설명했었습니다.
덮개공원 공사비 1,700억 원
데이케어센터 설치 등을 얘기했던 것으로 기억합니다.

기여율이 높을수록 높은 층수가 가능할까요?

설명회에서 기여율로 표현했는데, 층수와는 관계없는 것으로 얘기했던 것 같네요. 우리 1구역은 아마 공공 기여율 20% 정도 될 거예요.
그 내용 설명하는 자리였으니까요(최근 국토부 보도자료에 따르면 상당 부분 기여율은 낮아질 것 같습니다).

임대주택을 많이 넣으면 기여율이 높아지고 높은 층수가 가능한가요?

재개발할 때 임대주택을 넣어야 하는 기준은 세대수나 연면적으로 알고 있습니다. 층수와는 관련이 없을 겁니다.
아마 서울시에서 정비계획 세울 때 임대주택 부분 다 고려했을 겁니다.

11 이주 및 손실보상비 [네이버 밴드 서른세 번째 글]

2024년 3월 6일 • 176 읽음

안녕하세요!

오늘은 보상비 마지막 편으로, 이주 및 손실보상비 관련입니다.

총회 자료에 따르면, 조합원과 임차인을 대상으로 한 상가 등에 대한 영업손실보상비를 6억 35백만 원으로 산정하고 있는데, 좀 넉넉하게 7억 원으로 산정해 보겠습니다.

총회 자료에 따르면, 임차인을 대상으로 한 세입자 주거대책비를 136억 원으로 산정했습니다. 이 금액은 조합원 1인당 약 1천만 원에 해당하는 금액으로 이를 차용하도록 하겠습니다.

총회 자료에 따르면, 기타 손실보상 관련 비용 등이 약 28억 원 정도 산정되어 있는데, 이는 예비비 성격이므로 추후 전체 예비비 항목에서 사용하는 것으로 가정하고 삭제하겠습니다.

그러면, 보상비는 다음과 같이 산출됩니다.
국공유지 매입비 791억 원 (기존 760억 원 대비 +31억 원)
현금청산자 청산금 3,878억 원 (기존 3,893억 원 대비 −15억 원)
이주 및 손실보상비 7억 원 (기존 635백만 원과 비슷)
세입자 주거대책비 136억 원 (기존 136억 원과 동일)
기타 손실보상 관련 비용 등 0원 (기존 28억 원 대비 −28억 원)

이를 모두 합해 보면, 보상비는 4,812억 원으로 기존 총회 자료상 4,824억 원 대비 12억 원이 감소되었습니다.

우리 기억을 되살려 볼까요!

'총수입-총지출=토지원가+사업수익'

총수입은 8조 750억 원이었고, 총지출은 현재까지 공사비 2조 6,088억 원과 보상비 4,812억 원을 확정 지어 총 3조 900억 원으로 정리되었습니다.

어제 산정한 '종전재산가액'에서 '현금청산자 청산액'을 제외하면 토지원가가 됩니다.

즉, 3조 8,780억 원-3,878억 원=3조 4,902억 원으로, 토지원가는 3조 4,902억 원입니다.

이 금액들을 위의 산식에 대입해 보면,

8조 750억 원-(3조 900억 원+비용 미산정액)=3조 4,902억 원+사업수익

오늘은 여기까지입니다.

감사합니다.

표정 21
좋아요 19 사랑해요 1 웃겨요 1

Q Inflation Hedge

A 인플레이션 헤지는 사전적 의미로 '인플레이션의 영향으로 화폐가치가 하락하는 손실을 막기 위한 활동'을 의미합니다.

인플레이션이란 물가가 지속적으로 상승하는 현상을 말하며, 시간이 지날수록 돈의 가치가 떨어지게 되니 자산을 보유하는 방법으로 헤지를 해야 각자의 부가 지켜질 수 있습니다.

인플레이션을 헤지할 수 있는 자산으로는 부동산, 주식, 원자재 등이 있습니다. 이러한 자산의 특징은 상방이 열려 있는 자산들입니다.
즉, 가격이 오를 때 한계가 없다는 뜻입니다.

반대로, 현금과 채권 같은 자산은 이자 및 수익률이 확정되어 있으므로 인플레이션 헤지가 어렵습니다.
이러한 자산의 특징은 상방이 닫혀 있는 자산들입니다.
즉, 가격이 오를 때 한계가 정해져 있다는 뜻입니다.

대부분의 사람이 자산을 현금으로 보유하는 것을 좋아하는데,
이는 리스크를 지기 싫어하기 때문입니다.
그런데, 재테크에 있어 가장 큰 리스크는 인플레이션입니다.
자신도 모르는 사이에 현금은 눈 녹듯이 녹아버립니다.

최근 부동산의 급격한 상승은 공급 부족이 원인이기도 하지만, 실제로는 인플레이션이 부동산에 반영되는 측면도 큰 것으로 보입니다.

한국의 위상이 높아질수록, 한국이 수출을 잘할수록, 한국 사람들이 더 노력할수록, 한국이 발전할수록 인플레이션은 자연스럽게 따라옵니다.

12　관리비, 설계비, 감리비

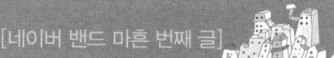

2024년 3월 11일 • 150 읽음

안녕하세요!

오늘은 다시 총회 자료로 돌아와서, 관리비, 설계비, 감리비 관련해서 정리해 보겠습니다.

'관리비'는 조합운영비, 총회비, 신탁등기비, 소송비 및 기타관리비로 구성되어 있습니다.

총회 자료에 따르면, '조합운영비'는 69억 9천만 원이 산정되어 있는데, 70억 원으로 산정해 보겠습니다.

조합운영비는 조합설립 시부터 조합청산 시까지 15년간 존속한다고 가정하고 산정되었는데, 매년 67백만 원 정도의 금액입니다.

'총회비'는 15년간 매년 1억 8천만 원, 27억 원으로 산정되어 있어, 그대로 계산하겠습니다.

'신탁등기비'는 이주 및 철거 시 조합원의 토지 및 건물을 조합에 신탁할 때 드는 법무사 용역비 및 등록세로 구성되는데 3억 원으로 잡아보겠습니다.

'소송비'는 조합원 1인당 약 170만 원으로 산정해 23억 8천만 원이 잡혀 있는데, 사업 규모에 비해 너무 적은 거 같아 30억 원으로 계산하겠습니다. 소송비는 사전에 예측할 수 없는 부분이니 이해 바랍니다.

'기타관리비'는 예비비 성격으로 13억 원이 잡혀 있는데, 추후 전체 예비비에서 사용하는 것으로 가정하고 삭제하겠습니다.

이렇게 산출하면, 총회 자료 관리비 136억 원 대비 6억 원 감액된 130억 원의 관리비가 산출됩니다.

다음은 '설계비'입니다.

설계비는 건축설계 용역비와 기타 설계 용역비로 구성되어 있습니다.

'건축설계 용역비'는 이미 ○○ 건축과 계약체결이 되어 있는데, 59억 원이며, 평당 약 4만 원 정도 됩니다.

제가 20년 전에 설계용역비 계산할 때도 평당 4만 원이었는데 하나도 안 올랐네요.

'기타 설계용역비'는 측량비, 석면 조사비, 도시계획설계, 각종 영향평가, 친환경 설계, 범죄예방 용역비 등으로 177억 원 산정되어 있습니다.

제가 지난번 외부 특화 공사를 말씀드린 바 있습니다.

총회 자료에는 없는 '외부 특화 설계비'로 15억 원을 산정해 보겠습니다.

산정기준은 특화 대상 대지면적 29,000평에 평당 50,000원을 계산해 15억 원을 잡았습니다.

총회 자료에 따른 설계비는 236억 원이나, 외부특화설계비가 추가되어 251억 원으로 산정되며, 이 금액은 당초 대비 15억 원 추가된 금액입니다.

다음은 '감리비'입니다.

감리비는 건축 감리비, 전기 감리비, 정보통신 및 소방 등 감리비, 기타 예비비로 구성되어 있습니다.

감리비는 성동구청에서 감리를 선정하여 조합에서 지급하는 비용입니다.

총회 자료에 따른, '건축 감리비' 301억 원은 300억 원으로, '전기 감리비'

69억 원은 70억 원으로, '정보통신 및 소방 등 감리비' 46억 원은 50억 원으로 산정하며, 기타 예비비 46억 원은 전체 예비비에서 사용하는 것으로 가정하여 감액하겠습니다.

이에 따라, 감리비는 당초 산정된 463억 원에서 43억 원 감액된 420억 원으로 산정해 보겠습니다.

오늘 산정한 금액을 살펴보면, 관리비 130억 원, 설계비 251억 원, 감리비 420억 원으로 총 801억 원입니다.

계산의 편리를 위해 억 단위로 반올림 또는 절사한 점 이해 바랍니다.

다시 산식을 꺼내 보면, '총수입－총지출＝토지원가＋사업수익'

오늘 정리한 801억 원을 비용에 더하면, 8조 750억 원－(3조 1,701억 원＋비용 미산정액)＝3조 4,902억 원＋사업수익으로 정리됩니다.

오늘은 여기까지입니다.

감사합니다.

표정 25 · 댓글 1
좋아요 24 웃겨요 1

Q 공사비가 오르는 이유

A 2020년 COVID-19가 전 세계를 휩쓸고 간 이후 공사비는 거의 더블이 되었습니다. 공사비가 천정부지로 오르게 된 이유에 대해 알아보겠습니다.

1. 인구 구조적 변화
건설현장의 인력이 늙어가고 있습니다. 이제 건설현장에서 젊은 사람을 찾아볼 수 없고 신규 인력이 건설현장에 공급되지 않고 있습니다. 외국인들이 건설현장 인력을 대체하고 있으나, 이민 관계 법령의 엄격함으로 인해 드라마틱한 외국인 노동자들의 유입은 이루어지지 않고 있습니다.

2. 최저임금의 상승
건설현장의 비용 구조를 살펴보면 자재비 30%, 노무비 40%, 경비 30% 정도로 구성되어 있습니다. 건설업은 자동화의 어려움으로 인해 노무비가 획기적으로 낮아질 수 없는 구조로 최저임금의 상승에 따라 건설인력의 노무비도 높아지고 있습니다. 최저임금이 1만 원이면, 이보다 노동강도가 훨씬 높은 건설인력의 경우 최저임금의 2~3배는 주어야 사람들이 인력시장에 공급될 것입니다.

3. 부실사업장 비용 전가
건설회사들은 지방사업장에서 미분양으로 인해 큰 손실을 입었습니다. 이를 만회하기 위해 서울 등 우량 사업장의 공사비를 상승시키고 있습니다. 이는 건설회사의 생사가 걸린 문제입니다. 또 한 가지 건설회사의 수가 줄어들고 있습니다. 우리가 알고 있는 메이져 건설회사를 제외한 많은 회사들이 워크아웃과 법정 관리의 순서를 밟고 있습니다. 건설회사가 줄어듦에 따라 공급자 시장 측 경쟁이 약해져 공사비가 상승하고 있습니다.

4. 중대재해 처벌법

건설현장에서 중대재해가 발생하면 건설회사의 대표이사가 형사책임을 지도록 법이 만들어졌습니다.

이는 중소형 건설회사의 폐업을 유도하고 있고, 이에 대한 Risk Premium이 공사비에 반영되어 공사비가 점점 높아지고 있습니다.

규제가 많아지면 이는 비용에 반영될 수 밖에 없습니다.

13 수수료 등 기타사업비

[네이버 밴드 마흔 번째 글]

2024년 3월 12일 • 142 읽음

안녕하세요!

오늘은 부대경비 중 '수수료 등 기타사업비'입니다.

미리 말씀드리면, 오늘은 계산 편의를 위해 '억' 단위 미만 올림 또는 절사를 위주로 설명드리겠습니다.

'정비사업전문관리 용역비' 관련하여 이미 계약된 내용이니 44억 3천만 원으로 단수 조정하겠습니다.
정비업체에 44억 원이나 비용을 주고 있으니, 더 알뜰하게 일을 시켜야 할 것 같습니다.

기존 총회 자료에는 없는 내용이나, 제가 회계법인, 법무법인, CM 업체에 대해 설명해 드렸으니, 각 20억 원씩 총 60억 원의 비용을 잡아보겠습니다.

회계, 법무, CM은 입찰을 통해서 선정하시면, 더 낮은 금액으로 가능해 보이나 넉넉한 금액을 산정해 봅니다.

'측량비' 7억 원은 어제 살펴본 기타 설계 용역비에 포함되어 삭제하겠습니다.

'감정평가수수료'는 총회 자료와 동일하게 15억 원으로 하고, '세무회계용역비'는 총회 자료와 비슷하게 5억 6천만 원으로 잡겠습니다.

'이주관리 지원용역비'는 정확히 무슨 일을 위한 용역인지는 모르겠고, 이주비를 6억 35백만 원으로 잡았는데, 지원용역비가 13억 원인 이유가 이상하긴 합니다. 그래도 조합에서 필요하니 산정한 거로 가정하고, 13억 원으로 잡아보겠습니다.

'채권매입비 할인수수료'는 1천만 원으로 잡고, '분양보증 수수료'는 일반분양분 분양가를 20% 상승시켰으니 당초 69억 원으로 산정된 수수료를 84억 원으로 잡겠습니다.

'분양광고 선전비'는 6억 5천만 원으로 잡혀 있으나, 단수 조정하여 7억 원으로 조정하겠습니다.

'민원처리비'와 '기타사업비'는 예비비 성격이므로 추후 산정할 전체 예비비에서 사용하는 것으로 하고 제외하였습니다.

'보존등기비'가 총회 자료에는 71억 원으로 잡혀 있는데, 제가 알기로는 보존등기비는 공사비+설계비+감리비의 3.16%로 산정되며, 이 금액은 731억 원입니다.

여기에 지방세특례제한법 제74조 제5항 제2호 감경 규정에 적용되어 50% 감경된다고 가정하면 365억 원으로 산정됩니다.

이와 같이 '수수료 등 기타사업비'를 정리하면 594억 원으로 산정됩니다.

당초 총회 자료상에 478억 원으로 산정되어 있는데, 116억 원 증가되었습니다.

다시 산식을 정리해 보면,
8조 750억 원 − (3조 2,295억 원 + 비용미산정액) = 3조 4,902억 원 + 사업수익으로 정리됩니다.

이제 비용 미산정액은 각종 부담금, 제세공과금, 금융비용, 예비비만 남았습니다.

오늘은 여기까지입니다.

표정 25 · 댓글 2
좋아요 25

> **Q** 투자 초보자들에게 해주고 싶은 말

 투자 초보자들에게 해주고 싶은 얘기들을 적어봅니다.

1. 남 탓하지 마라
오늘의 나는 10년 전 내가 준비한 것들의 결과이다.
잘되든 못되든 내가 결정한 것에 대해서는 내가 책임진다.

2. 비교하지 마라
누구에게나 자신의 인생이 있다. 자기 인생 자기가 살면 된다.
남보다 내가 더 중요하고, 모든 발전의 근본은 자기 자신에 대한 '자존감'이다.

3. 돈 없는 40대, 50대가 되지 말자
20대, 30대에 돈이 없는 것은 당연한 것이다.
그러나, 40~50대에 돈이 없는 것은 부끄러운 것이다.

4. 세상은 공평하지 않고 모순덩어리다.
세상이 공평해지길 바라지 말고, 그래서 기회가 있다고 생각하라.
모순덩어리의 세상이지만 노력하면 작은 성취는 이룰 수 있다.

5. 향후 10년간의 계획을 세워라
10년을 계획하고 실천하면 지금보다 나아진 나를 발견할 수 있다.

6. 마지막으로, 그래도 사람이 중요하다.
혼자보다는 둘이 하는 게 훨씬 쉽고 빠르다.
사랑하면서 살면 고생도 덜어진다.
마지막으로, 마음가짐을 다잡는 것이 투자의 기본이다.

14 각종 부담금 및 재산세

[네이버 밴드 마흔세 번째 글]

2024년 3월 13일 • 178 읽음

안녕하세요!

오늘은 성동구청 등에 납부해야 할 각종 부담금과 재산세입니다.

각종 부담금들은 산출식이 복잡하고, 추후 각 부담금을 수령할 곳에서 세금처럼 산정해서 조합에 요청하게 됩니다.

예전에 제가 직접 수지 분석할 때는 산출식을 줄줄 꿰고 있었는데, 저도 이제 나이가 들어서 기억이 가물가물하네요.

여기서는 단수 조정을 위주로 말씀드리겠습니다.

'광역교통시설부담금'은 15억 3천만 원으로 산정되어 있는데 16억 원으로 조정하고,
'학교용지부담금'은 189억 원으로 산정되어 있는데 190억 원으로 조정하고,
'상수도부담금'은 12억 5천만 원을 13억 원으로,
'하수도부담금'은 25억 원을 그대로 적용하고,
'도시가스부담금'은 6억 6천만 원을 7억 원으로,
'과밀부담금'은 4억 4천만 원으로 산정되어 있는데 5억 원으로 조정하겠습니다.
'기타부담금'으로 25억 원이 산정되어 있는데 예비비 성격으로 보이므로 삭제하겠습니다.

이렇게 산정해 보면 총부담금은 256억 원으로 산정되고, 최초 총회자료상 279억 원 대비 23억 원이 감액됩니다.

다음은 '재산세'입니다.

총회 자료상 재산세는 575억 원이 잡혀 있는데, 관리처분 이후 조합원들이 조합에 신탁할 때부터 공사 완료까지의 기간을 6년으로 산정하면, 매년 96억 원에 해당하는 금액입니다.

96억 원을 조합원 수 1,371명으로 나누어 보면, 조합원 1인당 매년 약 700만 원으로 산정됩니다.
9,600,000,000 / 1,371 = 7,002,188원

96억 원을 전체 사유지 면적 40,277.69로 나누어 보면, 평당 약 24만 원으로 산출됩니다.
9,600,000,000 / 40,277.69 = 238,345원/평

느낌상 상당히 많이 잡힌 것 같긴 합니다만, 어차피 재산세는 성동구청에서 산출하여 조합에 부과할 예정이므로, 별도로 더욱 자세히 계산해 보지는 않겠습니다.

재산세는 단수 조정을 위해 575억 원으로 잡겠습니다.
이제 각종 부담금 256억 원과 재산세 575억 원이 산정되어 총 831억 원이 산출되었습니다.

다시 산식을 정리해 보면,
"8조 750억 원 - (3조 3,126억 원 + 비용미산정액) = 3조 4,902억 원 + 사업수익"으로 정리됩니다.

이제 비용미산정액은 법인세, 금융비용, 예비비만 남았습니다.

오늘은 여기까지입니다.

감사합니다.

> **Q** 다른 조합원분들에게 하고 싶었던 말

 밴드 토론을 통해 다양한 분들의 얘기를 들었습니다. 그때 하고 싶었지만 미처 못했던 말들을 실어 봅니다.

1. **내가 나이로 다른 사람의 의견을 누르고 있는 건 아닌가?**

   성수1구역 밴드에서 대화를 나누다 보면 상대방이 어느 정도 연배이신지 알 수 있습니다. 상대방이 저보다 연배가 높은 걸 알게 되면 치열하게 주장하는 것이 머뭇거려집니다. 누구나 한 표를 가진 조합원이므로 자유롭게 의견을 개진하는 것이 모두의 이익을 위해 바람직할 수 있습니다.

2. **내 지식과 경험한 것으로 상대방을 설득할 수 있는가?**

   연세 드신 분들은 젊은 사람들에 비해 다양한 경험과 지식을 가지고 계실 확률이 상대적으로 높습니다. 그런데, 그 경험과 지식은 다양한 방면의 지식일 수 있고, 꼭 집어 재개발 또는 부동산과는 무관한 것일 수 있습니다. 다른 방면의 경험으로 재개발 사업에 적용하려고 하는 것은 무리일 수 있고, 아무리 얘기해도 상대방이 진심으로 내 주장을 받아들이지 않을 수 있습니다.

3. **나는 상대방이 나와 같은 조합원이라는 사실을 인정하는가?**

   재개발 사업에서 조합원은 재산, 나이, 성별, 지역 등과 관계없이 모두 한 표를 행사합니다. 누구나 자신의 의견을 얘기할 수 있고, 상대방의 의견이 크게 틀리지 않다면, 경청하는 것도 같은 조합원으로서 예의일 겁니다. 상대방이 나와 다른 주장을 한다면 왜 그렇게 생각하는지? 에 대해 한번 깊이 생각해 보는 것도 필요합니다.

15 금융비용

[네이버 밴드 마흔여덟 번째 글]

2024년 3월 18일 • 173 읽음

안녕하세요!

오늘은 금융비용에 대해 살펴보겠습니다.

총회 자료에 따르면, '금융비용'은 사업비차입금 이자와 조합원이주비 등 대여금 이자로 나누어져 있습니다.

'사업비차입금 이자'는 1,475억 원이 잡혀 있습니다.

총회 자료에는 산정 기준에 대해서는 나와 있지 않고, 또 정확히 산정하려면 사업 전 기간의 cash-flow를 작성해 봐야 하는데, 너무 시간이 많이 들어가는 작업이라 저는 간단한 방법으로 사업비차입금 이자를 산정해 보겠습니다.

우리가 예전에 살펴보았던, 보상비 4,812억 원은 사업 초기에 집행해야 하고, 설계비, 감리비 등 각종 비용의 집행이 필요하므로, 대략 사업비 차입금을 6천억 원으로 잡고, 요즘 금리 수준을 감안하여 연 5%로 잡고, 보수적으로 일반분양분 잔금 수령 시 상환하는 것으로 가정하면 6년간 차입이 발생하므로, 6천억 원×5%×6년=1,800억 원입니다.

물론, 차입 당시의 금리 수준이나 일반분양의 속도에 따라 이자액은 축소되거나 증가할 수 있다는 점 고려하시고 봐주세요.
또한, 사업비 차입금은 대개 시공사에서 연대보증 하는 금액으로 시공사의 신용도(credit)에 따라 금리가 변경되게 됩니다.

당연히 신용도가 좋은 시공사가 선정되면, 금리가 낮아져 총이자 비용이 줄어들겠죠.

아래 조합원이주비 등 대여금 이자도 마찬가지이니, 그 점 이해하시고 봐 주세요.

다음은 '조합원이주비 등 대여금 이자'입니다.
총회 자료에는 이주비 등 대여금 이자로 1,576억 원을 잡아두었습니다.
저는 이 금액을 산정한 로직(logic)을 모르므로, 제 나름의 방식으로 산정해 보겠습니다.
그리고, 아직 조합원 이주비에 대한 유이자, 무이자도 결정되지 않았으니 무이자를 기준으로 말씀드립니다.

저는 조합원 1인당 기준으로 5억 원을 6년 동안 대여하는 것으로 가정해 보겠습니다.

5억 원×1,371명×5%×6년=2,056.5억 원이 산정됩니다.

이중 5천만 원은 절사합니다.

따라서, 사업비차입금 이자는 1,800억 원으로, 조합원이주비 등 대여금 이자는 2,056억 원으로, 합계 3,856억 원입니다.

당초 총회 자료에 따른 3,052억 원에 비해 804억 원이 증가했습니다.

다시 산식을 정리해 보면, '8조 750억 원−(3조 6,982억 원+비용미산정액)=3조 4,902억 원+사업수익'으로 정리됩니다.

이제 비용미산정액은 법인세와 예비비만 남았습니다.

오늘은 여기까지입니다.

감사합니다.

Q 한강 변 vs 해운대

A 아래 사진 중 위 2개 사진은 서울 한강 변 재건축된 아파트 사진이고, 아래 2개 사진은 부산 해운대 아파트 사진입니다.

어디가 더 세련되다고 느끼시나요?
어디가 더 서울에 적합하다고 느끼시나요?

부동산학을 공부할 때, 가장 기본은 최유효 이용(Highest and Best Use)입니다.
최고의 위치에는 최고의 건물이 지어져야 국토를 가장 효율적으로 이용할 수 있습니다.

16 예비비와 법인세

[네이버 밴드 마흔아홉 번째 글]

2024년 3월 19일 • 155 읽음

안녕하세요!

오늘은 수지분석에 대해 대단원의 막을 내리는 날입니다.

마지막으로 남은 '예비비'와 '법인세'입니다.

총회 자료에 따르면, 예비비는 2,996억 원이 잡혀 있어 전체 지출액의 약 10% 정도 잡혀 있습니다.

이에 대해, 예비비가 너무 많이 잡혀 있다고 제가 불평하기도 했었죠.

예비비는 산정 기준이 정해져 있는 게 아니므로, 저는 상징적인 금액 1천억 원을 예비비로 잡겠습니다.

현재까지 비용 3조 6,982억 원의 2.7%에 해당하는 금액입니다.

어제 정리한 산식에 예비비를 추가하면,

'8조 750억 원 - (3조 7,982억 원 + 법인세) = 3조 4,902억 원 + 사업수익'으로 정리됩니다.

법인세를 산정하기 위해, 법인세 부분을 '0'으로 가정하고 사업수익을 계산해 보겠습니다.

한가지 빼먹은 게 있습니다.

총분양수입 8조 750억 원에서 매출분 부가세를 감해야 합니다.

매출분 부가세는 35평 초과분 아파트와 상가에서 발생하는데, 총회 자료에는

25억 원으로 산정했으나, 저는 일반분양분 수입을 20% 증가시켰고, 상가 면적 증가 등을 고려해 50억 원으로 산정하겠습니다.

따라서, 총분양수입 8조 750억 원에서 매출 부가세 50억 원을 제하면, 순분양수입은 8조 700억 원이 됩니다.

8조 700억 원(순분양수입) − 3조 7,982억 원(법인세 제외 총지출액) − 3조 4,902억 원(토지원가) = 7,816억 원(사업수익)으로 산정됩니다.

따라서, 법인세 지출 전 사업수익은 '7,816억 원'입니다.

영리법인의 경우 법인세율은 25%이고, 누진 공제액은 94억 2천만 원입니다.

저는 재개발조합의 법인격이나 조세특례법 적용을 잘 모르니, 영리법인의 법인세율을 적용해 산정해 보겠습니다.

이제 법인세를 산정해 보면,
7,816억 원 × 25% − 94억 2천만 원 = 1,859억 8천만 원으로 산정됩니다.

간단하게 1,860억 원으로 산정하겠습니다.

법인세를 넣어 다시 한번 사업수익을 계산해 보면,

8조 700억 원 − 3조 9,842억 원 = 3조 4,902억 원 + 사업수익
4조 858억 원 = 3조 4,902억 원 + 사업수익

따라서, 사업수익은 5,956억 원으로 산정되고, 비례율은 117.06%가 나옵니다.

예전에 어느 분께서 "성수1구역 잘 나오던 비례율은 어찌 되었나?"라고 말씀하셨는데, 공사비를 평당 1,500만 원으로 산정하고도 비례율 117%가 나오는 걸 보면 우리 성수1구역은 정말 좋은 사업지입니다.

이 정도면 우리 '성수1구역은 70층으로 결정해도 사업수익이 충분하다'는 명

제에 대해 충분한 증명이 되었을까요?

간단히 말해서, 우리 성수1구역은 70층으로 진행하더라도 공사비 증가분과 이자 증가분을 충분히 상쇄하고도 남을 일반분양분 분양수입 증가가 있다는 얘기입니다.

물론, 일반분양분 분양가가 높아지면 사업리스크는 높아지게 됩니다.

여러분, 과연 3~4년 후에 성수동 최고 위치에 있는 우리 성수1구역의 일반분양가 평당 1억 원이 높은 금액일까요?

꼭 기억해 두시면 좋겠습니다.
'70층'으로 결정해도 비례율 '117%'입니다.

그리고, 사업수익 '5,956억 원'의 사용처에 대해서는 추후에 다시 말씀드리겠습니다.

이 글로 또 하나의 숙제가 마감되었습니다.

이제 더 이상 70층으로 하면, 조합원당 5억 원 추가 부담한다는 등 알 수 없는 얘기는 안 들어도 되겠죠.

오늘은 여기까지입니다.

감사합니다.

표정 36 · 댓글 8
좋아요 29 OK 2 사랑해요 3 싫어요 1 웃겨요 1

댓글 모음

필자 댓글

아침 일찍 44분이나 이 글을 보셨는데, 딱 5분만 '좋아요'를 눌러 주시네요.
이렇게 좋은 내용인데, 솔직히 좋은 내용에 대해서는 '좋아요'를 좀 눌러줍시다.
그렇게 꽁한 마음으로 같이 사업하실 수 있겠어요.
좋은 건 좋다, 싫은 건 싫다 의사표시를 해야 조합에서도 알아서 처신하겠죠.

다른 조합원 댓글

층수보다는 넓은 평면, 특화설계를 통한 내부조경, 독특한 아파트 외관, 주차대수 극대화, 주민만을 위한 최고급 커뮤니티 서비스, 외부인과의 차단된 차별화된 보안계획, 층간소음 제로, 내부 층고 극대화 등이 더 중요한 것 아닌지에 대한 의견

답변 댓글

○○○ 님, 안녕하세요!
말씀하시는 뜻 잘 알겠습니다.
그런데 오해가 있으신 것 같습니다.
공사비를 평당 1,500만 원으로 잡았다는 것은 위에서 말씀하신 49층의 장점을 다 넣고, 70층으로 해도 충분한 공사비를 가정한 것입니다.
그리고, 제가 외부특화공사비 1,450억 원도 별도로 잡았었습니다.
지금 일반 아파트 공사비가 평당 800만 원대이고, 재개발, 재건축에서 시공사 지급보증 들어가면 평당 900~1,000만 원 정도입니다.
현재 최대 공사비에서 50%를 더 잡았습니다.
우리 성수1구역이 매출이 워낙 커 1~2천억 원이 별것 아닌 것처럼 느껴지지만, 실제로 공사할 때 위에서 말씀하신 내용 충족하는데 그렇게 많은 공사비가 추가될까요?
제 생각에는 위에서 말씀하신 내용은 요즘은 기본으로 당연히 해야 하는 사항 같습니다.
그래도 혹시 더 설명이 필요할까요?
한 번 더 강조드리면, 말씀하신 것 다 넣고 70층으로 해도 넉넉할 겁니다.
감사합니다.

다른 조합원 댓글

하루하루 오르는 공사비가 무섭다는 의견

답변 댓글

안녕하세요!
건설공사비 견적 담당이시라니 반갑습니다.
역시 우리 조합에는 전문가인 조합원분들이 많이 계시네요.
당연히, 70층으로 안 하고 준초고층으로 하면 경제성이 나아지고 부담금이 줄어들 여지는 있으나, 과연 다른 지구, 특히 4지구가 77층으로 평당 1억 원 받을 때 우리 1지구는 얼마를 받을 수 있을지에 따라 달라지겠지요.
공사비 증가분과 일반분양분 분양가를 동시에 생각하셔야 할 것 같습니다.
그리고, 공사비 인플레이션이 언제까지 진행될지와 과연 성수1구역 부동산 가격은 인플레이션의 영향이 없을지도 생각해 보시면 좋겠습니다.
좋은 지역의 부동산은 최선의 인플레이션 헤지 수단이라고 생각합니다.
감사합니다.

Q 금투세와 종부세

 최근 주식시장에서 금융투자소득세 시행과 폐지에 대해 팽팽한 논쟁이 진행 중에 있습니다.

'금융투자소득세'(이하 '금투세'라 함)란 소득세의 일종으로 주식, 채권, 펀드, 파생상품 등 금융투자와 관련해 발생한 양도소득에 대해 과세하는 세제를 말합니다.

금투세 시행을 주장하는 측은 "소득 있는 곳에 세금 있다"라는 명제에 따라 금융상품으로 소득을 얻게 되면 당연히 세금을 내야 한다고 주장하고 있고, 금투세법을 시행하더라도 5천만 원 이상 고소득자에게만 부과되므로, 실제 적용 대상은 투자자 중 1%가 채 안 된다고 주장하고 있습니다.

반면, 금투세 폐지를 주장하는 측은 주식시장의 자금조달 기능이 위축될 수 있고, 세금으로 인해 주식시장이 망가질 수 있다는 주장을 하고 있습니다.

2005년 '종합부동산세'를 최초 시행할 때와 동일한 이슈입니다.
당시 종부세도 국민들 중 소수에게만 부과되므로 종부세 부과는 정당하다고 결정했습니다만, 20년이 지난 현재 서울 아파트 평균가가 12억 원을 돌파해 서울의 중산층 이상은 누구나 종부세 부과 대상이 되었습니다.
종부세가 부과되어 아파트 가격이 낮아졌습니까?
종부세가 부과되어 집 사기 좋은 세상이 되었습니까?
종부세가 부과되어 전월세가 오른 피해는 누가 입었을까요?

누군가는 종부세가 재산세에 따른 이중과세라고 주장해도, 누군가는 종부세는 전가될 수 있어 결국 최종 피해는 저소득층에게 돌아간다 해도, 누군가는 종부세에 따른 과세대상자의 편익이 무엇이냐고 주장해도, 아무도 들어주지 않았습니다.

금투세가 시행되면 주식시장이 어떻게 될지 안 봐도 뻔합니다.

17 단독주택 평당 1억 원 산정 [네이버 밴드 쉰두 번째 글]

2024년 3월 21일 • 237 읽음

안녕하세요!

제가 지난 3월 6일에 올린 글에서, '종전재산가액(대토 부지 제외 사유지 전체 감정평가액)'에서 '현금청산자 청산액'을 제외하고 '토지원가'를 산출해 보았습니다.

3조 8,780억 원 - 3,878억 원 = 3조 4,902억 원으로, 토지원가는 3조 4,902억 원으로 산출했었습니다.

집합건물 소유자분들은 집합건물 감정평가액을 손대는 것에 대해 극도로 싫어하시니, 단독주택 등 가격만 한번 건드려 보겠습니다.

단독주택 등에 대한 평당 가격을 '1억 원'으로 잡고, 산정을 시작합니다.

잘 따라오세요.

단독주택 등 사유지 면적에 평당 1억 원을 곱하면 3조 3,237억 원이 산출됩니다.
33,236.84평 × 1억 원/평 = 3조 3,237억 원

건물은 기존과 동일하게 495억 원으로 유지합니다.
44,804.74평 × 110만 원/평 = 495억 원

집합건물은 말씀드린 대로 총회 자료상 평당 82백 원 그대로 두고, 1조 2,743억 원으로 유지합니다.

위 금액을 모두 더하면, 4조 6,475억 원으로 산정됩니다.

여기에 지난번과 같이 대토지 409억 원을 제외하면 4조 6,066억 원이 산정되고,

마지막으로 10%에 해당하는 청금청산자 청산금 4,607억 원을 제외하면, 토지원가는 4조 1,459억 원이 산출됩니다.

즉, 예전의 토지원가 3조 4,902억 원에서 6,557억 원이 증가하여, 새로운 토지원가는 '4조 1,459억 원'이 되었습니다.
3조 4,902억 원+6,557억 원=4조 1,459억 원

이미 다 아시는 바와 같이, 토지면적 기준으로 단독주택 등은 82.1%, 집합건물은 17.9%로 구성되어 있고,

총회 자료에 따른 평가액은, 단독주택 등 2조 6,446억 원으로 67.48%, 집합건물은 1조 2,743억 원으로 32.52%였고,

제가 산정한 원가법에 따른 평가액은, 단독주택 등 2조 6,446억 원으로 81.94%, 집합건물은 5,830억 원으로 18.08%였고,

오늘 단독주택 등의 토지 평가액을 평균 1억 원으로 잡았을 때 평가액은, 단독주택 등 3조 3,732억 원으로 '72.6%', 집합건물은 1조 2,743억 원으로 '27.4%'입니다.

이 경우 단독주택 등은 토지 평당 1억 원, 집합건물은 토지 평당 1.75억 원으로 산정됩니다.
1조 2,743억 원 / 7,248.33평=175백만 원/평

예전에 어느 조합원께서 말씀하셨던, 단독주택 : 집합건물=1 : 1.7과 거의 비슷한 것 같습니다.

우리 성수1구역 조합원 여러분들 어떠신가요?

단독주택 등 조합원 여러분!
평당 1억 원 정도면 받아들이실 수 있으시겠죠?

집합건물 조합원 여러분!

집합건물 평가금액은 그대로 두고, 추가된 사업수익을 단독주택 등 소유자에게 배분하여 총회 자료 대비 약 5%를 내어 주는 것에 대해 받아들이실 수 있으시겠죠?

32.5% − 27.4% = 5.1%

이 제안이 처음부터 제가 계획한 최적의 안입니다.

각 조합원들의 입장에서 받아들이고 말고는 완전히 '자유'입니다.
하지만, 어느 일방이 받아들이지 않는다면 아마 49층과 70층 논쟁보다 더 지루하게 사업은 지연될 겁니다.

제가 설득을 하든 선동을 하든 또 무엇인가 하겠죠.

이제 거의 다 왔습니다.

이렇게 토지원가를 수정했을 때, 비례율이 어떻게 달라지는지 확인해야 분석이 끝날 수 있을 겁니다.

내일은 토지원가 변경에 따른 비례율 계산입니다.

오늘은 여기까지입니다.

감사합니다.

표정 20 · 댓글 62
좋아요 12　싫어요 5　사랑해요 2　웃겨요 1

댓글 모음

다른 조합원 댓글
결국, 단독주택 1억 원으로 평가 안 해주면 깽판 칠 거라는 얘기라는 의견

답변 댓글
재개발 안 하는 게 왜 '깽판'인지요?
자기 재산 자기가 알아서 하는 거죠.
저는 그냥 수리해서 월세나 주려구요.
제가 책을 내면 평가사들도 한 번씩들 읽어보고 스스로 알아서 평가할 테니까요.
평가사도 수수료 받으려면 누가 돈 주는지 알아야겠죠.

다른 조합원 댓글
왜 성수1구역만 단독을 고평가해야 하는지 설명해 달라는 의견

답변 댓글
제가 지금 하고 있는 건 재개발 평가에 대한 인식 자체를 바꾸는 작업입니다.
저는 이제까지 재개발 평가가 잘못되어 왔다고 생각하니까요!
아예 논문을 쓸까도 고민하고 있답니다.
이제야 단독 마음을 이해하시겠군요!
총회 끝나고 제가 처음 글 올릴 때 마음과 지금 ○○○ 님 마음과 똑~같을 겁니다.
아! 그리고 재개발 안 되는 걸로 결정될 경우, 단독 가격과 집합건물 가격이 어떻게 변하는지 확인해 보면 '개발이익' 포함 여부도 객관적으로 확인할 수 있겠네요.
저는 자신 있는데, 자신 있으세요?

다른 조합원 댓글
추가 수익을 계산한 것은 필자의 욕심 때문이었다는 의견
무서운 사람이라는 의견

답변 댓글

엄밀하게 추가 수익은 저를 포함한 68%의 대다수가 나눠 가지는 거죠.
일은 치밀하게 해야죠.
각자 입장에 따라 저를 보는 시선도 달라지겠지요.
단독 입장에서는 구세주로 보일 수도 있지 않을까요?

다른 조합원 댓글

단독이 추가 수익을 가지고 가면 집합건물이 손해라는 의견

답변 댓글

아! 그리고 집합건물이 왜 손해라고 하시는지 이해가 안 가는데요?
평가금액 동일하고, 조합원 분양가가 비슷한데 왜 손해죠??

다른 조합원 댓글

단독주택이 고평가되면 전국 재개발이 모두 올스톱될 거라는 의견
알면서 억지 주장한다는 의견

답변 댓글

그건 가봐야 알겠죠.
세상에 절대 불변한 게 어디 있나요.
저는 억지 부리고 그런 사람 아닙니다.
두 달간 보셔서 아시잖아요!
안 할 수 없게 만드는 거겠죠.
그리고, 단독 고평가는 아마 대세가 될 겁니다.
다른 재개발조합에서도 단독들이 각성하기 시작했으니, 특히 서울에서 큰돈 들여 단독주택 소유한 분들이 그냥 넘어가겠어요!

다른 조합원 댓글

배가 산으로 갈 것 같다는 의견

답변 댓글

선생님, 안녕하세요!
처음에 제 말을 들을 때는 뜬금없다 하겠지만, 화를 삭이고 곰곰이 생각해 보면 다 이해하시게 될 거라고 생각하며 글을 올렸습니다.
재개발 진행하는 게 모두에게 이익이니 잘 진행될 거라 생각하고, 지금 이런 논의를 하면 나중에 관리처분인가 시에 정말 잘 넘어갈 겁니다.
이해 부탁드립니다.
감사합니다.

다른 조합원 댓글

법의 기반 위에서 정도를 걸으면 좋겠다는 의견

답변 댓글

당연한 말씀이세요!
잘 아시는 바와 같이, 저는 조합에서 일하는 사람도 아니고, 성동구나 서울시에서 일하는 공무원도 아니고, 감정평가사는 더욱 아닙니다.
제가 누구에게 압력을 가할 수 있는 위치에 있는 사람이 아닙니다.
그래서 위법한 일을 할 거라는 걱정은 안 하셔도 되겠습니다.
감사합니다.

다른 조합원 댓글

추가 수익을 단독주택이 가져가면 리스크도 부담하는 게 공평한 것 아닌지에 대한 의견

답변 댓글

안녕하세요!
아직도 제 논리를 잘 이해하지 못하시는 것 같습니다.
단독이 1억 원으로 평가받아야 한다는 건 사업을 진행할 수 있느냐? 없느냐? 의 문제입니다.
이건 위법한 게 아닙니다.
그냥 각자의 선택입니다.
그리고, 추가 수익을 가져가니 단독이 리스크를 부담하라는 논리야말로 위법한 겁니다.

동일한 조합에서 조합원 간에 비례율에 따라 움직이지 않고, 별도 기준을 두는 것 자체가 도정법에 규정되어 있지 않습니다.
또 만일 규정되어 있더라도, 왜 그래야 됩니까?
저는 이해가 안 되는데요.
제가 집합건물을 거래사례비교법으로 평가받지 말고, 원가법으로 평가해야 한다고 했었나요?
저는 단순히 원가법과 비교한 것뿐입니다.
집합건물에 대한 거래사례비교법이 단독에 대한 원가법보다 2배 이상 차이 나야 한다고 어디 나와 있는 데가 있을까요?
그리고, 왜 피해를 받는다고 생각하시는지요?
예전에 단독이 낮게 나왔을 때는 아무도 그런 말씀 안 하시더니.
제가 말씀드렸듯 평가금액 똑같고, 조합원 분양가를 일반분양가 대비 30% 할인해서 비슷하게 맞추었는데 어디서 피해를 보시는 건지요??
저는 조합원 각자가 선택할 수 있는 권리가 있는데, 그 권리를 잘 모르시는 것 같아 자세히 설명드린 겁니다.
저는 어떻게 결정되든 자신 있거든요!
아마 모르긴 몰라도, 성수동 요즘 분위기로 봐선 단독은 재개발 사업 안되어도 토지가격 평당 7~8천만 원 밑으로 빠지기는 힘들 겁니다.
제가 사는 자양동도 단독 평당 6~7천만 원은 기본입니다.
그런데, 집합건물은 과연 그럴 수 있을까요?

다른 조합원 댓글 ─────────────────

감정평가는 공평하게 이루어져야 한다는 의견과 조합에서 세심하게 신경 써 달라는 의견

답변 댓글 ─────────────────

이제 저와 생각이 동일해 지셨습니다.
이해해 주셔서 감사합니다!

Q History

  독자 중 일부는 필자를 궁금해하시는 분이 계실 수 있어, 저의 이력에 대해 간략하게 말씀드립니다.

저는 대학에서 건축공학을 전공하고, ○○건설에서 시공기사로 현장에서 3년간 근무했습니다.

건설회사 근무 후 부동산학과 석사과정에 입학하였고, ○○토지신탁과 ○○○자산신탁에서 약 4년간 근무했습니다.

몇 년 후 부동산학과 박사과정에 입학하였고, ○○투자증권에서 꽤 오래 근무하고 있습니다.

아쉽게도 박사과정을 졸업하지는 못했습니다.

필자는 여유시간이 생기면 재개발 구역 임장하기를 즐겨 합니다.
요즘은 네이버 지도가 잘 되어 있어 휴대폰 하나 가지고 지하철 타고, 서울을 잘 돌아다닙니다.

갈수록 서울시 토지가격이 높아져, 마음에 드는 매물을 고르기가 쉽지 않습니다.

하지만 시장과 동떨어지지 않기 위해, 시장의 흐름을 타기 위해 노력하고 있습니다.

18 평당 1억 원 시 비례율 산정 [네이버 밴드 쉰세 번째 글]

2024년 3월 22일 • 233 읽음

안녕하세요!

오늘은 단독주택 등의 토지 단가를 평당 1억 원으로 했을 경우 비례율 시나리오입니다.

우선 수입 측면에서, 임대아파트 토지적용단가가 변경되어 매각가가 5,686억 원에서 411억 원 증가된 6,097억 원이 됩니다.

따라서, 기존 분양수입 8조 750억 원에서 411억 원을 더해, 새로운 분양수입은 8조 1,1161억 원이 되며, 매출부가세 50억 원을 제하면 순분양수입은 8조 1,111억 원이 됩니다.

기존 국공유지 토지매입비는 평당 75백만 원 기준 786억 원으로 산정되었으나, 이를 평당 97백만 원으로 산정해 보면, 국공유지 토지매입비는 1,017억 원으로 산정되어, 당초 대비 231억 원이 증가하게 됩니다.

기존 현금청산자 청산금은 평당 78백만 원 기준으로 3,878억 원이 산정되었으나, 이를 평당 1억 원으로 산정해 보면, 청산금은 4,607억 원으로 산정되어, 당초 대비 729억 원 증가하게 됩니다.

이렇게 산정해 보면 사업비 지출액은 당초 3조 9,824억 원에서 3조 9,094억 원이 됩니다.
3조 9,842억 원(당초 지출총액) + 231억 원(국공유지 매입비 증가액) + 729억(현금청산금 증가액) − 1,708억(법인세 감소분) = 3조 9,094억 원(새로운 지출총액)

결국, 토지원가를 더 높게 잡을 경우 당초 법인세 1,860억 원에서 1,708억 원이 줄어든 152억 원으로 산정되어 법인세 축소 효과가 나머지 사업비 증가를 상쇄하고도 남습니다.

최종적으로,
수입 부분, 임대주택 매각가 411억 원 증가
지출 부분, 국공유지 매입비 231억 원 증가
지출 부분, 현금청산자 청산금 729억 원 증가
지출 부분, 법인세 1,708억 원 감소로
조합원에게 1,159억 원의 수익 증가 효과가 돌아가게 됩니다.

어떤 측면에서 보면, 현금청산자 청산금도 현재 조합원에 대한 지급이므로 효익 증가로 보면 1,888억 원의 수익 증가 효과가 발생합니다.
1,159억 원+729억 원=1,888억 원

이를 산식에 넣어 계산하면,

8조 1,111억 원(순분양수입)−3조 9,094억 원(사업비 지출)=4조 1,459억 원(토지원가)+558억 원(법인세 납부 후 사업수익)으로 계산됩니다.

이에 따라, 수입−지출=8조 1,111억 원 −3조 9,094억 원=4조 2,017억 원이며, 토지원가는 4조 1,459억 원으로, 비례율은 101.35%가 됩니다.
4조 2,017억 원 / 4조 1,459억 원=1.35%

어떻습니까?

이 정도면 다들 만족하십니까.

제 분석은 이제 모두 끝났습니다.

제가 당초 계획했던 숙제 3개가 모두 끝났습니다.

각자의 입장에 따라 다를 수는 있겠지만, 전체적인 그림에서 총회 자료보다 훨씬 나아진 효과를 보여드리려고 노력했습니다.

오늘은 여기까지입니다.

감사합니다.

표정 18 • 댓글 27
좋아요 16 OK 1 사랑해요 1

한쪽은 놓아야 합니다.

양손에 떡을 들고 있으면 더 이상 잡을 수 없습니다.

내가 제일 잘 아는 것 같아도,
도리어 내가 방해가 될 수도 있습니다.

상대방은 바보가 아닙니다.

주고받아야 거래는 성립합니다.

내가 받을 것과 줄 것을 차분히 계산해 봅시다.

거래가 일어나지 않으면 모두가 지는 겁니다.

글을 마치며

50일은 짧지 않은 시간이었습니다.

그러나, 투자에 대해 다시 생각하는 좋은 계기가 된 시간이었습니다.

글을 쓰면서 도움을 받은 박○○ 구조기술사님과 윤○○ 감정평가사님, 감사합니다!

덕분에 제 글에 활력이 생기고, 저도 더욱 많이 배운 시간이었습니다.

퇴근 후에 글 쓰러 갈 때마다 내가 뭐 하고 있나 하는 생각이 들기도 했지만, 다 쓰고 나니 뿌듯하네요

이 책을 선택해 주신 여러분!
향후 부동산 투자의 중심이 될 서울 강북 재개발에 투자하시는 기회를 가져보시길 기원합니다.

감사합니다.